全民健身
促进体育产业高质量发展
的作用机制研究

钟华梅　著

人民体育出版社

图书在版编目（CIP）数据

全民健身促进体育产业高质量发展的作用机制研究 / 钟华梅著. -- 北京 : 人民体育出版社, 2024

ISBN 978-7-5009-6455-1

Ⅰ. ①全… Ⅱ. ①钟… Ⅲ. ①体育产业－产业发展－研究－中国 Ⅳ. ①G812

中国国家版本馆CIP数据核字(2024)第086209号

*

人民体育出版社出版发行

北京建宏印刷有限公司印刷

新　华　书　店　经　销

*

710×1000　16 开本　16 印张　301 千字

2024 年 8 月第 1 版　　2024 年 8 月第 1 次印刷

*

ISBN 978-7-5009-6455-1

定价：78.00 元

社址：北京市东城区体育馆路 8 号（天坛公园东门）

电话：67151482（发行部）　　邮编：100061

传真：67151483　　邮购：67118491

网址：www.psphpress.com

（购买本社图书，如遇有缺损页可与邮购部联系）

摘　要

2019年9月，国务院办公厅颁布《关于促进全民健身和体育消费推动体育产业高质量发展的意见》（国办发〔2019〕43号），提出要“推动体育产业成为国民经济支柱性产业，积极实施全民健身行动，让经常参加体育锻炼成为一种生活方式”。全民健身作为体育产业发展的基石，通过发挥体育的经济价值来促进体育消费，进而推动体育产业实现高质量发展。在建设体育强国和健康中国的背景下，全民健身促进体育产业高质量发展是推动体育产业成为国民经济支柱性产业的内在要求、是提升医疗服务供给能力的有效补充、是满足全民健康服务需求的必然选择、是全民形成健康生活方式提高劳动生产率的有效手段。但当前我国全民健身在供给侧、需求侧、体制机制等方面仍存在诸多问题，导致全民健身难以充分发挥体育应有的经济价值，造成体育消费需求不旺，从而制约体育产业发展。

因此，本书在供给侧、需求侧、体制机制三个方面深入剖析全民健身促进体育产业高质量发展制约因素的基础上，基于体育锻炼经济价值的视角，从个体参加体育锻炼的行为决策和经济价值的生成路径出发，旨在明晰全民健身是如何促进体育产业高质量发展的。第一，以Becker的时间分配理论为依据，基于2016年中国劳动力动态调查数据，采用Heckman两阶段模型实证研究哪些因素影响我国居民的体育锻炼参与决策和体育锻炼时间支出，以明晰参加全民健身的影响因素。第二，以体育促进发展理论和人力资本理论为依据，基于2014年和2016年中国劳动力动态调查数据，采用OLS回归、工具变量法（IV）、倾向得分匹配法（PSM）等方法，从体育锻炼收入效应实证研究体育锻炼的个体经济价值，以明晰全民健身促进体育产业高质量发展的间接机制。第三，以时间分配理论和体育促进发展理论为依据，基于2014年和2018年中国家庭追踪调查数据，采用Tobit模型从体育锻炼消费效应实证研究体育锻炼的市场经济价值，以明晰全民健身促进体育产业高质量发展的直接机制。构建全民健身促进体育产业高质量发展的作用机制并提出相应的政策建议。研究的主要结论如下：

（1）从体育锻炼参与决策和时间支出的影响因素研究参加全民健身的影响因素。研究发现，我国男性个体、城市个体、高学历个体、高健康水平个体的体育锻炼参与概率更高、体育锻炼时间支出更多。但年龄与个体体育锻炼参与概率呈“U型”关系，对体育锻炼时间支出不存在影响；家务劳动时间、家庭收入、行政区体育设施、人均体育财政投入对个体体育锻炼参与决策和体育锻炼时间支出具有显著的正向影响；工作时间、婚姻、家庭规模、$PM_{2.5}$指数对个体体育锻炼参与决策和体育锻炼时间支出具有显著的负向影响；个体收入和人均GDP对个体体育锻炼参与决策具有显著的正向影响，但对个体体育锻炼时间支出都不存在影响；AQI指数对个体体育锻炼参与决策不存在影响，但对个体体育锻炼时间支出具有显著的正向影响。

（2）从体育锻炼收入效应实证解析全民健身促进体育产业高质量发展的间接机制。研究发现，参加体育锻炼能为个体带来显著的收入回报，且提高健康水平、提高幸福感、提升社会阶层、获得社会支持是个体参加体育锻炼产生收入回报的重要机制。同时，参加体育锻炼的频率和时间增加也能为个体带来显著的收入回报。但参加体育锻炼带来收入回报主要发生在男性个体、城市个体、高中学历个体、东部地区个体和中年个体。研究认为全民健身促进体育产业高质量发展的间接机制为：参加体育锻炼—人力资本增值（健康资本、心理资本、社会资本）—获得收入回报—提高体育锻炼需求—促进体育产业高质量发展。

（3）从体育锻炼消费效应实证解析全民健身促进体育产业高质量发展的直接机制。研究发现，参加体育锻炼和经常参加体育锻炼都能显著提升个体体育消费支出，但随着参加体育锻炼的频率和时间增加，体育锻炼提升个体体育消费支出的边际效应递减；农村个体、中部地区个体、男性个体、中年个体、初中学历个体、低收入个体参加体育锻炼提升体育消费支出的边际效应更明显；研究认为全民健身促进体育产业高质量发展的直接机制为：参加体育锻炼—增加体育消费支出和优化体育消费结构—促进体育产业高质量发展。

综上可知，全民健身是通过发挥体育锻炼的个体经济价值和市场经济价值，进而推动体育产业实现高质量发展，即体育锻炼具有的收入效应和体育消费效应是全民健身促进体育产业高质量发展的重要作用机制。基于此，提出全民健身促进体育产业高质量发展的政策建议：挖掘全民健身潜在需求，精准建立高水平全民健身公共服务体系；支持全民参与健身，提高全民健身的社会经济价值；推动全民健身现有需求升级和培育全民健身新需求，形成体育消费动力；实施协同治理机制，破解制约体育产业高质量发展的全民健身体制机制障碍。

目　录

第一章　绪论

第一节　选题背景与问题提出

体育在我国社会经济发展中的价值不断凸显，通过实施全民健身国家战略引导全民参加体育锻炼具有显著的经济价值。

全民健身具有产业经济价值。为提升全民健身的产业经济价值，多份国家级体育产业政策文件都明确指出要促进全民健身以推动体育产业高质量发展。《全民健身计划（2016—2020年）》指出，到2020年体育消费总规模达到1.5万亿元，全民健身成为促进体育产业发展、拉动内需和形成新的经济增长点的动力源（国务院，2016）。《体育强国建设纲要》将全民健身事业发展和体育产业发展升级为建设体育强国的重要举措。国务院办公厅颁布《关于促进全民健身和体育消费推动体育产业高质量发展的意见》（国办发〔2019〕43号），提出要"推动体育产业成为国民经济支柱性产业，积极实施全民健身行动，让经常参加体育锻炼成为一种生活方式"（国务院办公厅，2019）；《全民健身计划（2021—2025年）》提出，到2025年全民健身带动体育产业总规模达到5万亿元（国务院，2021）。从政策层面上看，全民健身计划实施带来体育消费的增长，促进体育市场的繁荣，加速体育产业发展（梁进 等，1999）。从当前我国全民健身与体育产业发展状况也可以看出，全民健身具有显著的产业经济价值。2014年我国国民体质综合指数达到100.54，比2010年增长了0.15。全国有89.6%的人达到《国民体质测定标准》"合格"等级以上，比2010年增长了0.7个百分点（国家体育总局，2015）；2014年我国经常参加体育锻炼的人口（含儿童青少年）占总人口的33.9%，经常参加体育锻炼的人口比例比2007年增加了5.7个百分点，且在20岁以上人口中有35.6%的人口参加体育锻炼的主要目的是提高身体素质（国家体育总局，2015）；2020年全国7岁及以上人口中经常参加体育锻炼人口比例达37.2%（国家统计局，2021）。近年来，我国体育产业增加值也从2006年的982.89亿元上升至2019年的11248.1亿元（图1-1），年均增长比例达到20.81%，远高于同期我国GDP的增速。体育产业增加值占GDP的比重从2006年的0.46%上升至2019年的1.14%（国家统计局，2020）。伴随着全民健身事业的快速发展，参加体育锻炼的人口比重不断上升，全民体育消费意识不断提升，扩大了体育消费规模，促进了体育消费结构升级，推动了体育产业实现高速发展。

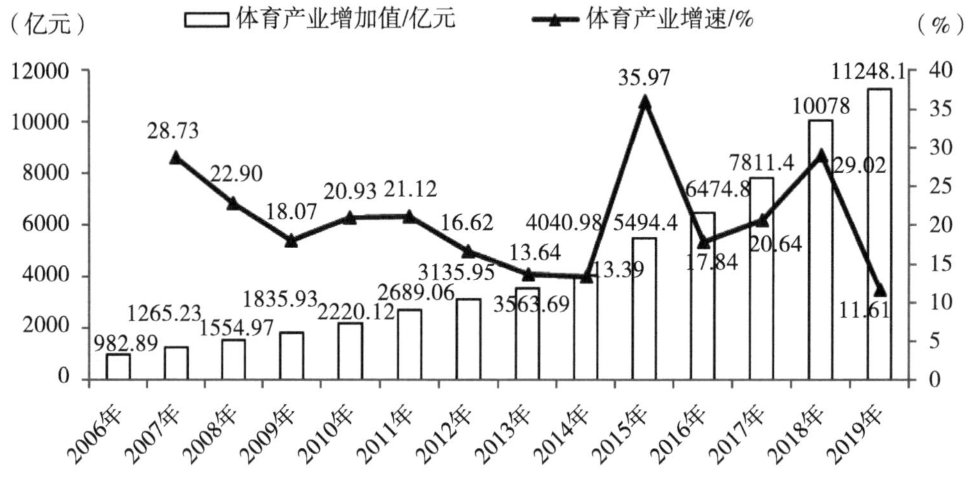

图1-1　2006—2019年我国体育产业增加值及增速图

注：数据来源于国家体育总局官网（https://www.sport.gov.cn/）和国家统计局官网（http://www.stats.gov.cn/）。

全民健身具有宏观经济价值。体现在全民健身能增进国民健康，提升国民人力资本储备。为此，众多健康政策也将全民健身作为促进全民健康的重要举措，《“健康中国2030”规划纲要》《国务院关于实施健康中国行动的意见》（国发〔2019〕13号）《中华人民共和国国民经济和社会发展第十四个五年规划和2035年远景目标纲要》等文件都提出要通过广泛开展全民健身活动来增进全民健康。习近平总书记在2020年9月全国教育文化卫生体育领域专家代表座谈会上的讲话指出：体育是提高人民健康水平的重要途径，是满足人民群众对美好生活向往、促进人的全面发展的重要手段，是促进经济社会发展的重要动力，是展示国家文化软实力的重要平台。从中可知，体育的经济价值凸显，引导全民参加体育锻炼不仅可以促进体育产业发展，还可以增进全民健康，增加国民健康人力资本储备。健康作为构成人力资本的重要形式之一，区别于其他形式的人力资本（Grossman，1972）。健康与教育是同等重要的人力资本存量（Mushkin，1962），提高健康水平可以促进经济增长，且健康是非常稳健的经济增长影响因素（张辉，2018）。从健康视角看，全民健身增进全民健康具有显著的经济效益。居民健康资本存量下降会削弱经济发展，加拿大每年有21亿美元的医疗支出（占医疗费用支出总额的2.5%）可归因于居民缺乏身体活动，身体活动每减少10%则直接医疗支出增加1.5亿美元（Katzmarzyk et al.，2000）；澳大利亚人口每增加10%的身体活动将减少6000例疾病事件，减少2000例死亡，使卫生部门的支出减少6600万澳元（Cadilhac et al.，2011）；有23项研究采用人口归因比例法（PAF），分析发现缺乏身体活动造成的医疗成本占国家医疗支出的比例达到0.3%~4.6%（Ding et al.，2017）。2013年全球人口因身体不活动导致的全球医疗保健系统支出达到530.80亿美元，其中我国居民身体不活动的直接医疗成本达到30.75139亿美元，间接成本17.83亿美元（Ding et al.，2016），表明实施全民健身战略提高全民健康水平对减轻财政负担和促进经济高质量发展至关重要。因此，发展全民健身、改善国民身体素质、提高国民健康水平，对个体和国家都具有显著的经济价值。

全民健身具有产业经济价值和宏观经济价值，但从产业发展视角看，提高全民体育锻炼参与率发挥体育锻炼的经济价值，可能是全民健身促进体育产业实现高质量发展的重要作用机制。体现在居民经常参加体育锻炼，通过发挥体育锻炼在促进人的健康、促进人的发展和繁荣体育消费市场等方面的经济价值，有利于推动体育产业高质量发展。从调查及统计数据可以看出，体育锻炼人口比例的提升促进了体育产业发展，我国经常参加体育锻炼人口比例从2007年的28.2%增长至2020年的37.2%，推动我国体育产业增加值从2007年的1265.23亿元上升至2020年的11248.1亿元（图1-2）。其中，体育服务业增加值从2007年的322.5亿元上升至2020年的7615.1亿元；上海市经常参加体育锻炼人口比例从2014年的40.4%增长至2019年的43.7%，推动上海市体育产业增加值从2014年的308.22亿元上升至2019年的558.96亿元（图1-3）。表明提高全民体育锻炼参与率是全民健身促进体育产业实现高质量发展的根基。因此，全民健身促进体育产业高质量发展可能通过促进全民参加体育锻炼发挥体育锻炼的经济价值得以实现。

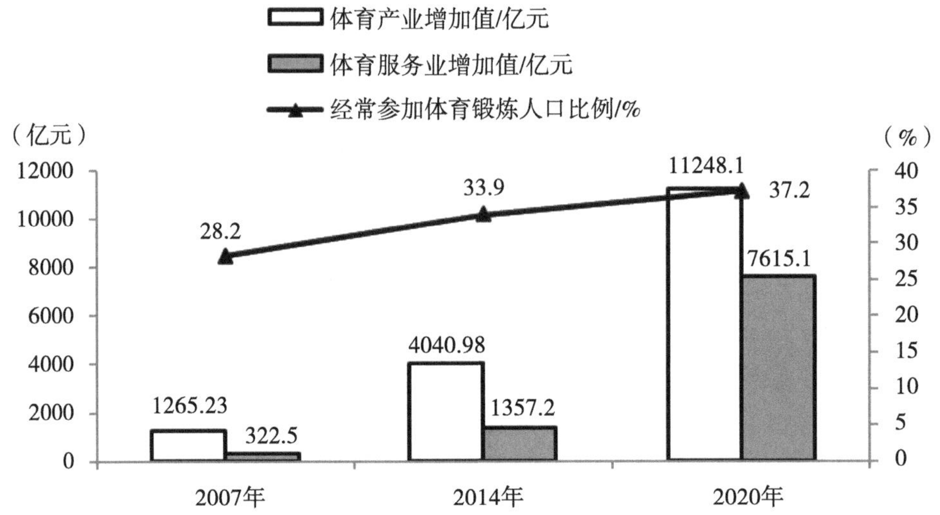

图1-2　2007—2020年我国经常参加体育锻炼人口与体育产业增加值

注：数据来源于国家体育总局官网（https://www.sport.gov.cn/）。

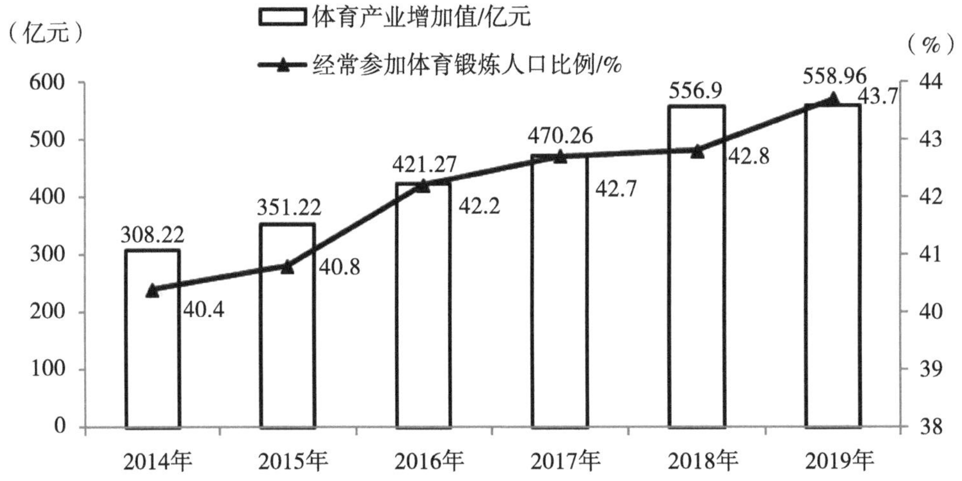

图1-3　2014—2019年上海市经常参加体育锻炼人口与体育产业增加值

注：数据来源于《2020年上海市全民健身发展报告》和上海市体育局官网（http://tyj.sh.gov.cn/）。

当前，我国体育产业步入高质量发展阶段，该阶段的基本特征是产业结构高级化、效率最佳化和价值最大化的有机统一（徐开娟 等，2019）。但我国全民健身所创造的体育产业增加值较低，难以促进体育产业结构高级化，且尚未最大化全民健身在居民消费中的效用和价值。具体表现在全民健身事业在供给侧、需求侧、体制机制方面仍存在诸多问题，全民健身难以发挥体育锻炼应有的经济价值，使得体育消费需求不旺，使全民健身难以推动体育产业实现高质量发展。因此，亟须从微观层面明晰全民健身促进体育产业高质量发展的作用机制，以精准地引导全民参加体育锻炼，发挥体育锻炼的经济价值，从而夯实体育产业高质量发展的全民健身基础。

鉴于此，本书试图在微观层面从个体参加体育锻炼的行为决策和体育锻炼经济价值的生成路径出发，明确研究内容，通过实证研究构建全民健身促进体育产业高质量发展的作用机制。参加体育锻炼作为个体全民健身行为的主要表现，从经济学视角看，参加体育锻炼是在动机（效用最大化）和约束（时间和收入）的结合下产生的个体经济行为决策（图1–4），若个体做出体育锻炼参与决策，则锻炼时间、锻炼频率和锻炼强度受动机和约束条件的影响。同时，参加体育锻炼会产生两种经济价值。第一种为体育锻炼的个体经济价值，为个体参加体育锻炼获得非市场和非外部的经济价值，即参加体育锻炼获得的个体效用，包括健康资本、幸福感（心理资本）、社会资本、人力资本。个体参加体育锻炼获得健康资本、心理资本、社会资本、人力资本的增值，则进一步提高体育锻炼需求，可能是推动体育产业高质量发展的间接机制。第二种为体育锻炼的市场经济价值，即参加体育锻炼的衍生需求，体现在体育锻炼所产生的体育消费支出。个体参加体育锻炼产生的体育消费支出有利于扩大体育消费规模和促进体育消费升级，可能是推动体育产业高质量发展的直接机制。因此，本书以时间分配理论、体育促进发展理论和人力资本理论为研究依据，在微观层面从个体体育锻炼行为决策和体育锻炼经济价值生成路径出发，旨在明晰全民健身是否是通过发挥体育锻炼的经济价值推动体育产业实现高质量发展。

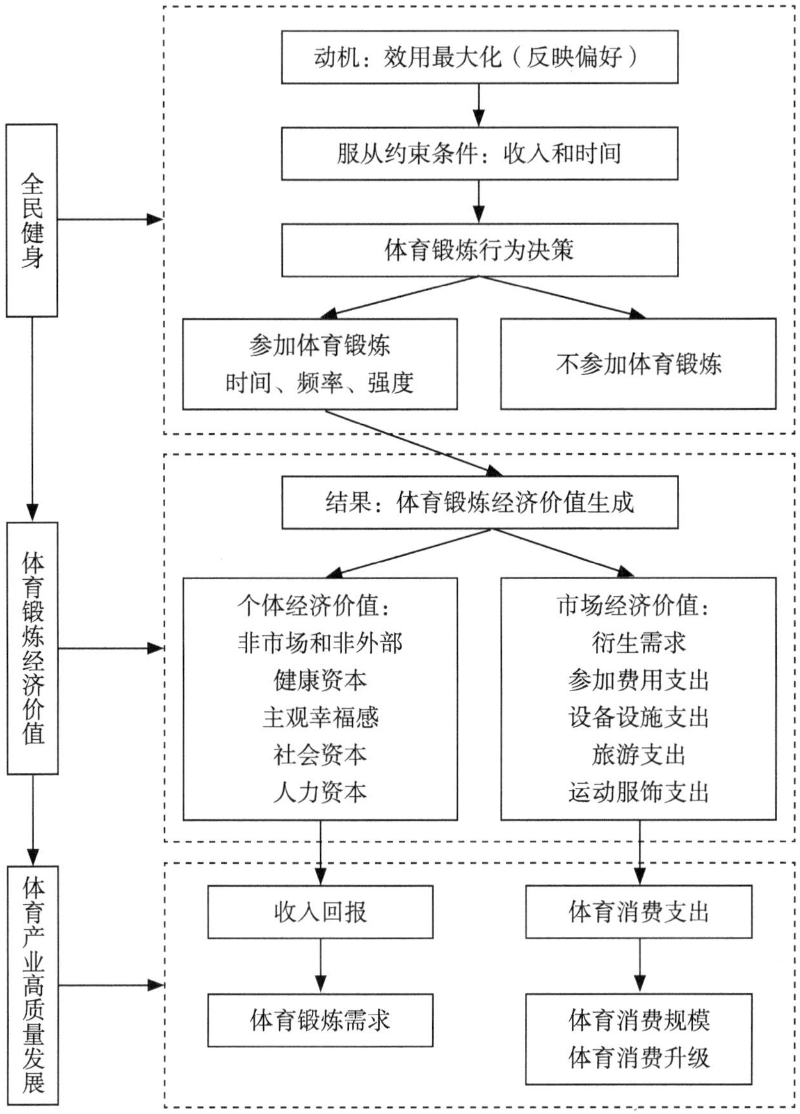

图1-4　全民健身促进体育产业高质量发展的研究思路图

本书拟解决的核心问题：①在实施全民健身战略背景下，哪些因素制约着个体做出体育锻炼参与决策和体育锻炼时间支出，以明晰参加全民健身的影响因素；②从参加体育锻炼产生的收入效应来实证研究体育锻炼是否具有个体经济价值，进而提高体育锻炼需求，促进体育产业高质量发展，以明晰全民健身促进体育产业高质量发展的间接机制；③从参加体育锻炼产生的体育消费效应来实证研究体育锻炼是否具有市场经济价值，进而扩大体育消费规模和促进体育消费升级，以明晰全民健身促进体育产业高质量发展的直接机制。

第二节 研究目的和研究意义

一、研究目的

本书结合经济学、体育学的相关理论，从体育锻炼的经济价值视角出发，旨在厘清全民健身与体育产业高质量发展之间的微观关系，为促进全民健身推动体育产业高质量发展提供研究依据。为解决本书提出的核心问题，第一，在宏观层面，从全民健身的供给侧、需求侧、体制机制三个方面剖析体育产业高质量发展的全民健身制约因素。第二，在微观层面，实证研究社会人口特征、收入与时间分配、家庭因素、宏观因素对体育锻炼参与决策和体育锻炼时间支出的影响，以明晰哪些因素制约着我国居民参加全民健身。第三，基于体育促进发展理论和人力资本理论，从体育锻炼收入效应实证研究体育锻炼的个体经济价值及生成机制，以探索全民健身促进体育产业高质量发展的间接机制，从经济学视角为改善全民体育认知、促进全民健身事业发展提供理论依据。第四，结合时间分配理论和体育促进发展理论，从体育锻炼消费效应实证研究体育锻炼的市场经济价值，为扩大体育消费规模、促进体育消费升级、推动体育产业实现高质量发展提供微观研究依据，以探索全民健身促进体育产业高质量发展的直接机制。最后，根据实证研究结果解析全民健身促进体育产业高质量发展的作用机制，并提出全民健身促进体育产业高质量发展的政策建议。

二、研究意义

体育锻炼作为一种消费品，具有健康效应和幸福效应。相关研究表明，体育锻炼与情绪和焦虑障碍的出现以及首次发病呈负相关（Have et al.，2011）；参加体育锻炼除了能使参与者更健康，还通过刺激参与者参与一系列非体育休闲活动来提高生活质量（Gratton & Tice，1989）；参加体育锻炼降低了个体患糖尿病、高血压、心脏病、哮喘、关节炎等疾病的概率（Humphreys et al.，2014）。同时，参加体育锻炼能有效提升国民幸福感（Downward & Rasciute，2011；Pawlowski et al.，2011；刘米娜，2016）；体育锻炼作为一种投资品，能够提高工作效率，具有经济价值。体育锻炼对劳动市场的长期收益和工资产生积极影响（Lechner，2009），甚至儿童青少年参加体育锻炼对教育成就也具有显著的影响（Pfeifera & Corneliβen，2010）。对国家而言，全民健身具有产业经济价值，可以推动体育产业实现高质量发展，是推动经济可持续发展的有效手段。对个体而言，通过时间支出和体育消费支出参与全民健身投资个体健康，可提高个体工作效率，具有经济价值。因此，本书对体育经济学学科发展、引导全民参加体育锻炼、改善全民健康和促进体育产业发展都具有一定的理论意义和现实意义。

理论意义

在微观层面，从体育锻炼经济价值视角研究全民健身促进体育产业高质量发展，延伸了健康经济学的研究领域、丰富了健康经济学的研究成果。当前，健康经济价值的相关研究，主要从政府卫生医疗经费支出和健康投资视角来研究健康投资对经济发展的影响，而全民健身投入作为居民健康投资的重要方式之一，国内缺乏从人力资本视角研究全民健身的微观经济价值，以及全民健身投入对体育产业或国民经济发展的影响。本书从微观视角将参加体育锻炼作为一种人力资本投资，研究体育锻炼的个体经济价值，扩展了人力资本理论的研究范畴。将体育锻炼时间支出和体育消费支出作为个体健康需求的引申需求，通过研究体育锻炼参与决策与时间支出的影响因素和参加体育锻炼产生的体育消费效应，将经济学基础理论应用于体育学研究，丰富了健康经济学的研究成果。

现实意义

首先，为相关部门制定及调整全民健身和体育产业发展政策提供参考。全民健身是促进全民健康的有效手段，而全民健康对社会经济稳定发展至关重要。本书在微观层面实证分析全民健身是否是通过发挥体育锻炼经济价值来促进体育产业高质量发展。主要解析了个体体育锻炼参与决策和体育锻炼时间支出影响因素、体育锻炼的收入效应及生成机制、体育锻炼的消费效应，可为相关部门制定可操作、易实施、精准化的全民健身政策和体育产业发展政策提供理论及实证依据。其次，研究结果为引导全民参加体育锻炼、提升全民健身的经济价值提供经验支撑。提高身体素质是我国居民参加体育锻炼的主要目的，但全民体育意识尚未上升到体育锻炼能产生经济价值的认知层面，而本书基于时间分配理论、体育促进发展理论和人力资本理论论证体育锻炼的收入效应及其生成机制，以及体育锻炼的体育消费效应。相关研究成果可帮助居民深入了解体育的经济价值，对于改善全民体育认知、培养全民体育意识并使其形成良好的体育锻炼习惯和体育消费习惯提供经验支撑。

第三节　研究内容

1995年《全民健身计划纲要》颁布之初，熊斗寅（1995）就指出：全民健身必须走产业化道路，究其原因是全民健身关系到全国人民的健康，政府不可能完全包办，且全民健身可以提高场馆利用率和全民健身科学化水平。由此可知，全民健身产业化发展有利于促进体育产业发展，同时，体育产业发展也有效推动全民健身科学化发展，且促进体育消费是全民健身促进体育产业发展的重要路径。从体育锻炼经济价值视角看，促进全民健身事业发展、引导全民参加体育锻炼，一方面提高身心健康水平，为居民带来个体经济收益，另一方面提升体育消费市场需求，带来市场经济收益。但当前我国全民健身基础较为薄弱，使我国体育产业难以实现高质量发展，体现在全民健身发展滞后导致我国体育产业发展基础不牢、动力不足（唐鹏 等，2016）。因此，引导全民参加体育锻炼、夯实全民健身基础是促进体育产业高质量发展的前提。为解决以上提出的研究问题，通过实证研究来构建全民健身促进体育产业高质量发展的作用机制。研究内容主要包括以下四部分：

研究内容一，从我国社会经济发展现实诉求出发，基于当前我国全民健身发展与体育产业发展的现状，剖析全民健身促进体育产业高质量发展在我国社会经济发展中的重要作用，并从全民健身的需求侧、供给侧、体制机制三个方面剖析制约我国体育产业高质量发展的因素。

研究内容二，参加全民健身的影响因素研究。基于时间分配理论，从体育锻炼参与决策和体育锻炼时间支出的影响因素实证分析我国居民参加全民健身的影响因素。实证明晰我国居民体育锻炼参与决策和时间支出的微观、宏观影响因素，微观因素包括社会人口特征、收入与时间分配、家庭因素等，宏观因素包括体育场地设施、经济发展水平、锻炼环境等。采用Heckman两阶段模型实证探索哪些因素制约居民参加全民健身、影响体育产业高质量发展。

研究内容三，全民健身促进体育产业高质量发展的间接机制研究。基于体育促进发展理论及人力资本理论，在微观层面，从参加体育锻炼生成的个体经济价值出发，构建参加体育锻炼的收入效应方程，结合相关理论及前期成果探索参加体育锻炼的收入效应及生成机制，明晰促进全民参加体育锻炼能否带来收入回报以提升体育锻炼需求，以解析全民健身促进体育产业高质量发展的间接机制。采用OLS回归、工具变量法（IV）、倾向得分匹配法（PSM）及Bootstrap中介效应检验法进行实证研究。

研究内容四，全民健身促进体育产业高质量发展的直接机制研究。基于时间分配理论和体育促进发展理论，分析个体参加体育锻炼和经常参加体育锻炼对体育消费支出的影响，明晰促进全民参加体育锻炼能否提升体育消费支出、优化体育消费结构，以解析全民健身促进体育产业高质量发展的直接机制。采用Tobit模型实证研究参加体育锻炼和经常参加体育锻炼是否具有体育消费效应，再采用倾向得分匹配法（PSM）、Heckman两阶段模型进行稳健性检验。

第四节　研究方法

一、文献资料法

本书整体构思源于健康中国建设和体育强国建设过程中全民健身与体育产业高质量发展间的微观逻辑关系。在查阅全民健身与体育产业发展、高质量发展等相关文献的基础上，在微观层面从体育锻炼经济价值视角构思全民健身促进体育产业高质量发展的作用机制，找出关键变量：体育锻炼需求、体育消费需求、参加体育锻炼、健康资本、社会资本、心理资本、居民收入、体育消费支出、服务型体育消费支出、实物型体育消费支出等，以古典经济学的时间分配理论、人力资本理论和体育学的体育促进发展理论为理论依据。搜索古典经济学及人力资本理论（相关学者包括Becker、Grossman、Schultz、Fuchs、Mushkin、Mincer等）的经典文献进行阅读。在阅读相关理论文献的基础上，搜索参加体育锻炼（体育参与、运动参与）、劳动参与（劳动产出、劳动市场）、居民收入、体育消费需求（体育消费支出）等相关主题的文献，对比国内外相关研究成果及研究思路，从微观层面明确全民健身促进体育产业高质量发展的研究内容。国内外将体育锻炼（体育参与）纳入经济学模型进行研究的主要学者包括Downward、Lechner、Ruseski、Ewing、Pawlowski、张若等。

二、数理统计法

首先，描述统计我国全民健身基本状况及我国体育产业发展的基本状况，通过描述性统计分析初步了解制约体育产业高质量发展的相关全民健身因素。其次，在实证研究部分，在确定各章节研究样本后，描述性统计分析我国居民参加体育锻炼现状、居民收入现状、家庭体育消费支出现状等。数理统计使用的软件包括Excel、SPSS20.0中文版、Stata15.0等，宏观层面统计数据来源于《中国统计年鉴》、各省市统计年鉴、国家体育总局官方网站、《中国卫生健康统计年鉴》等，微观层面的调查数据主要来源于2014年和2016年的中国劳动力动态调查（CLDS2014、CLDS2016）、2017年中国综合社会调查（CGSS2017）、2014年和2018年的中国家庭追踪调查（CFPS2014、CFPS2018），详见表1-1。

表1-1　本研究相关数据库概况介绍

数据库名称	样本量	抽样省份
中国劳动力动态调查 CLDS2016	21086	包括中国29 个省市（除港澳台、西藏、海南外）
中国劳动力动态调查 CLDS2014	23594	包括中国29 个省市（除港澳台、西藏、海南外）
中国家庭追踪调查 CFPS2018	32669	除港澳台、新疆、西藏、青海、内蒙古、宁夏和海南之外的25 个省/市/自治区
中国家庭追踪调查 CFPS2014	37147	除港澳台、新疆、西藏、青海、内蒙古、宁夏和海南之外的25 个省/市/自治区
中国综合社会调查 CGSS2017	10896	调查覆盖全国28个省/市/自治区的478个村居

三、计量分析法

1. Heckman模型

在第五章参加全民健身的影响因素研究中，由于体育锻炼参与决策和体育锻炼时间支出分别为二分类变量和连续变量，参加体育锻炼包括两方面的行为决策，即体育锻炼参与决策和体育锻炼时间支出决策，且参与决策是产生体育锻炼时间支出的前提条件，因此，采用Heckman（1979）提出的两阶段模型实证研究体育锻炼参与决策和体育锻炼时间支出的影响因素。先构建体育锻炼参与决策方程，采用Probit模型估计参加体育锻炼影响因素的参数值，再根据参数值β和误差项ε计算每个样本的逆米尔斯比率（Inverse Mills Ratio，IMR），然后建立体育锻炼时间支出的影响因素计量模型，将逆米尔斯比率作为影响体育锻炼时间支出的控制变量加入模型中，并采用OLS回归来估计体育锻炼时间支出的影响因素。同时，Heckman模型也应用于第七章研究中的稳健性检验。

2. 工具变量法、倾向得分匹配法、Bootstrap中介效应检验法

第六章研究全民健身促进体育产业高质量发展的间接机制时，构建收入（因变量）与体育锻炼（自变量）的回归方程，先使用最小二乘法（OLS）回归后，再使用工具变量法（IV）、倾向得分匹配法（PSM）进行重新估计，最后利用Bootstrap中介效应检验法检验体育锻炼收入效应的生成机制。①工具变量法（IV）。将行政区是否有体育设施作为参加体育锻炼影响个体收入的工具变量，在第二阶段回归中以行政区体育设施为自变量，以是否参加体育锻炼为因变量，并加入其他控制变量，将估计的回归残差作为参加体育锻炼的代理变量，分析参加体育锻炼对个体收入的影响。工具变量法有效地解决了回归模型中存在遗漏变量导致的估计结果偏误，使估计结果更为可靠。②倾向得分匹配法。倾向得分匹配法（Propensity Score Matching，PSM）是解决个体体育锻炼参与行为存在自选择性偏差的有效方法，由Rosenbaum和Rubin（1983）为解决匹配时个体间的度量差异问题而提出。先以是否参加体育锻炼作为因变量，将影响体育锻炼的其他因素（相关控制变量）纳入回归模型中，采用logit回归模型以个体是否参加体育锻炼为因变量，计算出个体参加体育锻炼的条件概率（倾向得分）。再检验匹配结果的平衡性，以及匹配后参加体育锻炼组和不参加体育锻炼组的拟合程度。最后根据匹配后的样本计算出参加体育锻炼组与不参加体育锻炼组的收入差异。采用倾向得分匹配法解决了参加体育锻炼与收入之间存在的反向因果关系，使研究结论更为可靠。③Bootstrap中介效应检验法。验证体育锻炼收入效应的生成机制时，采用Baron、Kenny（1986）和温忠麟等（2004）建立的逐步回归法建模，并采用Bootstrap中介效应检验法检验体育锻炼收入效应的生成机制。第一步以个体收入为因变量，以是否参加体育锻炼为自变量进行回归。第二步以中介变量为因变量，以是否参加体育锻炼为自变量进行回归。第三步以个体收入为因变量，以是否参加体育锻炼和中介变量为自变量进行回归。采用Bootstrap中介效应检验法检验3个回归模型系数的显著性。详见第六章的实证研究方法。

3. Tobit模型

第七章实证研究全民健身促进体育产业高质量发展的直接机制时，体育消费决策是居民的内生性行为选择，并不是所有居民都会进行体育消费，参加体育锻炼的居民也并不一定有体育消费行为。直接构建回归模型估计体育锻炼的体育消费效应，会因研究样本的体育消费决策行为存在自选择性偏差，影响估计结果的可靠性。具体而言，体育消费支出（总支出、实物型体育消费支出、服务型体育消费支出）存在以0为主的边角解，即体育消费支出金额要么为0，要么为大于0的数字。因此，采用Tobit模型实证分析参加体育锻炼对体育消费支出的影响，以0为左归并进行回归。

四、比较分析法

本书实证分析体育锻炼收入效应的群体异质性和体育锻炼对体育消费支出影响的群体异质性。具体为比较不同性别个体、不同婚姻状态个体、不同村居类型个体、不同教育水平个体、不同区域个体、不同年龄个体参加体育锻炼产生收入效应的异质性，以及比较不同村居类型个体、不同区域个体、不同性别个体、不同年龄个体、不同教育水平个体、不同收入水平个体参加体育锻炼对体育消费支出影响的异质性。进而引导不同群体参加全民健身，发挥体育锻炼的经济价值，以释放全民健身的体育消费潜力。

第五节　研究技术路线

根据研究内容安排，本研究的技术路线图如图1-5所示。根据技术路线图，第一章提出了研究背景、研究目的、研究意义、研究内容和研究方法等。第二章在界定相关概念的基础上，综述了国内外关于全民健身与体育产业高质量发展关系、全民健身影响因素、全民健身经济价值的相关文献。第三章介绍了时间分配理论、体育促进发展理论和人力资本理论及其应用。第四章结合相关文献剖析了全民健身促进体育产业高质量发展的现实诉求和制约因素。第五章基于调查数据，基于体育锻炼参与决策与时间支出影响因素的实证分析参加全民健身的影响因素。第六章基于体育锻炼收入效应的实证解析全民健身促进体育产业高质量发展的间接机制。第七章基于体育锻炼消费效应的实证解析全民健身促进体育产业高质量发展的直接机制。第八章构建全民健身促进体育产业高质量发展的作用机制构建与政策建议。第九章为研究结论与展望。

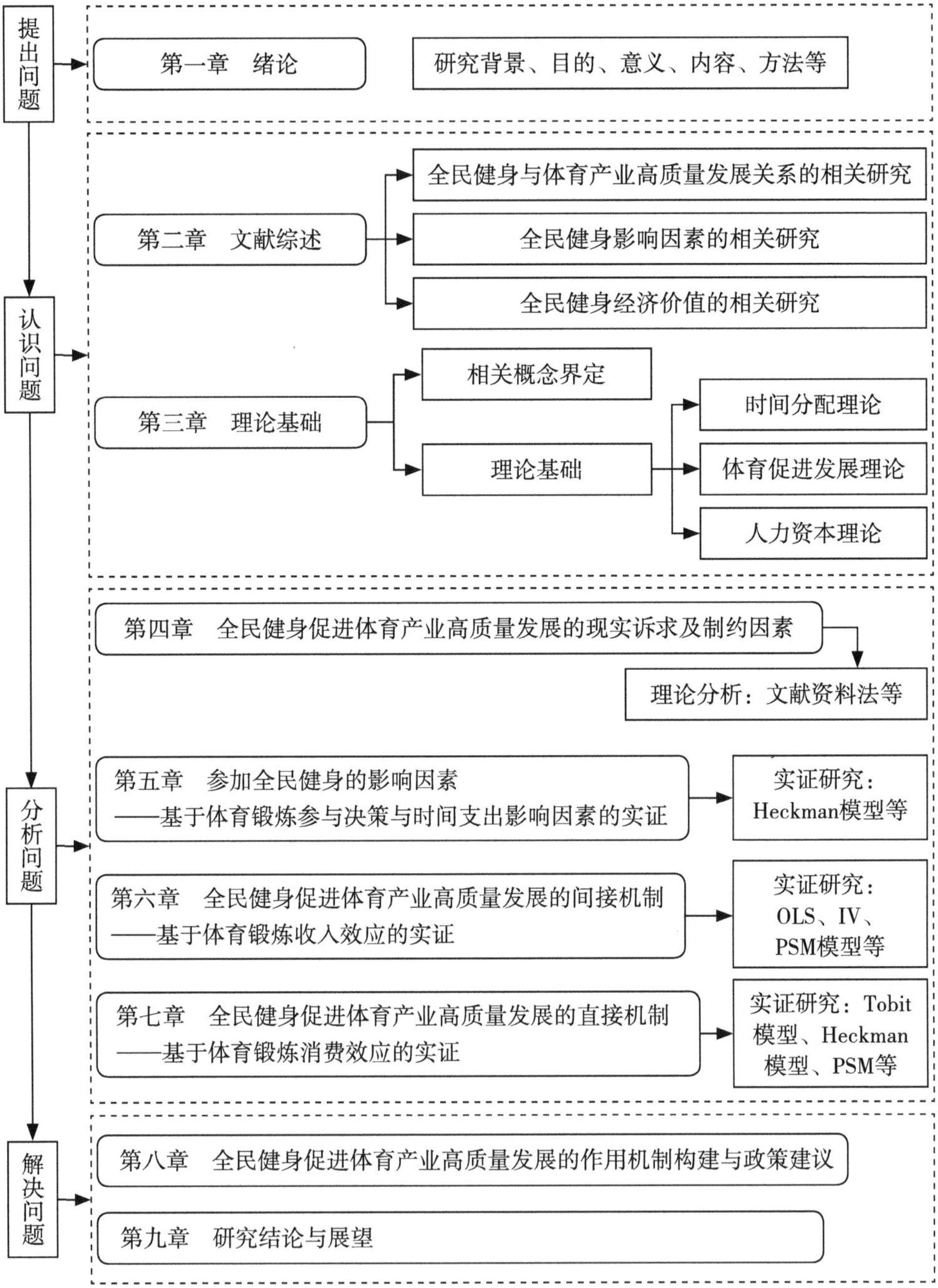

图1–5　本研究的技术路线图

第二章　文献综述

全民健身和体育产业是推进体育强国建设的重要支撑，《体育强国建设纲要》指出，落实全民健身国家战略和加快发展体育产业培育经济发展新动能是体育强国建设的两个重要战略任务。习近平总书记在2017年8月27日会见全国体育先进单位和先进个人代表时强调，要加快建设体育强国，要推动群众体育、竞技体育、体育产业协调发展。从习近平总书记对体育强国建设的要求中可以看出，全民健身和体育产业在体育强国建设中具有不可替代的作用。同时，全民健身和体育产业发展也是我国经济实现高质量发展的必然要求。从微观层面看，全民健身促进个体参加体育锻炼，能维持或增加个体健康资本存量，提高个体劳动生产效率，进而获得劳动收入回报。同时，参加体育锻炼产生体育消费需求，会进一步促进体育产业发展，从而推动国民经济实现高质量发展。从宏观层面看，全民健身促进全民健康，全民健康水平的提升奠定了国民经济高质量发展的健康根基。具体而言，健康投资是其他各种人力资本投资的前提和基础，居民健康状况的改善对经济增长的直接作用体现在健康提高劳动者的工作质量和数量（梁进 等，1999）。全民健身和体育产业在体育强国建设和经济高质量发展中的作用日益凸显，明晰全民健身如何推动体育产业高质量发展至关重要。因此，本章在界定相关概念的基础上，从全民健身与体育产业高质量发展的关系、参加全民健身影响因素、全民健身的宏观经济价值和微观经济价值三个方面展开综述，以明晰全民健身促进体育产业高质量发展可能存在的作用机制，也为本研究提供理论依据和思路借鉴。

第一节　相关概念界定

一、全民健身概念的界定

全民健身对社会经济发展的重要性推动其成为学术研究热点，但全民健身目前尚无统一概念，众多学者从不同视角来界定全民健身概念。李相如等（2008）认为全民健身是指全体人民为了增强体质，采取不同的手段、方法，达到健身的目的；董新光（2003）认为全民健身是公民在闲暇时间里，为了强健身体、愉悦身心、增进交往、促进发展而自愿参加的体育活动；周丽霞（2015）认为全民健身是指全国人民，不分男女老少，全体人民增强力量、柔韧性，增加耐力，提高协调性，控制身体各部分的能力，从而使人民身体强健。上述关于全民健身的概念，李相如等（2008）从宏观层面分析，认为全民健身的服务对象是全体人民，目标是完成健身。董新光（2003）从微观层面（个体）出发，指出全民健身是居民在闲暇时间自主从事的体育活动，由于体育项目的多样性，这里的“体育活动”主要是指以相关运动项目的运动技术为载体进行的体育锻炼活动。周丽霞（2015）则是从全民健身改善个体身体素质的视角对其概念进行界定，明确指出全民健身是改善全体国民的力量、耐力、柔韧、协调、灵敏等身体素质，以提高国民健康水平。三位学者从全民健身的三个不同层次对其概念进行界定，概念的共同特征是全民健身都是以增强体质、增进健康为目的。但全民健身的目的是多元的，不仅仅包括增进全民健康，同时还包括社会交往和促进人的全面发展。《全民健身指南》也指出，体育健身的主要目的是增强体质、预防疾病、提高学习和工作效率（国家体育总局，2018）。因此，从微观个体层面看，董新光（2003）提出的全民健身的概念更能体现全民健身的内涵。同时随着全民健身上升为国家战略，全民健身概念也逐渐衍生出全民健身服务（肖林鹏，2008）、全民健身公共服务均等化（汤际澜 等，2010）、全民健身服务公平（周结友，2013）、全民健身公平（陈华和邹亮畴，2013）、全民健身公共服务体系（王莉 等，2015）、全民健身战略（李相如，2016）等多个方面的内容。

通过梳理全民健身相关政策及规范性文件，发现促进全民参加体育锻炼是全民健身政策执行的主要目标。《全民健身计划纲要》的发展目标提出，到20世纪末，我国经济、社会和体育发展程度不同的各类地区，经常参加体育活动的人数都要实现增长（国务院，1995）；《〈全民健身计划纲要〉第二期工程（2001—2010年）规划》的发展目标提出，经常参加体育锻炼的人数要在2000年的基础上实现增加，并能占到总人口的40%左右（国家体育总局，2001）；《全民健身计划（2011—2015年）》发展目标提出，到2015年，经常参加体育锻炼的人数进一步增加，且增加比例达到32%以上（国务院，2011）；《全民健身计划（2016—2020年）》发展目标提出，到2020年，参加体育锻炼（每周1次及以上）的人数明显增加并达到7亿，经常参加体育锻炼（每周3次及以上、每次30分钟及以上、中等强度及以上）的人数达到4.35亿（国务院，2016）；《全民健身计划（2021—2025年）》提出，到2025年，经常参加体育锻炼人数比例达到38.5%（国务院，2021）。全民健身发展水平评价涵盖健身环境（自然环境、社会环境和市场环境）、体育参与（参与行为和消费行为）、体质健康（于永慧，2016）。健身环境属于宏观层面的全民健身，参加体育锻炼和体质健康属于微观层面的全民健身，参加体育锻炼是实现体质健康的前提，同时众多全民健身政策均将参加体育锻炼（每周1次以上）的人数及比例作为判断全民健身事业发展水平的重要评价指标。结合上文关于全民健身的概念辨析及相关政策中设定的全民健身发展目标可知，全民健身内涵丰富且内容较多，而全民参加体育锻炼是全民健身内涵的一个重要组成部分，但促进全民参加体育锻炼是全民健身其他内涵得以实现的核心依托。鉴于本书从微观层面研究全民健身是否通过发挥体育锻炼的经济价值来促进体育产业高质量发展，因此，本书中的全民健身主要指个体参加体育锻炼，判断标准为每周至少参加1次体育锻炼。

当前，国内外相关研究中明确区分了体育锻炼与身体活动的概念，因此，本书也对体育锻炼和身体活动概念进行区分。身体活动（physical activity）被定义为骨骼肌产生的任何导致能量消耗的身体运动，而体育锻炼旨在改善或保持身体健康（Caspersen et al.，1985）。同时，世界卫生组织指出，人的身体活动（physical activity）包括在工作、交通、处理家务或休闲时间里的身体活动（World Health Organization，2002）。根据上述概念可以明确，体育锻炼和身体活动是两个不同的概念，身体活动包含体育锻炼。体育锻炼（physical exercise）是指运用各种体育手段，并结合自然力来锻炼身体，以增进健康、增强体质为目的而从事体力活动的过程（体育词典编委会，1984）。国家体育总局在《2014年全民健身活动状况调查公报》中指出，体育锻炼是指参加过1次及以上运用各种身体练习方法（包括徒手或器械），以强身健体、调节心理为主要目的，并达到一定强度的身体活动；经常参加体育锻炼人群是指每周参加体育锻炼频度3次以上，每次锻炼持续时间30分钟以上，每次体育锻炼运动强度达到中级以上的人（国家体育总局，2015）。体育锻炼与身体活动的主要区别是体育锻炼需要运用运动技能且是以增进健康和体质为目的。因此，结合微观个体层面全民健身的判断标准及体育锻炼的概念，本书中的全民健身即参加体育锻炼，是指居民运用各种运动技术，每周至少参加1次以增进健康、增强体质为目的的体育锻炼并支出一定的体育锻炼时长。具体而言，参加全民健身包括两个阶段决策，第一阶段决策为体育锻炼参与决策，是指居民运用各种运动技术以增进健康、增强体质为目的而做出参加体育锻炼决定的决策过程，且每周参加频率1次及以上；第二阶段决策为体育锻炼时间支出，是指居民运用各种运动技术以增进健康、增强体质为目的做出参加体育锻炼决定后而支出体育锻炼时间的量。同时，为进一步了解居民锻炼频率增加是否具有个体经济价值和市场经济价值，将经常参加体育锻炼界定为居民运用各种运动技术以增进健康、增强体质为目的而做出体育锻炼参与决策，且每周参加频率达到3次以上、每次锻炼持续时间30分钟以上、每次运动强度达中级以上。

二、体育产业高质量发展内涵

党的十八大以来，我国社会经济发展步入新常态，社会矛盾发生变化。基于社会矛盾的演化及经济发展的新要求，党的十九大对我国社会经济发展做出准确判断并指出，我国经济已由高速增长阶段转向高质量发展阶段。2017年12月中央经济工作会议对经济高质量发展做出部署，并指出当前和今后一个时期内，确定发展思路、制定经济政策、实施宏观调控的根本要求是以推动高质量发展为核心，必须加快形成推动高质量发展的指标体系、标准体系、统计体系、政策体系、绩效评价、政绩考核，创建和完善制度环境（人民日报，2017）；2018年是经济高质量发展具体工作深入落实的一年，2018年的《政府工作报告》提出了高质量发展的具体要求；2018年中央经济工作会议再次指出要继续深化落实经济高质量发展，从经济增长、经济结构调整、民生改革、生态文明等各方面采取措施推动经济高质量发展；2019年的《政府工作报告》详细论述了经济高质量发展的具体措施和重点领域；2020年10月党的十九届五中全会提出，“十四五”时期我国社会经济发展要以高质量为主题。随着经济高质量发展工作部署的深入推进，国家出台了一系列政策推动我国经济高质量发展。

体育产业作为国民经济的朝阳产业，在社会主义现代化强国建设中的作用和价值日益凸显。体育产业实现高质量发展是健康中国建设的重要途径和体育强国建设的有力支撑，同时也是促进经济转型升级、推动经济高质量发展的有效手段。基于此，国务院办公厅于2019年8月印发《体育强国建设纲要》，把“体育产业在实现高质量发展上取得新进展”作为战略目标之一。为推动体育产业高质量发展，同时又颁布《国务院办公厅关于促进全民健身和体育消费推动体育产业高质量发展的意见》（国办发〔2019〕43号），将全民健身和体育消费作为推动体育产业高质量发展的有效手段，以推动体育产业高质量发展成为我国经济转型升级的重要力量。

“质量”在经济学中是指一个产品或一项工作的好坏程度（李辉，2018），早期的质量仅指产品质量，随后逐渐扩展到服务质量的范畴（任保平 等，2017）。当前，经济领域众多学者对高质量发展的内涵进行界定，程虹等（2014）、任保平（2018）、黄建速等（2018）、周振华（2018）、朱启贵（2018）、何立峰（2018）、刘伟（2018）、刘志彪（2018）、金碚（2019）、任保平等（2019）、赵剑波等（2019）都对经济高质量发展的概念或内涵进行剖析，但尚无相关研究明确界定体育产业高质量发展内涵。上述学者界定的经济高质量发展内涵均是从宏观视角出发，认为高质量发展是通过一系列改革体系，包括提高经济发展质量、改革开放、企业价值创造、供给侧改革等，并体现出创新、协调、绿色、开放、共享的发展即是高质量发展。关于高质量发展内涵的界定可以总结为：高质量发展是实现质量变革、效率变革、动力变革，创新、协调、绿色、开放、共享都是为了提高发展质量和发展效率、增强发展动力。五大发展理念是实现质量变革、效率变革和动力变革的主要举措，也是实现经济高质量发展最直接最有效的手段。同时，在高质量发展相关内涵中都提出高质量发展的主要目标是满足人民美好生活需要。因此，高质量发展就是通过创新发展、协调发展、绿色发展、开放发展、共享发展来推动发展质量变革、发展效率变革和发展动力变革，以满足人民日益增长的美好生活需要。质量变革、效率变革和动力变革是实现高质量发展的主要任务，创新发展、协调发展、绿色发展、开放发展、共享发展是实现高质量发展的主要举措，而满足人民日益增长的美好生活需要是实现高质量发展的主要目标。

体育产业是指为社会提供体育产品的同一类经济活动的集合以及同类经济部门的总和（卢元镇 等，2001）。《体育产业统计分类（2019）》中认为，体育产业是指为社会提供各种体育产品（货物和服务）和体育相关产品的生产活动的集合（国家统计局，2019）。体育产业概念中的“体育产品”包括体育服务型产品和体育实物型产品，是体育产业实现高质量发展的核心，是满足体育消费需求的重要载体。徐开娟等（2019）认为，体育产业高质量发展的基本特征是在新发展理念的指引下，实现体育产业结构高级化、效率最佳化和价值最大化的有机统一。王晨曦和满江虹（2020）研究认为，体育产业实现高质量发展的三个判断标准是产业的质量变革、效率变革、动力变革。因此，基于高质量发展内涵和体育产业概念，本书中的体育产业高质量发展是指体育产业发展通过质量变革、效率变革和动力变革，为社会供给多元化、多样化的体育产品及服务，以满足人民群众的体育生活需要。推动产业质量变革、效率变革和动力变革是促进体育产业高质量发展的主要推动力来源，且满足人民群众的体育生活需要是体育产业高质量发展的主要目标。从体育产业高质量发展的任务分析，完善体育产业供给体系、提高供给质量和加强制度建设是体育产业质量变革的主要内容；实现生产效率、协同效率和市场效率的提升是体育产业效率变革的主要内容；实施创新驱动、推动消费升级和实施对外开放是体育产业动力变革的主要内容。

体育产业高质量发展的内涵丰富，主要动力来源于产业质量变革、产业效率变革和产业动力变革。体育消费需求增长是未来体育产业向更高质量发展的重要保障（林德韧，2019），体育消费需求也是体育产业高质量发展的根本拉动力（丁正军和战炤磊，2019），体育消费升级会拉动体育服务业快速发展，优化体育产业结构，促进体育产业高质量发展（徐开娟 等，2019），且人均体育消费水平是判断体育产业高质量发展动力变革的指标之一（王晨曦和满江虹，2020）。表明体育消费规模的扩大和体育消费结构的升级是体育产业高质量发展的消费动力，是判断体育产业是否实现高质量发展重要标准之一。因此，全民健身与体育产业高质量发展形成相互促进的关系（图2-1）：全民健身促进全民参加体育锻炼，增加体育消费需求，进而提升居民体育消费支出，其中体育服务型消费支出的增加促进体育消费结构升级并形成推动体育产业高质量发展的消费动力；体育产业实现高质量发展则是通过优化供给并提供丰富多元的体育产品及服务，来满足参加全民健身所产生的体育锻炼需求和体育消费需求。

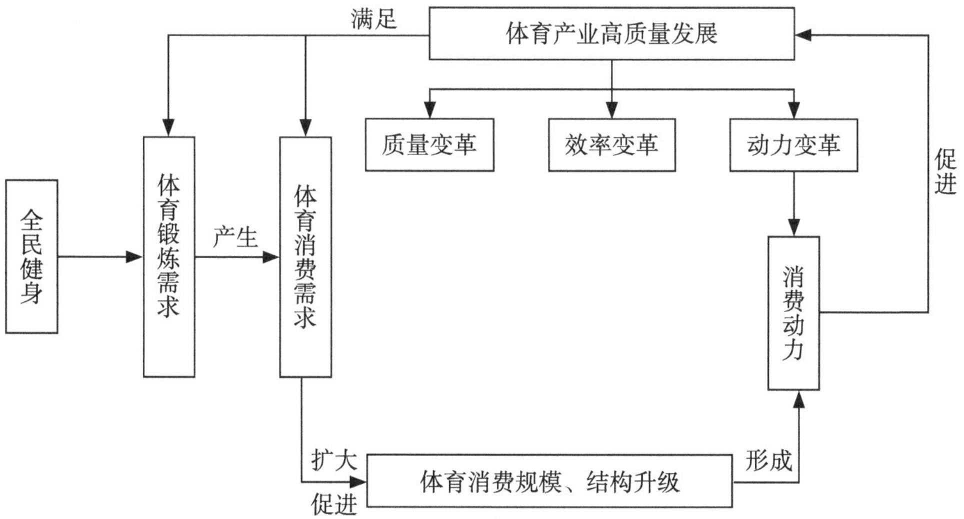

图2-1 体育产业高质量发展内涵与体育消费关系

体育产业实现动力变革的主要消费动力来源是体育消费规模的扩大和体育消费结构的升级，因此，本研究也对体育消费的概念进行界定。消费是社会再生产过程中的一个重要环节和最终环节，是指利用社会产品来满足人们各种需要的过程（张涵，2009）。体育消费概念目前也未统一，钟天朗（1990）认为，体育消费是指人们在体育活动方面的个人消费支出；代刚（2012）认为，体育消费是指消费者在选择、购买、使用和处理体育产品与服务过程中所引起的一切现象和关系的总和；张瑞林等（2016）认为，体育消费是指人们通过支付一定数量的货币从而在体育活动中获得效用的行为和过程，是生活消费的一种。从上述关于体育消费概念的论述可以看出，产生体育消费支出的消费者是体育消费主体，产生货币支出是体育消费的主要特征，参与与体育相关的活动（参加体育锻炼）是进行体育消费的前提和内容。还有相关学者对体育消费进行分类，张岩（1993）将体育消费分为观赏型体育消费和参与型体育消费；钟天朗（2012）将体育消费分为参与型、实物型、观赏型和博弈型；王乔君（2013）将体育消费划分为实物型、观赏型和参与型，并用其剖析了长三角地区的体育消费结构，此种分类方法是当前进行体育消费研究的普遍分类法。本书则将体育消费划分为服务型体育消费（包括观赏型体育消费和参与型体育消费）和实物型体育消费。因此，本书中的体育消费是指消费者为了满足参加体育锻炼需求，愿意且能够支付的货币数量。体育消费结构是指消费者为了满足参加体育锻炼需求，购买服务型体育产品和实物型体育产品的货币支出结构。

综上所述，本研究中的体育产业高质量发展仅为体育产业高质量发展的动力变革部分，具体是指体育消费规模不断增大、体育消费结构呈现高级化态势，并形成体育产业发展的消费动力，以推动体育产业实现动力变革。因此，微观层面的全民健身促进体育产业高质量发展的判断标准为：全民健身促进全民参加体育锻炼，能否发挥体育锻炼的经济价值，以增加体育消费支出和优化体育消费结构。

体育作为一种文化产品、精神产品、物质产品，在满足人民群众的健康生活需求中具有重要的作用，而全民健身战略的实施发挥了体育的健康促进功能，改善了全民体育认知，促进全民参加体育锻炼，提高了体育消费需求。体育消费需求作为满足人民美好生活需要的有效需求，全民健身通过促进全民参加体育锻炼形成体育消费动力，进而推动体育产业实现高质量发展。当前，我国体育消费增长显著，但体育消费也存在消费路径依赖，难以实现发展机制与模式的突破，且体育消费尚不能满足新时代经济转型、消费升级、新动能增长的要求（黄海燕和朱启莹，2019）。因此，从体育锻炼的收入效应和消费效应来实证研究体育锻炼的经济价值，可以明晰全民健身是否通过促进全民参加体育锻炼发挥体育锻炼的经济价值来增加体育消费支出和优化体育消费结构，进而推动体育产业实现高质量发展。

第二节　全民健身与体育产业高质量发展关系的相关研究

全民健身是体育产业发展的基础，体育产业发展也丰富了全民健身服务供给。当前，关于全民健身与体育产业发展关系的研究主要集中在两个主题上，分别为全民健身对体育产业发展的促进作用和全民健身与体育产业发展的共生关系、协同关系。首先，在关于全民健身促进体育产业发展的研究中，邬凤（2010）剖析了全民健身对体育产业发展的推动价值，认为全民健身为体育产业创造良好的市场环境，促进体育用品的生产及销售，推动体育产业创新发展、多元化发展；钟秉枢（2015）认为，全民健身国家战略的提出使越来越多人参加体育健身休闲，为体育健身休闲产业发展带来机遇；唐鹏等（2016）认为，全民健身战略使体育产业发展发生战略性转变，要将全民健身国家战略作为促进体育产业发展的契机，以扩大产业规模、扩展产业领域、促进体育消费。其次，在关于全民健身与体育产业共生关系、协同关系的研究中，钱晓燕（2016）提出了全民健身与体育产业的耦合路径，认为全民健身与体育产业呈以“同步型”和“互动型”方式耦合，并从发展政策、发展要素、发展机制方面提出耦合路径；李龙（2017）基于共生理论分析认为，全民健身与体育产业共生发展受不协同不均衡的供需关系、不完善的体育消费市场体制机制和严重的偏利性共生倾向制约，认为要从供需两侧、资源流动、正向环境营造三个方面实现共生发展；雷涛（2017）也基于共生理论深入解析全民健身与体育产业协同发展的理论逻辑，认为全民健身与体育产业发展存在共生关系，且全民健身与体育产业共生的介质和纽带是体育消费市场；魏明涛（2019）实证研究了陕西省全民健身与体育产业协调发展现状，分析发现全民健身与体育产业发展的协调度和发展度较低；刘琨（2020）认为，陕西省全民健身与体育产业实现协同发展受体育消费市场供需错位、体育服务业发展质量较低、未发挥体育消费市场对健身资源配置作用的影响。

上述研究表明全民健身对体育产业发展起到促进作用，且全民健身与体育产业发展存在相互促进的共生关系和协同关系。但相关研究均是基于相关理论，从宏观理论层面定性剖析全民健身与体育产业发展的关系，且相关研究尚未实证分析全民健身能否促进体育产业高质量发展。同时，也未实证研究全民健身通过什么机制促进体育产业高质量发展。因此，本书旨在通过微观实证研究明晰全民健身促进体育产业高质量发展的作用机制。

第三节　全民健身影响因素的相关研究

从微观层面看，参加全民健身即个体参加体育锻炼。《欧洲体育宪章》指出，体育是指通过休闲或有组织的体育参与，旨在表现或提高身体健康和精神幸福感，形成社会关系或在各级别的竞争中取得成果的所有形式的体育活动（Councial of Europe，2001）。因此，个体参加全民健身即个体参与所有形式的体育锻炼，主要目的是提高身体健康和获得精神幸福（心理健康），以及建立社会关系和享受运动竞赛结果。从居民体育锻炼参与需求看，参加全民健身的影响因素众多，包括微观层面的社会人口特征、收入与时间、家庭结构，以及宏观因素层面的体育场地设施、经济发展水平、体育赛事、自然环境等因素。

一、参加全民健身的微观影响因素

1. 社会人口特征

不同社会人口特征的群体体育锻炼参与需求存在差异，表现为不同社会人口特征群体在体育参与方式、参与项目、参与时间、参与强度等方面具有差异性。首先，对参加体育锻炼产生影响的是年龄，Humphreys和Ruseski（2015）研究表明，因体育项目众多使年龄增长对参加体育项目的影响存在差异，但体育参与时间会因年龄增长而减少；Task和Scheerder（2006）研究青少年体育细分市场发现，不同年龄青少年的体育参与类型存在差异。同时，众多研究显示，年龄增长使体育参与概率降低、体育参与时间减少（Farrell & Shields，2002；Downward，2007；Downward & Riordan，2007；Hovemann & Wicker，2009；Eberth & Smith，2010；Downward & Rasciute，2010；Downward & Rasciute，2015）。但张若（2014）研究显示，年龄增长使体育参与概率降低，而使体育参与时间支出增加；在具体项目划分上，Humphrey和Ruseski（2007）研究显示，年龄增长使参与集体运动和个人运动的概率和时间支出都显著降低。但Lera-López和Rapún-Gárate（2007）、马江涛等（2014）研究显示，年龄增长使体育参与频率上升一个等级的可能性增加。同时，国外众多研究显示，年龄与体育参与呈非线性关系，García等（2011）、Downward等（2011）、Ruseski等（2011）、Muñiz等（2011、2014）研究结果均表明年龄与体育参与率呈“U型”关系；Wicker等（2013）研究显示，年龄与体育参与率呈“倒U型”关系，而与体育俱乐部参与率呈“U型”关系；但也有研究表明，年龄对体育参与不存在影响（Wicker et al.，2012）；国内学者马江涛等（2017）研究显示，北京市20～60岁居民体育参与率呈现先降后升的态势。

性别也是参加全民健身的重要影响因素。在性别对参加体育锻炼的影响方面，众多研究显示，男性体育参与概率显著高于女性（Downward，2007；Lera-López & Rapún-Gárate，2007；Wicker et al.，2009；Hovemann & Wicker，2009；Eberth & Smith，2010；Downward & Rasciute，2010；Downward et al.，2011；马江涛 等，2014；张若，2014），但也有研究得出相反的结果，女性体育参与概率显著高于男性（Cheah et al.，2017），男性体育参与需求高于女性可能是由于性别产生的运动参与偏好不同导致的。相关研究从运动项目偏好视角研究性别对体育参与的影响，Farrell和Shields（2002）实证研究显示男性参与骑自行车、足球或橄榄球、体操锻炼、板球运动和跑步的概率都显著高于女性，女性参与游泳和有氧运动的概率显著高于男性；Hallmann等（2012）的研究显示，男性更倾向参与足球和网球运动，女性更倾向于参与游泳和跑步；Humphreys和Ruseski（2015）实证也表明女性花更多时间参与步行、家庭锻炼和游泳，男性则花更多时间参与高尔夫、举重、骑自行车和跑步。同时，男性与女性运动强度偏好的不同也导致体育锻炼需求存在差异，Downward和Rassiute（2015）研究显示，男性更倾向于参与运动强度高的体育项目，而女性则更倾向于参与运动强度较低的体育项目。

接受教育能使个体全面地学习体育技能和锻炼方法，提高个体的运动认知水平和体育锻炼意识，进而促进个体参加体育锻炼。教育水平越高则体育锻炼需求也会越高，体现在受教育水平越高则体育参与可能性也会随之增加（Farrell & Shields，2002；Downward，2007）、教育水平越高则体育参与时间支出也会越多（Ruseski et al.，2011）、教育水平越高则体育参与频率也会越高（Humphreys & Ruseski，2015）。Downward和Rasciute（2015）研究发现提高教育水平并不能提高男性体育参与的概率，但能提高男性体育参与频率，提高教育水平能提高女性体育参与的概率，也能提高女性体育参与频率。同时，教育水平的提高导致人力资本的工资率更高，意味着体育参与的时间影子价格更高，可能对体育锻炼的时间支出产生负向影响。张若（2014）研究结果显示，教育人力资本越高则体育参与的时间影子价格越高。具体体现为学历越高则体育参与概率越高，但体育参与的时间支出越少。

最后，个体的生活方式也对参加体育锻炼产生影响。饮酒则提高体育参与概率，而吸烟则降低体育参与概率（Farrell & Shields，2002；Downward，2007）。还有学者深入研究发现不同生活方式对参加体育锻炼产生不同影响，Eberth和Smith（2010）实证显示吸烟者体育参与少于非吸烟者，但戒烟后体育参与的可能性提高，饮酒者体育参与的可能性更高，健康饮食对体育参与也具有显著的正向影响，看电视时间越长则体育参与可能性越小。

2. 收入与时间

由于时间存在成本价格，导致时间与收入对参加体育锻炼的影响存在差异。在收入对参加体育锻炼影响的相关研究中，众多研究显示收入增加则促进体育参与（Farrell & Shields，2002；Downward，2007；Downward & Rasciute，2010；Downward & Rasciute，2015），收入越高则体育参与频率也越高（Muñiz et al.，2014）、收入越高则体育参与的时间支出也越多（Humphreys & Ruseski，2015；Cheah et al.，2017；Thibaut et al.，2017）。但也有研究表明收入对体育参与不存在影响（Lera-López & Rapún-Gárate，2007），究其原因可能是体育参与时间支出大多数为周末时间（García et al.，2011），时间成本价格较低。但也有研究显示收入增加对体育参与的时间支出产生负向影响或降低体育参与频率（Downward & Riordan，2007；Humphreys & Ruseski，2011；张若，2014；Humphreys & Ruseski，2015），其原因可能是收入增加使时间机会成本上升，体育参与的时间投入与金钱投入产生替代效应，使个体在运动项目选择、运动强度选择等方面产生替代效应。Humphreys和Ruseski（2015）研究家庭收入及小时工资对具体体育项目需求的影响，结果表明家庭收入增加则参加步行、家庭锻炼、高尔夫、举重、跑步的时间支出减少，但家庭收入对参加骑自行车和游泳的时间支出不存在影响，而小时工资上升对参加骑自行车、游泳、高尔夫、跑步等时间支出具有显著正向影响，对步行时间支出具有显著负向影响，对家庭锻炼和举重时间支出不存在影响；Meltzer和Jena（2010）利用国家健康与营养检测调查数据研究收入对运动强度的影响，结果表明与年收入2万以下人群相比，年收入在7.5万以上人群锻炼概率增加31%，运动强度高出7.1%，运动量高出25.8%；Maruyama和Yin（2012）利用澳大利亚统计数据研究收入对锻炼时长和强度的影响，结果显示随着收入的增加体育锻炼更频繁且强度更大。

个体就业则意味着需要投入大量时间去工作，会导致参加工作对参加体育锻炼产生负向影响。Hovemann和Wicker（2009）研究表明，被雇佣（自雇）者体育参与概率显著低于未被雇佣者；Downward和Rasciute（2010）研究显示，参加工作和做家庭主妇使参与体育活动的比例降低，即体育参与需求减少；Wicker等（2013）研究显示，照看儿童和亲属时间与体育参与呈负相关，工作时间、照看儿童和亲属时间对俱乐部运动参与存在消极影响；Dawson和Downward（2013）研究表明，全职工作则体育参与概率降低、体育参与时间也减少。但也有研究表明，工作时间对体育参与具有正向影响（Wicker et al.，2012），工作时间对体育参与需求不存在影响（Ruseski et al.，2011）。学者Hallmann等（2012）还研究了工作时间对不同体育项目参与需求的影响，结果显示工作时间增加对参与游泳存在消极影响，对参与跑步和足球存在积极影响，投入照顾孩子和亲属时间与参与游泳和网球呈负相关，与参与足球呈正相关。

由于时间具有影子价格，收入和时间作为参加体育锻炼的两个重要投入要素。如果收入效应优于替代效应，则时间机会成本上升（收入增加）对参加体育锻炼的影响为正；如果替代效应优于收入效应，则时间机会成本上升（收入增加）对参加体育锻炼的影响为负。当体育参与需求与其他休闲活动需求互为替代品时，收入增加导致时间机会成本上升则体育参与需求降低。Lϕyland和Ringstad（2009）研究显示，由于时间成本价格的存在，体育需求与电影需求等休闲需求互为替代品，当收入上升时，体育参与需求降低；Downward和Rasciute（2010）研究显示，休闲需求与体育参与需求存在替代效应，收入上升时，体育参与的时间机会成本上升，导致体育参与需求下降，休闲需求上升；当体育参与需求与其他休闲活动需求互补时，收入增加导致时间成本上升会使体育参与需求增加，Muñiz等（2011）研究显示，体育活动参与需求与文化活动参与需求（参与和参与时间）互补，收入上升会使文化活动需求增加，促进体育参与需求增长；Dawson和Downward（2013）研究显示，当体育参与需求与现场及电视观看需求互补时，收入上升导致现场或电视观赛需求增加对体育参与需求产生正向影响。同时也有研究显示，个体体育活动参与程度与其他休闲活动互补（正相关）时，收入上升时体育参与程度对其他休闲活动需求产生正向影响（Downward和Rasciute，2016）。时间与收入对参加体育锻炼的影响来自收入增长，导致时间影子价格的变化，同时也取决于其他休闲活动与体育活动之间是否互为替代品或互补品。

3. 家庭因素

家庭是进行生产和消费的重要场所，家庭结构相关的因素也对参加体育锻炼产生影响。在婚姻对参加体育锻炼的影响方面，结婚意味着家庭成员的增加，将要抚养子女和赡养老人，会导致可支配的休闲时间减少，降低已婚者体育锻炼需求。众多研究表明已婚者体育参与的概率低于未婚者（Lechner，2009；Hovemann & Wicker，2009；Eberth & Smith，2010；张若，2014），但也有研究显示已婚者体育参与概率高于未婚者（Downward，2007；Cheah et al.，2017）。还有研究显示婚姻对体育锻炼需求的影响存在性别差异，García等（2011）研究显示已婚提高女性体育参与概率，已婚降低男性体育参与概率，但已婚会造成男性和女性体育参与时间都降低。同时，还有研究表明婚姻对体育参与需求不存在影响（Ruseski et al.，2011）。

家庭拥有孩子及孩子的数量也对参加体育锻炼产生影响。Farrell和Shields（2002）研究显示家庭的孩子数量对男性参与运动（骑自行车、足球或橄榄球、游泳）产生消极影响，但对女性参与游泳和骑自行车产生积极影响；Hovemann和Wicker（2009）研究表明家庭拥有孩子则体育参与概率显著低于无孩子者；Eberth和Smith（2010）研究显示家庭2岁以下婴儿数量对体育参与具有负向影响，2～15岁儿童数量对体育参与具有正向影响；García等（2011）

研究显示，拥有5～15岁在学儿童的家庭体育参与概率下降，男性和女性拥有学龄前儿童则体育参与时间更长，但拥有5～15岁儿童的女性体育参与时间减少；Dawson和Downward（2013）研究显示拥有6岁以下儿童的家庭体育参与概率降低。同时，也有研究显示，拥有孩子对体育锻炼需求的影响存在性别差异和运动项目异质性，Muñiz等（2014）研究表明，拥有孩子还会降低父母双方参加体育活动的可能性，但对母亲的影响更大。Humphreys和Ruseski（2015）研究表明，拥有孩子对参与步行、骑自行车、游泳、家庭锻炼不存在影响，但拥有孩子的人参与高尔夫、举重和跑步的可能性更小，拥有孩子的人会花更多的时间在骑自行车和游泳上，但花在其他运动上的时间则更少。拥有孩子的数量越多则家庭规模越大，相关研究结果也显示，家庭规模对体育锻炼需求也产生负向影响（Muñiz et al.，2011；García et al.，2016）。

家庭拥有孩子对参加体育锻炼的影响是复杂的，家庭作为社会消费和生产的自然场所，拥有孩子对家庭体育锻炼需求的影响并不完全是消极的，体现在父母对孩子体育参与的代际传递效应和孩子参与运动对父母体育参与所产生的溢出效应。在体育参与的代际传递效应方面，Downward等（2014）研究表明，父母参与运动则其孩子每周运动时间增加107分钟，父亲在孩子成长过程中参与运动则男性孩子每周运动参与时间增加165分钟，母亲在孩子成长中参与运动则男性孩子每周运动参与时间增加136分钟，母亲在孩子成长中参与运动则女性孩子每周运动参与时间增加69分钟；Vandermeerschen等（2014）研究表明，父母现在参与运动则青少年参与运动俱乐部可能性更高，父母有俱乐部组织的运动经验和目前父母参与运动都对青少年参与俱乐部组织的运动产生积极的影响。上述结果表明，父母与孩子之间的体育锻炼需求存在明显的代际传递效应，且可以看出父亲对男性孩子参加体育锻炼的影响更强。在孩子参加体育锻炼对父母体育锻炼需求的溢出效应方面，Ruseski等（2011）研究结果表明，孩子体育参与时间增加则父母体育参与的可能性也增加，有孩子的家庭体育参与时间会减少，但儿童体育参与时间增加则父母体育参与时间也增加。这表明拥有孩子可能会限制成年人参加体育活动，但一旦孩子对体育感兴趣，孩子的体育锻炼需求增加，则父母也会分配更多的时间参加体育锻炼。

二、参加全民健身的宏观影响因素

1. 经济发展水平及全民健身投入

区域经济发展水平越高，则政府部门为提高市民福利会投入更多资金修建体育场地设施和举办全民健身活动，从供给侧为满足全民体育锻炼需求创造条件。因此，区域经济发展水平及全民健身相关的投入对个体参加体育锻炼产生积极影响。在经济发展水平对参加体育锻炼的影响方面，Gratton和Kokolakakis（2012）利用英国调查数据研究结果表明，季度GDP每下降1%就会导致3个季度后运动参与率下降0.27%；Ruseski和Maresova（2014）研究显示，人均GDP、经济自由度指数和女性劳动参与率都能显著提升欧洲国家民众的体育参与概率；Kokolakakis等（2017）研究也表明，地区人均收入超过41600英镑，则英格兰居民正式体育参与（每周三次以上）和正式体育参与频率都显著提高。在全民健身投入对居民参加体育锻炼的影响方面，Humphreys和Ruseski（2007）实证研究显示，国家和地方在人均公园和娱乐支出的实际增长与户外娱乐活动的参与度和参与时间增加呈正相关，但对集体运动参与度和参与时间支出不存在影响，对个人运动参与时间支出存在微小的积极影响。Lera-López等（2016）研究显示，政府健康支出和教育支出都能显著提高体育参与的概率，政府健康支出占GDP比重每增加1%，则居民体育参与概率增加18.3%，参与日常运动的概率增加20.6%；政府教育支出占GDP比重每增加1%，则居民体育参与概率增加34.6%，参与日常运动概率增加45.4%。Kokolakakis等（2017）研究表明，英国体育彩票金资助支出并未提高体育参与率，但健康或健身+泳池参与人口比例增加则正式体育参与（每周三次以上）频率显著增加。上述结果表明，区域经济发展水平及全民健身相关的财政支出对居民参加体育锻炼具有积极影响，要促进全民健身，全民健身投入至关重要。

2. 体育场地设施

体育场地设施是居民参加体育锻炼的重要外部决定因素，也是居民参加体育锻炼的基础条件。Wicker等（2009）利用斯图加特市人口调查数据分析体育基础设施对参加体育锻炼的影响，结果显示，体育场地、公共运动场、健身中心供应不足对常规体育参与产生负向影响，体育基础设施供应对年轻人（3～35岁）和老年人（65岁以上）日常体育运动影响最大，而对中年人（36～64岁）日常体育运动的影响较小；Downward和Rasciute（2010）研究显示，有体育设施会增加居民体育参与需求；Steinmayr等（2011）利用德国儿童和青少年健康访谈和检查调查数据实证研究体育设施距离与儿童参加体育运动的关系，发现较大城镇的体育设施距离对儿童参加体育运动不存在影响，但较小城镇尤其是农村的体育设施距离影响儿童参加体育活动；Hallmann

等（2012）利用城市基础设施数据（N=9302）研究基础设施对体育锻炼的影响，发现不同体育项目受不同体育基础设施指标的影响，且存在替代效应或互补效应，具体而言，体育馆更多则参与足球运动更少，体育场与参与跑步和网球运动呈正相关，游泳池与参与跑步呈负相关，网球场与参与足球呈正相关，体育公园面积与参与游泳和跑步呈正相关，与参与网球呈负相关；Reimers等（2014）调查德国161个社区中年龄在11～17岁的1768名青少年，利用GIS计算体育设施距离，结果显示，住在离体育馆较远的女孩参加室内运动的可能性较小，生活在农村地区的女孩参与室内体育活动与健身房邻近性呈正相关；Lee等（2016）研究也发现，韩国容易获得体育设施的体育参与者比不易获得体育设施的体育参与者参加体育运动的频率更高，体育设施可达性与参加体育运动呈正相关。国内关于体育设施对参加体育锻炼的影响，主要停留在宏观研究层面，刘晶等（2010）、舒宗礼等（2016）、庞晓杰等（2018）剖析了高校体育场馆供给问题、县域体育场馆供给机制、体育场馆供给市场化，同时胡鹏辉和余富强（2019）实证分析也发现，学校体育设施对中学生体育锻炼时间有显著的积极影响。国外研究体育设施是否影响居民参加体育锻炼已经深入到微观层面，但国内关于体育设施与居民体育锻炼关系的研究还停留在宏观层面。体育设施距离对居民体育锻炼需求产生影响，同时，拥有不同项目体育设施对不同运动项目的参与需求也存在着替代效应或互补效应。因此，在推进农村体育基础设施建设及构建“城市15分钟健身圈”的背景下，从微观层面研究体育设施距离和体育设施数量对居民参加体育锻炼的影响，可客观反映体育场馆设施的供给现状，科学指导体育场地设施建设，促进全民参加体育锻炼。

3. 体育赛事

体育赛事作为体育产业最具价值的行业，举办体育赛事或球队获得大型赛事冠军对参加体育锻炼产生积极影响，即体育赛事对体育锻炼需求产生“滴涓效应”或“示范效应”。Ruseski和Maresova（2014）研究表明，国家奥运代表队在过去的成功与较低的体育参与率有关，但主办奥运会和世界杯等大型体育赛事则与较高的体育参与率有关；Mutter和Pawlowski（2014）以德国足球国家队为例，研究足球队在重大赛事上取得成功对业余足球参与需求的影响，结果显示，德国女足和男足过去的成功增加了业余足球的参与需求；Frick和Wicker（2016）也以德国足球国家队为例，研究足球队在重大赛事上取得成功对俱乐部会员数量的影响，结果显示，男子国家队获得足球世界杯冠军后俱乐部会员增加106511人，俱乐部会员百分比增加2.88%，俱乐部数量增加

1379个，俱乐部数量百分比增加4.74%，球队数量增加6573个，球队数量百分比增加7.28%，但男子足球队获欧洲杯冠军、女足获世界杯冠军、女足获欧洲杯冠军则对俱乐部会员数量、俱乐部数量、球队数量均不存在影响；Mutter和Pawlowski（2014）研究职业铁人三项运动对业余铁人三项参与时间的影响，结果显示，职业铁人三项运动使业余铁人三项参与时间提高17.9%，个人感知职业铁人三项的相关性会增加业余铁人三项的参与时间；Downward等（2016）以2012年伦敦奥运会为例，研究结果显示，2012年伦敦奥运会并没有对英国居民体育参与起到促进作用。体育赛事举办或获得重大赛事胜利对居民体育锻炼需求具有积极影响（存在滴消效应和示范效应），但同时也有研究显示国家队获得胜利和举办大型赛事对居民体育参与需求不存在影响。

4. 自然环境

参加体育锻炼与自然环境密切相关，绿水青山的自然环境为参与户外休闲运动提供条件，而漫天雾霾则阻碍居民参与体育运动，降低体育锻炼需求。García等（2011）研究显示，西班牙居民在春季、夏季体育参与的可能性更高，女性在夏季和秋季体育参与时间支出更多，而男性则在春季体育参与时间支出更多；Witham等（2014）研究显示，白天光照多1小时则老年人身体活动量增加1.5%，最低温度增加1度则老年人身体活动增加0.9%；Kokolakakis等（2017）研究显示，英格兰雨天使人们参与运动的概率降低，使正式体育参与（每周3次以上）的概率降低。国内学者刘倩楠等（2019）研究也显示，$PM_{2.5}$浓度越高则成人户外身体活动概率越低，$PM_{2.5}$浓度与成人户外身体活动呈负相关。上述结果说明，环境因素对参加体育锻炼也产生影响，针对不同区域的环境特征制定全民健身发展对策，尤其是制定雾霾天气条件下的全民健身政策，对推动全民健身事业发展至关重要。

第四节　全民健身经济价值的相关研究

全民健身不仅具有宏观经济价值，也具有微观经济价值。在宏观层面，全民健身的经济价值体现在全民健身促进全民健康进而降低医疗成本，以及全民健身促进体育产业发展进而推动经济发展。在微观层面，全民健身的个体经济价值主要体现在个体通过参加体育锻炼获取健康资本、心理资本、社会资本等，进而提高个体劳动生产率，获得丰厚的劳动力市场回报。全民健身的市场经济价值体现在个体通过参加体育锻炼产生体育消费支出，进而扩大体育消费规模和促进体育消费结构升级，推动体育产业高质量发展。下文从全民健身的宏观经济价值和微观经济价值两方面对国内外相关文献进行分析。

一、全民健身宏观经济价值的相关研究

全民健身的宏观经济价值体现在全民健身对体育产业发展的影响。欧盟众多国家从2007年开始通过建立体育卫星账户（Sport Satellite Accounts，SSA）来评估体育的经济价值，奥地利、比利时、塞浦路斯、德国、立陶宛、荷兰、波兰、葡萄牙、英国九个欧盟国家建立了自己的体育卫星账户。我国则是通过体育产业统计来评估体育带来的经济价值，自2008年6月正式颁布《体育及相关产业统计分类（试行）》以来，两次修订体育产业统计分类目录，分别于2015年颁布实施《国家体育产业统计分类（2015）》和2019年颁布实施《体育产业统计分类（2019）》。就业及体育产业增加值是衡量全民健身经济价值的重要指标，据统计，2012年体育对欧洲GDP和就业的贡献分别为2.12%和2.72%，达到2800亿欧元，雇佣了570万人（Downward et al.，2018）。从我国体育产业统计可知，2019年我国体育产业增加值为11248.1亿元，体育产业增加值占国内生产总值（GDP）的1.14%（国家统计局和国家体育总局，2020）；2018年全国体育产业从业人员443.9万人，占全部第二和第三产业比重分别为1.1%和1.2%，与全民健身密切相关的体育健身休闲活动创造增加值达到477亿元，带动就业38.0万人（国家统计局，2020）。

参加全民健身的直接经济价值体现在全民健身推动体育产业发展和为社会创造就业方面，但同时全民健身也具有巨大的间接经济价值。全民健身的间接经济价值体现在全民健身通过促进全民健康节约医疗成本及提高劳动生产力。参加体育锻炼作为主要的身体活动方式，从医疗成本视角看，Katzmarzyk等（2000）研究发现，1999年加拿大有21亿美元医疗支出（占医疗费用支出总额的2.5%）可归因于居民缺乏身体活动，身体不活动流行率每减少10%，则可能直接减少1.5亿美元的医疗保健支出；Katzmarzyk和Janssen等（2004）估计2001年加拿大身体不活动和肥胖的经济成本，结果显示身体缺乏运动的经济负担为53亿美元，而与肥胖相关的经济负担为43亿美元，缺乏运动和肥胖的总经济成本分别占总医疗成本的2.6%和2.2%；Davis（2010）通过综述性分析发现，步行和骑自行车的经济效益是非常显著的，可为个人健康和医疗体系节约成本；Cadilhac等（2011）研究发现，澳大利亚身体不活动人口每减少10%，会减少

6000例疾病事件，减少2000例死亡，使卫生部门的成本减少6600万澳元；Ácsp等（2016）利用匈牙利国家健康保险基金管理局、匈牙利中央统计局等抽样调查数据分析定期增加体育活动的经济和卫生效益，结果显示，只要增加10%的身体活动就可以为匈牙利节省280多亿匈牙利法郎（约7370万英镑）；Ding等（2016）研究显示，2013年全球人口因身体不活动导致全球医疗保健系统支出达到530.80亿美元，其中中国居民身体不活动的直接医疗成本达到30.75139亿美元，间接成本17.83亿美元；Hamer等（2017）分析运动不足与心血管疾病的经济负担，身体不运动每年导致约10%的死亡，且每年给全球医疗系统带来数十亿美元的损失。从提高劳动生产力视角看，Eber（2003）通过比较两个具有相同偏好、技术和人力资本禀赋但体育实践水平不同的国家，发现体育实践水平越高的国家人均消费和收入也越高，认为体育活动能通过改善健康来提高人的生产力进而促进经济增长。以体育锻炼为主的全民健身具有显著的间接经济价值，通过引导全民参与健身来提高全民健康水平，可以降低国家医疗成本、减轻经济负担。同时，参加全民健身也能通过改善全民健康提高劳动生产力，为经济增长贡献力量。

二、全民健身微观经济价值的相关研究

全民健身微观经济价值体现在参加体育锻炼为个体带来的效用和产生的体育消费支出，参加体育锻炼产生的个体效用主要体现在健康资本、心理资本（幸福感）、社会资本及人力资本的增值，参加体育锻炼产生的体育消费效应主要体现在服务型体育消费支出和实物型体育消费支出方面。本部分主要梳理个体参加体育锻炼获取的非市场、非外部经济价值（个体经济价值）和产生市场经济价值的相关文献，包括国内外关于体育锻炼（体育参与）与健康资本、幸福感、社会资本、人力资本之间的关系，以及体育锻炼（体育参与）对体育消费支出的影响。

1. 体育锻炼与健康资本获取

经常参加体育锻炼被认为是提高健康水平和预防各种慢性疾病的有效手段，从健康经济视角看，居民参加体育锻炼是一种增加健康资本的经济行为。体育锻炼改善健康，降低许多疾病的患病风险，可以增加健康劳动时间或提高生产效率，以获取劳动回报。经常参加体育锻炼可降低患病风险已在众多研究中得到验证，Warburton等（2010）综述一系列医学文献后发现，心血管疾

病、中风、高血压、结肠癌、乳腺癌、2型糖尿病和骨质疏松症这七种慢性疾病通常与缺乏身体活动有关。虽然有规律的体育锻炼能有效增进健康和降低患病风险，但参加体育锻炼的强度和频率是多少才是增进个体健康的最佳运动量，也值得深入探讨。因此，包括世界卫生组织（WHO）、欧盟、美国、加拿大等都发布《居民身体活动指南》，旨在科学地指导人们参加体育锻炼，获得最大的健康效益。我国在未制订全民健身计划之前，于1990年1月原国家体委就颁布《国家体育锻炼标准施行办法》，为适应新时期我国社会经济发展需求，国家体育总局、教育部、全国总工会于2013年12月印发修订后的新版《国家体育锻炼标准施行办法》。新版《国家体育锻炼标准施行办法》规定了不同年龄组别群体的体育锻炼评价标准，旨在进一步科学地引导全民参加体育锻炼，为全民健身计划的科学实施奠定基础。

研究参加体育锻炼与健康资本关系的理论框架是基于Grossman的健康需求模型，Grossman健康需求模型由Becker（1965）的时间分配理论演化而来。Grossman（1972）将健康作为一种消费品和投资品，即人们通过增进健康以获得效用、投资健康以增加健康时间来获得收入。体育锻炼作为一种增进健康的最有效方式，参加体育锻炼既可以是一种增进健康的消费，也可以是一种增加健康存量的投资。因此，多数文献都基于Grossman健康需求模型从健康人力资本视角研究体育锻炼与健康之间的关系。

国内外相关学者采用计量方法研究显示，体育锻炼对健康具有积极的促进作用。国外相关研究中，Contoyannis和Jones（2004）利用英国健康和生活方式调查（HLS）数据研究社会经济地位和生活方式对健康的影响，计量结果显示，1984年参加体育锻炼显著提高1991年自评健康状况良好的可能性；Humphreys等（2014）利用2005—2006年加拿大社区卫生调查（CCHS）数据，基于Grossman健康需求模型估计体育参与对居民健康产出的影响，结果显示，体育参与（包括每天参与、积极参与、适度参与）减少了报告糖尿病、高血压、心脏病、哮喘和关节炎的发病率，显著降低了报告健康状况一般或较差的概率，但从不参加运动到每天参加运动对不良健康影响的边际效应逐渐减弱；Sarma等（2014）以BMI指数来衡量肥胖程度，利用八期加拿大国家人口健康调查（NPHS）纵向数据研究休闲时间身体活动（LTPA）和工作相关身体活动（WRPA）对肥胖的影响，结果显示，休闲时间身体活动能有效降低BMI指数，且对女性BMI指数的影响更大，但工作相关身体活动对男性和女性BMI指数不存在影响；Sarma等（2015）基于Humphreys等建立的研究框架，使用三期加拿大社区卫生调查（CCHS）数据，采用工具变量法（工具变量为受访当月当地的平均气温）再次评估休闲时间身体活动（LTPA）和工作相关身体活动（WRPA）对肥胖、糖尿病、高血压和心脏病的影响，结果显示，WRPA降低了加拿大人（18～75岁）超重或肥胖及患有慢性疾病的概率，LTPA降低了超重或肥胖的概率，但对降低患糖尿病、高血压和心脏病的概率不存在影响；Sari和Lechner（2015）利用加拿大信息面板数据，并采用PSM方法评估加拿大成年人参与锻炼对长期健康的影响，结果显示，参与锻炼能改善个体身体健康和心理健康，但从不活跃体育参与到适度体育参与对健康不存在影响，从不活跃体育参与到积极体育参与对健康具有积极影响。在国内相关研究中，黄安龙（2017）利用中国综合社会调查（CGSS2012）数据，采用Heckman两阶段模型探索体育锻炼行为与健康回报之间的因果关系，结果显示，参加体育锻炼能够促进身体健康，同时身体健康也能积极促进个体参与体育锻炼；彭大松（2017）利用中国综合社会调查（CGSS2010）数据，采用PSM研究体育锻炼的健康回报，结果显示，体育锻炼能促进健康，但体育锻炼频率与健康回报之间呈现“倒U型”关系，同时健康水平提升也能促进个体参加体育锻炼；李骁天等（2019）基于京津冀居民体育参与调查数据，研究体育锻炼对居民健康满意度的易感性，结果表明，参与体育锻炼能显著提高居民健康满意度；方黎明和郭静（2019）利用2016年中国劳动力动态调查（CLDS）数据研究体育锻炼对中国城乡居民抑郁风险的影响，结果显示，体育锻炼具有较强的抗抑郁效应，同时体育锻炼促进了精神健康公平。在全民健身上升为国家战略的背景下，体育锻炼增进健康不仅从医学相关研究中得到验证，国内外经济学相关研究结果也显示，体育锻炼能显著增进个体健康，使个体获得健康人力资本储备，对个体具有显著的经济价值。

2. 体育锻炼与幸福感获取

幸福作为参加全民健身所获取的心理资本，是最直接的个体效用。因此，根据效用最大化原则，参与体育锻炼改善个体心理健康可以直接获得幸福感。当前，国内外众多学者探究了参与体育锻炼的幸福效应及其生成机制，Lechner（2009）利用德国社会经济小组研究数据研究显示，参与体育活动对幸福感具有显著的正向影响；Downward和Rasciute（2011）利用英国参与调查数据研究参与67个体育项目的频率和持续时间是否会影响幸福感，结果表明，体育参与与人口的主观幸福感呈正相关，以幸福来衡量并估计其金钱价值，则一个人每年参加运动的价值平均在1.9万～2.3万英镑；Pawlowski等（2011）

使用国际社会调查计划（ISSP）数据评估身体活动对19个欧洲国家不同年龄个体主观幸福感的影响，GMM模型估计结果显示，体育参与显著提高19个国家居民的主观幸福感，但存在显著的年龄差异；Huang和Humphreys（2012）使用来自美国行为风险因素监测系统（BRFSS）和县商业模式数据研究体育参与对幸福感的影响，工具变量法估计显示，体育参与显著提高居民幸福感，但对男性幸福感的提升程度显著高于女性；Ruseski等（2014）使用德国人口调查数据，采用工具变量法研究体育参与与幸福感之间的关系，结果显示，参与体育运动的人幸福感更高，参与运动的人比不参与运动的人对生活更满意；刘米娜（2016）以江苏省居民为调查对象研究公众体育参与对幸福感的影响及其机制，结果表明，体育参与能显著提高幸福感，且体育参与是通过提高健康水平、增加社会资本和体育公共服务供给，提高居民幸福感；刘米娜（2017）利用2012年中国综合社会调查数据研究体育参与对流动人口幸福感的影响，结果显示，流动人口参加体育锻炼提升了其幸福感，但幸福感的提升存在代际差异，同时健康和社会资本是提升流动人口幸福感的重要机制；郑元男（2019）调查了北京、上海、广州和深圳地区60～79周岁老年人休闲体育的参与情况，研究参与休闲体育对老年人幸福感的影响，结果显示，老年人参与休闲体育提升了其幸福感，且休闲满意度是老年人参与休闲体育提升幸福感的机制；雷鸣（2020）利用2014年社会网络与职业经历调查（JSNET）数据实证分析体育锻炼对幸福感的影响及其机制，结果表明，参加体育锻炼可以提高幸福感，社会资本是体育锻炼影响幸福感的机制。

为进一步探析体育锻炼与幸福感的剂量效应关系，相关学者实证研究了体育锻炼强度、持续时间等对幸福感的影响，Frick和Wicker（2015）利用欧洲晴雨表数据研究体育参与强度和持续时间对幸福感的影响，结果表明，中等强度锻炼天数对主观幸福感有显著的正向影响，而高强度锻炼天数对主观幸福感有显著的负向影响，中等强度锻炼时间显著提升了主观幸福感，而高强度锻炼时间显著降低了主观幸福感水平；Wicker和Frick（2016）利用欧洲晴雨表调查28个国家的数据研究身体活动强度对主观幸福感的影响，结果显示，在18～64岁的人中步行（分钟和天/周）和剧烈运动（分钟/周）显著增加了主观幸福感，而适度运动（分钟/周）则降低幸福感；Downward和Dawson（2016）利用TPS数据，将体育参与频率和时间换算为体育参与强度，以20分钟内能否从家到运动场馆为工具变量研究体育参与强度对幸福感的影响，结果表明，体育参与能提高幸福感，且体育参与强度越高则幸福感越强。

综上可知，参加全民健身能有效提高个体幸福感，但参加全民健身提高幸福感存在性别差异、年龄差异、代际差异等，同时健康水平、社会资本等是参加全民健身产生幸福感的中介机制。还有学者关注参加全民健身对幸福感影响的剂量效应关系，但结果不尽相同，有研究显示锻炼强度越高则幸福感越强，也有研究显示锻炼强度越高则幸福感越低。

3. 体育锻炼与社会资本形成

社会资本是一个复杂的概念，众多社会学家对社会资本进行界定，Coleman（1988）认为，社会资本是一种个人资源，社会资本来自不同的社会网络，包括家庭、社区和学校，社会关系通过诚信、规范及创造信息渠道来建立社会资本；Bourdieu和Wacquant（1992）认为，社会资本是指个人或群体或多或少拥有一个制度化的相互熟识和承认的持久网络并获得实际或虚拟资源的总和；Putnam（1993）将社会资本定义为所有互惠规范和公民参与网络的形式。随着社会经济发展，社会资本概念的外延不断扩大，Scrivens和Smith（2013）将社会资本划分为四个维度，即人际关系、社会网络支持、公民参与、信任与合作规范。其中，人际关系指是人们的个人网络，包括那些他们认识的人，以及个人建立和维持这些网络的行为；社会网络支持指通过与他人关系获得的情感、物质、实践、财富、智力或专业资源，如志愿活动、政治参与、团体会员，以及人们通过不同形式的社区活动为公民和社区生活做贡献；提高公民参与在个体层面的结果是可以增加集体和个体社会资本，公民参与可以提高制度绩效、社会信任、合作规范和积极地影响个体幸福；信任和合作规范包括无形因素，如信任、社会规范和共同的价值观，直接形成了更好的社会和经济结果。

全民健身主要是通过参加体育锻炼来获取社会资本，Putnam（2000）认为体育运动为社会资本的生成提供机会。体育作为一个人们见面并建立社交网络的平台，如参加体育俱乐部等有组织的体育活动，可以增强社会凝聚力、加强社区化，体育俱乐部通常被描述为一个吸引和团结来自不同背景的人的场所，包括社会弱势群体。同时，体育锻炼作为一种促进个体社会化的方式，成为促进青少年健康成长和降低青少年犯罪行为的有效工具。因此，参与体育锻炼是如何构建社会资本的？当前，众多研究论证了体育锻炼与人际关系、社会网络支持、公民参与、信任和合作规范之间的关系。

在体育锻炼与人际关系的研究方面，Ulseth（2004）调查挪威健身中心顾客（N=1585）和志愿体育俱乐部成员（N=1205），并比较了这两个场所的社会融合发展情况，结果表明，在健身中心和运动俱乐部中，男性交到新朋友的概率比女性高，在运动俱乐部锻炼的人群中收入较低的人群比收入较高的人群更容易交到新朋友，在健身中心锻炼的人群中，教育程度低的人比教育程度高的人更频繁地结交新朋友，在健身中心锻炼的退休人群比在职人群结交新朋友的概率更高；Becker和Häring（2012）基于2002年德国成年人的横截面数据研究体育参与在人际关系方面的社会整合功能，结果显示，与不参与体育活动的人相比，参与体育活动的人有更多的朋友，与朋友见面的频率更高，可融入的社会环境也更多；Felfe等（2016）采用德国儿童与青少年健康访查调研项目（KiGGS）数据研究儿童参加体育俱乐部对认知和非认知技能的影响，结果显示，儿童加入体育俱乐部参与体育运动显著改善了其与同伴间的人际关系；黄谦等（2019）利用中国家庭追踪调查（CFPS2014）数据实证研究体育参与促进社会资本生成的路径，结果显示，参与体育锻炼的频率越高，个人人际相处自我评价得分也就越高，且人缘也相对越好。体育活动以多样化的组织形式为个体提供一个人际接触平台，认识他人或结交新朋友成为个体参与体育锻炼的动机之一。同时，已经建立的人际关系也可以通过参与体育锻炼得到巩固。因此，体育锻炼对建立新的人际关系或巩固固有的人际关系都具有积极的影响。综上所述，无论是青少年还是成年人参与体育锻炼都能改善人际关系，有利于其社会资本的生成。

在体育锻炼与社会网络支持关系的相关研究中，Makarova和Herzog（2014）调查了454名瑞士第一代移民青年，研究体育参与对跨文化融合的影响，研究发现，与不参加体育俱乐部的移民青年相比，参加体育俱乐部的移民青年与瑞士同龄人联系频率更高，参与体育俱乐部的移民青年在闲暇时间和亲密朋友之间有更多的跨文化接触，进而导致移民青年产生更强烈的融合感；谭延敏等（2017）通过制定非正式结构体育组织成员社会资本量表，发现非正式结构体育组织成员社会资本包括社会支持，且成员学历对社会支持产生了显著的正向影响；Schüttoff等（2018）研究了体育参与与儿童社会资本间的因果关系，结果显示，体育参与显著提高青少年帮助朋友、邻居和亲属的频率。体育是基于公平竞赛规则和理念，使人在参与体育锻炼过程中建立相互尊重的关系，使双方获得相应的帮助或支持，同时体育锻炼通过体育所特有的文化语言促进不同种族和社会经济背景的人互相融合。因此，通过参加体育锻炼有利于个体获得社会网络支持，同时促进个体去帮助其他人，形成相互支持的社会关系网络。

公民参与主要是指为社会作出积极贡献的行为，包括体育团体、宗教团体、政治参与、志愿行为等。在体育锻炼与公民参与关系的相关研究中，

Frisco等（2004）利用全美教育纵向研究（NELS）数据研究青少年时期参与不同服务组织（童军活动、宗教青年团体、非学校运动团体等）对成年早期投票行为的影响，结果表明，青少年时期参与非学校运动团体对选举投票行为有显著的正向影响；Delaney和Keaney（2005）利用英国和国际调查数据研究显示，体育社团成员身份与英国公民投票或签署请愿书的行为存在正相关关系；Seippel（2006）使用约翰斯·霍普金斯比较非盈利部门项目的挪威调查数据，研究参与体育志愿者组织如何产生政治和社会影响，结果表明，体育志愿者组织成员身份与政治投票之间也存在正相关关系；Perks（2007）利用加拿大相关调查数据，研究早期体育参与对成年后参与社区活动的影响，结果表明，青少年时期体育参与与成人时期参与社区活动呈正相关，青少年时期体育参与对成人时期参与社区活动的影响贯穿整个生命周期；Theeboom等（2012）调查少数族裔社会资本形成，结果显示，参加混合运动俱乐部的成员参与志愿服务的任务显著多于参加单独运动俱乐部的成员；Schüttoff等（2018）研究显示，青少年时期体育参与是通过影响公民参与进而生成社会资本，表现为青少年时期经常参加体育活动使其参与公民活动（参加公民团体、政治党派和当地政府的频率）的可能性高出3%；黄谦等（2019）和张晓丽等（2019）的实证结果也显示，体育参与频率越高则个体社会参与的概率越高。公民参与作为个体为社会作出贡献的行为表现，参与体育锻炼对个体公民参与行为产生积极影响。上述研究结果表明，体育参与对政治参与行为具有积极影响，同时青少年时期的体育参与对成年后的政治参与行为及社区活动参与行为具有积极影响，说明积极引导个体参与体育锻炼促进全民健身事业发展，有利于推动和谐社会建设。

在体育参与对信任、合作规范影响的相关研究中，Seippel（2006）研究表明，个体参与体育志愿者组织与社会信任存在正相关关系，同时参与体育志愿者组织和参与其他志愿者组织时，对社会信任的积极影响更强；任波（2013）研究结果显示，参与社区体育活动可以增强居民间的相互信任；Downward等（2014）利用国际社会调查项目数据研究了30个国家的交往行为对社会信任的影响，工具变量法评估结果显示，参加体育协会会对信任产生消极影响；Bartolomeo和Papa（2019）采用随机实验方法研究参与体育活动对信任和可信度的潜在影响，估计结果显示，参与身体活动的人比不参与身体活动的人表现出更多的信任和亲社会行为，参与身体活动对男性产生信任行为的影响大于女性；张晓丽等（2019）利用2014年JSNET数据，实证研究体育锻炼与社会资本之间的关系，结果显示，体育锻炼频率与社会信任之间呈“倒U型”关系；雷鸣（2020）利用2014年JSNET数据研究体育锻炼对社会资本的影响，回归结果显示，参与体育锻炼的频率越高，则社会信任水平越高。综上可知，参加体育锻炼能积极促进社会信任，但也有研究显示参与体育协会对社会信任产生消极影响。社会信任的产生依赖于体育锻炼过程中人际关系的建立、社会网络支持和公民参与，因此，参与体育锻炼与社会信任及合作规范的关系依赖于社会资本的其他维度。个人参与到社区活动中并建立信任，则个人对彼此的信任程度会越高（Brehm & Rahn，1997）。

4. 锻炼与人力资本形成

参与全民健身能提升个体人力资本积累，主要体现在两个方面，一是儿童青少年时期参与体育锻炼可以改善个体的认知和非认知技能，二是成人参与体育锻炼通过相关机制影响个体劳动市场的表现。

儿童青少年时期是认知能力和非认知能力形成的关键期，认知能力主要表现为认知技能和学业成绩，非认知能力主要体现在与他人交往的思想、情感和行为。众多研究实证分析体育参与对认知能力的影响，Lipscomb（2007）利用国民教育纵向调查数据研究中学课余体育参与对学术成就的影响，结果显示，参与课余体育使数学成绩和科学成绩提高2%，参与体育俱乐部使数学成绩提高1%，参与课余体育或体育俱乐部都能使中学生获得学士学位的期望增加5%；Fedewa和Ahn（2011）收集了1949—2009年59篇关于身体活动与儿童认知能力关系的论文，综述分析发现，身体活动对儿童的成绩和认知结果存在显著的正向影响，且有氧运动对儿童认知的影响较大；Singh等（2012）通过综述分析发现5～18岁儿童或青少年身体活动与学业成绩之间存在显著的正相关关系；Lees和Hopkins（2013）通过综述8个随机对照试验的研究结果，8项研究均分析有氧身体活动对儿童认知能力的影响，结果均表明，有氧身体活动对认知表现具有积极影响，但部分试验结果显示，有氧身体活动对认知表现的影响微乎其微；Esteban-Cornejo等（2015）综述20篇研究身体活动与学习成绩、认知表现的文献，结果表明，认知表现与激烈的身体活动有关，一般身体活动与学业成绩有关，但主要为女性学生；Felfe等（2016）利用德国调查数据研究参与体育俱乐部对3～10岁儿童发展的影响，计量结果表明，参与体育俱乐部对儿童总体成绩存在积极影响，使总成绩提高了13%；Knaus等（2017）利用德国调查数据进行实证研究，结果表明，体育课程使德语、数学和平均成绩分别提高21%、16%、21%；方黎明（2020）利用CEPS2014数据实证研究体育锻炼对青少年认知能力和学业成绩的影响，结果表明，参加体育锻炼显著提高了学生的认知能力和学科成绩。综上可知，无论是以认知能力为因变量，还是以学习成绩代替认知能力，相关综述性、实验性及调查数据的实证结果均显示参与体育锻炼能显著提高青少年认知能力，虽然存在异质性或影响较小。但同时也有研究显示，参与体育锻炼对认知能力不存在影响，Rees和Sabia（2010）利用全国青少年健康纵向调查数据实证分析体育参与与学术表现之间的关系，工具变量法计量结果显示，体育参与对平均成绩绩点的影响很小，但对教育期望存在较大影响；Pawlowski等（2016）调查了秘鲁儿童参加体育团体对秘鲁儿童认知能力的影响，研究发现，参与体育团体对秘鲁儿童认知技能不存在显著影响；Resaland等（2016）在挪威的57所学校进行了随机对照试验，以检验体育活动对全国标准化测试（阅读、计算、英语）学业表现的影响，研究结果显示，身体活动干预对总体学习成绩不存在影响，但显著提升了最初学习成绩很差的学生的计算能力。

在体育锻炼对非认知能力影响的相关研究中，Lees和Hopkins（2013）综述相关文献发现，身体活动对自尊存在积极影响；Felfe等（2016）利用德国数据研究加入体育俱乐部对儿童非认知技能的影响，结果显示，加入体育俱乐部显著降低了儿童的同伴问题、情感问题及总体得分；Fuchs和Osikominu（2016）利用德国社会经济委员会（GSOEP）数据研究参与体育俱乐部的体育活动对非认知技能形成的影响，结果显示，参加体育俱乐部的身体活动对男性和女性的开放性、外向性和尽责性都有积极影响；Knaus等（2018）利用德国相关调查数据研究显示，体育课程对儿童非认知技能的影响存在异质性，体现在体育课程降低了女性学生的情绪症状，但增加了男性学生的不良行为。非认知技能是个人综合素质的重要组成部分，且对个体的学业及劳动力市场表现具有积极影响。上述研究结果说明体育参与对非认知技能既存在积极影响也存在消极影响。

体育锻炼对人力资本的影响还体现在学期间参加体育锻炼对成年后劳动力市场表现的影响，以及日常体育锻炼对劳动市场表现的影响。众多文献揭示了青少年时期参加体育锻炼对成年后劳动力市场表现的影响，Long和Caudill（1991）研究20世纪70年代入学并参加校际田径运动的运动员的收入是否比非运动员高，结果显示，男性运动员收入比非运动员高4%，但女性没有收入效应，大学运动员毕业的概率显著高于非运动员；Ewing（1995）利用美国全国青年纵向调查（NLSY）数据研究高中体育参与对男性未来工资的影响，结果表明高中参与体育运动提高了全职男性工人的工资，男性高中运动员1986年的收入大约比非运动员高11%，1992年高中运动员的收入溢价约为8%；Ewing（1998）再次利用NLSY数据研究高中运动员与未来工作之间的关系，结果表明，前高中运动员更有可能被雇佣从事基于工资绩效的工作，前高中运动员成为工会成员的概率显著高于非运动员，前高中运动员担任职位所管理的员工数量显著高于非运动员；Barron等（2000）利用NLSY和1972年高中班级全国纵向调查数据研究高中体育参与与教育、劳动力市场结果之间的关系，工具变量法的估计结果显示，高中体育参与对班级排名、教育成就、就业、周工资都具有显著的正向影响；Eide和Ronan（2001）以身高为工具变量研究高中参与运动队对不同种族学生劳动力市场的影响，结果显示，体育参与对白人男学生运动员的受教育程度有负向影响，对黑人男学生运动员的受教育程度和收入有正向影响，对白人女学生运动员的受教育程度有正向影响，但体育参与对西班牙裔男性和女性的教育成就或收入不存在影响；Curtis等（2003）研究青少年参与有组织的运动对成年后收入的影响，结果表明，若年轻时参与有组织的运动则成年后收入高于不参与者；Henderson等（2006）研究前大学体育参与对后续工资收入的影响，结果表明，前大学运动员获得了工资溢价，但工资溢价存在职业差异，主要体现在前大学运动员在商业、军事和体力劳动领域的收入更高，但从事体育教师工资收入较低；Ewing（2007）利用美国全国青年纵向调查数据研究高中体育参与对劳动力市场的影响，结果显示，前高中运动员工资收益比非运动员高6.12%，除医疗保险外，高中体育参与显著提高了获得退休、分红、牙科保险、带薪休假、育儿假、病假的概率；Caudill和Long（2010）实证了研究前运动员与商业领域工作之间的关系，结果表明，前男性运动员在商业管理领域的年收入比非运动员高约1337美元，但前男性运动员从事商业秘书和律师工作则年收入显著低于非运动员；Stevenson（2010）以1972年美国《第九法案（title Ⅸ）》为工具变量研究高中体育参与对教育及劳动力市场的影响，结果显示，州级的女性体育参与水平每提高10个百分点，女性大学入学率便提高1个百分点，女性劳动参与水平提高1～2个百分点；Kari等（2016）研究了儿童身体活动水平与成年后收入之间的关系，结果表明，男性儿童身体活动水平与成年后收入呈正相关，且9岁、12岁和15岁身体活动水平每增加一个标准差，成年后收入便增长12%～25%，但女性儿童身体活动水平对成年后的工资不存在影响。综上可知，儿童或青少年时期参加体育锻炼对成年后劳动力市场的工资福利等具有积极的影响，但相关影响存在异质性，主要体现在儿童青少年时期参与体育锻炼对成年后工资收入的影响存在性别差异、种族差异，同时也存在职业异质性。

人力资本是劳动力市场获得成功的关键因素，日常参与体育锻炼能获得更多的健康资本和社会资本，因此，有规律地参与体育锻炼能为个体带来劳动力市场收益。首先，参与体育锻炼会对劳动参与或劳动表现产生影响，Kavetsos（2011）利用2004年欧洲晴雨表调查数据研究身体活动对就业率的影响，工具变量法估计结果表明，参与体育锻炼显著提高了就业率，但只提高了男性的就业率，而对女性就业率不存在影响；Rooth（2011）基于瑞典统计局（SCB）和瑞典国家服务管理局的登记册构建数据集，采用实验研究体育参与对劳动力市场的影响，结果表明，休闲体育运动参与者求职获得复试机会的概率比不参与者高2%，而在申请体力要求高的工作时，参与休闲体育运动的申请者获得复试机会的概率比不参与者高5%；Cabane（2014）利用GSOEP数据研究体育参与对失业持续时间的影响，结果表明，每周都参与运动能缩短失业持续时间，但每周参与运动仅对失业前不喜欢运动和不运动的人有效；Cabane和Clark（2011）使用美国全国青少年到成人纵向研究数据分析儿童体育参与对劳动力市场结果的影响，结果表明，男性参与团队运动对成为管理者、工作自主性和工作满意度具有显著影响，女性参与个人运动对成为管理者具有显著影响；Lechner和Downward（2017）研究了参与不同运动项目对劳动力市场影响的差异，结果表明，参与不同类型的运动都有可能获得初次就业机会，参与团队运动对就业能力的影响较大，但存在年龄差异，参与户外运动和健身运动与收入的相关性较高。其次，参与体育锻炼能显著提高个体劳动工资，Cornelißen和Pfeifer（2008）利用GSOEP数据分析运动对劳动收入的影响，随机效应模型估计结果显示，每周至少锻炼一次的男性收入比不锻炼的男性高5%，女性在15周岁时经常参与体育锻炼收入会增加6%；Lechner（2009）也利用GSOEP跨期16年的面板数据研究体育锻炼对长期劳动力市场的影响，半参数匹配估计结果显示，相较于不进行体育锻炼或很少进行体育锻炼的人，积极参与体育锻炼可以使年收入增加1200欧元；Kosteas（2012）利用NLSY数据研究体育锻炼对收入的影响，PSM计量结果显示，男性频繁锻炼使工资上升6.7%，女性频繁锻炼使工资上升11.9%；Hyytinen和Lahtonen（2013）用芬兰一组同卵和异卵男性双胞胎数据分析不同体育活动水平双胞胎在收入方面的差异，研究发现，进行身体活动的男性长期收入比不进行身体活动的男性高14%～17%；Lechner和Sari（2015）研究了体育锻炼对劳动力市场的影响，结果显示，在8～12年从不运动到适度运动对收入不存在影响，但从中等强度运动到积极锻炼会使个体收入提高10%～20%，意味着体育锻炼要达到世界卫生组织要求的运动量才具有收入效应；Godoy和Triches（2017）利用2008年巴西全国家庭抽样调查（PNAD）数据研究30～50岁工人身体活动对劳动力市场收入的影响，结果表明，身体活动对工人工资的影响为15.0%～31.0%，且在最高分位数中影响较大；程郑权（2020）利用中国劳动力动态调查（CLDS）数据研究规律锻炼对收入的影响，结果显示，锻炼能增加收入，但存在年龄及教育差异，且健康水平、外貌、工作态度是锻炼增加收入的渠道。综上可知，体育锻炼对劳动表现及劳动力市场收益产生积极影响，但影响可能存在项目异质性和年龄异质性。

5. 体育锻炼与体育消费支出

当前我国参与型体育消费基础较为薄弱，难以挖掘和释放体育消费潜力，以推动体育消费结构的升级、促进体育产业的高质量发展。参加全民健身是产生参与型体育消费的前提，只有积极参与体育锻炼，才能产生体育消费动机，进而促进体育消费。因此，参与体育锻炼是产生体育消费行为的前提，推动全民健身为扩大体育消费规模和促进体育消费升级创造条件。体育作为一种特殊类型的商品，参与体育锻炼也会带来市场经济价值（包括参与费用支出、设备设施支出、旅游支出等）。参与体育锻炼所产生的直接和间接消费支出是推动体育产业发展的核心动力，也是全民健身产生经济价值的重要途径。

当前，众多研究从实证层面分析了参与体育锻炼对体育消费支出的影响，Lamb等（1992）对46个室内体育设施的参与者进行了调查，估算了所有体育活动的每周总支出、每周服装和设备支出及体育参与程度指数，结果显示，体育参与程度越高，每周体育活动总支出及服装设备支出也越高；Taks等（1999）通过调查比利时60个体育项目参与者的消费情况，研究体育参与对体育消费支出的影响，结果显示，体育参与年限越长、体育参与时间支出越多，体育消费支出也就越高；Lera-López和Rapún-Gárate（2005、2007）利用西班牙调查数据研究体育参与和消费支出的决定因素，相关性分析结果显示，体育参与频率越高，体育消费支出也越高；Wicker等（2010）利用2006—2008年德国21个体育项目俱乐部成员问卷调查数据研究体育消费支出的决定因素，结果表明，体育参与时间支出越多、体育参与表现水平越高，体育消费支出也就越高，但体育参与年限对体育消费支出不存在影响；Lera-López等（2012）利用西班牙调查数据研究职业体育赛事和业余体育赛事消费支出的决定因素，参与职业体育赛事频率和参与业余体育赛事频率对体育赛事消费支出具有显著的正向影响；李骁天等（2017）利用北京市第三次群众体育调查数据研究不同锻炼频率的居民体育消费支出差异，结果显示，参与体育锻炼和不参与体育锻炼的居民其体育消费支出显著低于经常参与体育锻炼的居民；徐开娟等（2019）采用2017年上海市居民体育消费调查数据，研究青少年校外体育锻炼频率对体育消费支出的影响，研究结果显示，校外每周参与2～3次体育锻炼的青少年其体育实物型消费支出显著高于不参与或很少参与的青少年，青少年校外每周参与体育锻炼天数越多则其体育服务型消费支出越高。国内外的相关研究经验表明，体育参与程度越深则体育消费支出越高，引导居民积极参与体育锻炼有利于挖掘体育消费潜力。

从理论层面来看，居民参与体育锻炼不一定产生体育消费，体育消费包括两个行为决策，第一个决策是个体决定是否要进行体育消费，第二个决策是个体决定支付多少钱进行体育消费。国外相关学者根据居民参与体育锻炼后体育消费行为决策特征，采用Heckman两阶段模型等方法研究体育参与对体育消费决策和体育消费支出金额的影响。Scheerder等（2011）利用比利时弗兰德地区调查数据分析运动服装支出的决定因素，结果表明，经常参与体育锻炼的人则更有可能作出购买运动服装的决策，在运动服装支出金额决策上，运动参与度高的人则花更多的钱购买，高强度运动参与者在运动服装上的花费比非高强度参与者高约198欧元；Thibaut等（2014）利用比利时弗兰德斯地区调查数据研究家庭体育消费支出的决定因素，结果显示，父母参与运动对家庭体育消费决策有显著正向影响，父母在青少年时期参与运动对家庭体育消费决策和体育消费支出都有显著的正向影响，家庭体育参与频率对家庭体育消费决策和体育消费支出都有显著的正向影响，家庭成员中运动俱乐部会员比例越高则对家庭体育消费决策和体育消费支出存在越显著的正向影响。上述结果说明，参与体育锻炼不仅能增加体育消费支出，也对体育参与者的体育消费决策产生积极影响。

国外学者还针对具体体育项目研究体育参与程度对体育消费支出的影响。Wicker等（2012）调查德国科隆、波恩、汉诺威马拉松赛事参与者的消费支出情况，结果表明，马拉松赛事参与者（跑者或教练）每天体育消费支出和总消费支出都显著高于不参与者；Wicker等（2013）调查铁人三项参与者体育消费支出现状，结果显示，铁人三项参与者每年与体育相关的平均消费支出为2745欧元，计量结果表明，铁人三项练习年限与体育消费总支出呈U型关系，每周锻炼增加 1 小时则体育消费总支出增加6%，顶级运动员体育消费总支出增加18%；Hallmann和Wicker（2015）通过调查研究德国高尔夫运动相关的体育消费支出，结果显示，高尔夫运动参加时长与高尔夫相关消费支出呈“倒U型”关系；Thibaut等（2016）通过调查骑行者研究骑行支出的影响因素，结果表明，骑行者的骑行持续时间越长、骑行频率越高，则其骑行支出越多。

综上可知，无论是日常参与体育锻炼还是参与具体运动项目都能显著促进体育消费。同时，参与体育锻炼不仅能提高体育消费支出，也能驱使个体产生体育消费动机并作出体育消费决策。因此，从微观层面看，引导全民参与体育锻炼能有效拉动体育消费，对挖掘体育消费潜力和促进体育消费升级都具有重要意义。

第五节 文献述评

全民健身作为提高国民健康和幸福感，以及促进人的全面发展的有效手段，对推动社会经济发展具有重要的作用，目前已成为国内外体育经济学的重点研究领域。本章界定了全民健身概念和体育产业高质量发展的内涵，明晰了本研究的研究范畴。在全民健身概念方面，全民健身目前尚无统一的概念，发展全民健身事业的主要目标是增强人民体质和增进全民健康，同时全民健身也能促进人的全面发展具有显著的个体经济价值。全民健身相关政策是以引导全民参与体育锻炼、提高全民体育锻炼参与率为主要目标，同时体育锻炼的概念区别于身体活动。因此，从微观个体层面看，全民健身即体育锻炼，具体是指居民运用各种运动技术，每周至少参与1次以增进健康、增强体质为目的的体育锻炼，并支出一定的体育锻炼时间。具体而言，参与全民健身包括两个阶段决策，第一阶段决策为体育锻炼参与决策，是指居民运用各种运动技术以增进健康、增强体质为目的而作出参加体育锻炼决定的决策过程，且每周参加频率在1次及以上；第二阶段决策为体育锻炼时间支出决策，是指居民运用各种运动技术以增进健康、增强体质为目的作出参与体育锻炼决定后而支出体育锻炼时间的量；通过概念辨析明晰了本研究中的体育产业高质量发展内涵，推动产业质量变革、效率变革和动力变革是促进体育产业高质量发展的主要动力来源，且满足人民群众的体育生活需要是体育产业高质量发展的主要目标。发展全民健身事业、引导全民积极参与体育锻炼是产生体育消费需求的重要路径，可有效扩大体育消费规模和促进体育消费升级，进而形成体育产业高质量发展的消费动力。因此，本研究中的体育产业高质量发展仅为体育产业高质量发展的动力变革，具体是指体育消费规模不断增大、体育消费结构呈现高级化态势，形成体育产业发展的消费动力。微观层面的全民健身促进体育产业高质量发展的判断标准为：全民健身促进全民参与体育锻炼，发挥体育锻炼的经济价值，进而增加体育消费支出和优化体育消费结构。

在全民健身与体育产业发展的研究进展方面，国内相关研究主要从宏观层面剖析全民健身与体育产业发展的关系，而国外相关研究是基于体育参与的相关经济理论，在微观层面重点关注参与全民健身的影响因素、全民健身的个体经济价值和全民健身的市场经济价值。而国内在微观层面关于全民健身与体育产业发展关系研究、全民健身影响因素研究、全民健身经济价值研究还存在不足，主要体现在以下四个方面。

第一，国内相关研究主要关注全民健身对体育产业发展的促进作用和全民健身与体育产业发展的共生关系、协同关系。相关研究均是基于相关理论来定性剖析全民健身与体育产业发展的关系，且研究尚未实证分析全民健身能否促进体育产业高质量发展。同时，也未实证研究全民健身是通过什么机制促进体育产业高质量发展的。因此，本研究旨在通过微观实证明晰全民健身是否是通过发挥体育锻炼的经济价值来促进体育产业高质量发展，以明晰全民健身促进体育产业高质量发展的作用机制。

第二，在全民健身影响因素的研究方面。尽管国外学者已根据新古典主义经济理论（neoclassical economic）和非正统经济理论（heterodox economics）提出了研究体育参与需求的经济学理论模型（Downward & Riordan，2007），但国内相关研究尚未使用相关理论来分析个体参加体育锻炼受哪些因素的制约。国内针对全民健身影响因素的微观实证研究较少。国外相关研究显示，微观层面的社会人口特征、收入与时间、家庭因素等影响个体参加体育锻炼，宏观层面的经济发展水平、体育场地设施、体育赛事、自然环境等因素也对个体参与体育锻炼产生影响。而国内仅有马江涛等（2014），以及张若等（2014）对体育锻炼的影响因素进行了简单的实证探索，国内相关研究仅仅分析了社会人口特征及个体经济因素对参与体育锻炼的影响，尚未将宏观层面的经济发展水平、体育场地设施、锻炼环境等作为影响因素，实证研究也未区分体育锻炼参与决策和时间支出影响因素的异同。因此，本研究从个体体育锻炼参与决策和时间支出的影响因素来实证研究制约我国居民参加全民健身的因素，不仅弥补了国内关于全民健身影响因素实证研究的不足，同时为国际体育经济领域关于体育参与决定因素研究提供了来自中国的微观实证证据。

第三，在全民健身宏观经济价值和个体经济价值的研究方面。国外相关研究显示，全民健身具有宏观经济价值，主要体现在全民健身增进国民健康、提高社会劳动生产力和节约医疗成本。同时，全民健身的个体经济价值还体现在参与体育锻炼能使个体获得健康资本、心理资本（幸福感）、社会资本和人力资本。但在我国深入推进全民健身国家战略和实施“健康中国”战略的今天，国内关于全民健身经济价值的相关研究相对不足，也未明晰全民健身是否是通过发挥体育锻炼的经济价值推动体育产业发展。国内相关研究主要从社会学视角关注体育锻炼对健康的影响（彭大松，2018）、体育锻炼对幸福感的影响

（刘米娜，2016；刘米娜，2017；雷鸣，2020）和体育锻炼对社会资本形成的影响（雷鸣，2020；张晓丽 等，2019），而相关研究较少从经济学视角关注参与体育锻炼对人力资本的影响，且缺乏相关微观层面的实证。同时，国内外的相关研究均较少涉及体育锻炼产生个体经济价值的机制分析，尚未从实证层面厘清参与体育锻炼产生的健康资本、心理资本、社会资本、人力资本之间是否存在内部机制。因此，本研究利用国内微观调查数据，从体育锻炼的收入效应来实证研究体育锻炼能否产生个体经济价值，还通过实证明确体育锻炼是否是通过积累健康资本、心理资本、社会资本而产生个体经济价值，以明晰全民健身促进体育产业高质量发展的间接机制。

第四，在全民健身市场经济价值的研究方面。参与体育锻炼产生的体育消费效应作为体育锻炼市场经济价值的重要体现，国外文献均从微观层面指出参与体育锻炼能促使居民作出体育消费决策，进而提升体育消费支出，且参与体育锻炼的时间越久或参与强度越大则体育消费支出也越高。而国内关于体育锻炼与体育消费关系的相关研究仅是针对北京、上海等区域调查数据进行实证研究，且相关研究的研究对象仅为城市居民和青少年，缺乏全国性的调查数据。因此，在推动体育强国建设的背景下，全民健身和体育产业作为体育强国建设的有效手段，体育消费需求作为推动体育产业高质量发展的内生动力，亟须明确体育锻炼是否具有市场经济价值，进而扩大体育消费规模和优化体育消费结构，以明晰全民健身促进体育产业高质量发展的直接机制。

全民健身促进体育产业高质量发展是我国社会经济发展的现实诉求，为明晰全民健身是否是通过发挥体育锻炼经济价值而促进体育产业高质量发展，将以收入测度个体经济价值，实证探究微观个体参加体育锻炼是否具有收入效应，以明晰全民健身是否是通过发挥体育锻炼的个体经济价值来促进体育产业的高质量发展，以体育消费支出测度市场经济价值，实证探究微观个体参与体育锻炼是否具有体育消费效应，以明晰全民健身是否是通过发挥体育锻炼的市场经济价值来促进体育产业的高质量发展。

第三章　理论基础

本章根据研究目的和研究设计，以及实证分析需要，介绍本研究的理论基础，主要包括时间分配理论、体育促进发展理论、人力资本理论。时间分配理论作为分析体育锻炼参与决策与时间支出影响因素和体育锻炼消费效应研究的理论依据；体育促进发展理论作为体育锻炼收入效应研究和体育锻炼消费效应研究的理论依据；人力资本理论作为体育锻炼收入效应研究的理论依据。以实证分析参与全民健身的影响因素，以及全民健身促进体育产业高质量发展的间接机制和直接机制。

第一节　时间分配理论

研究个体体育锻炼行为的经济理论有两个分支，分别为新古典主义经济理论和非正统经济理论。新古典主义经济理论是根据Becker（1965）创立的时间分配理论来分析个体选择休闲时间的活动和消费，以使个体效用最大化，该理论中影响个体参加体育锻炼和进行体育消费的主要因素为时间和收入；非正统经济理论则依据社会学和心理学理论，认为个体参加体育锻炼和进行体育消费是受非经济因素的约束，更多的是受社会压力、同伴等社会关系的影响，且这些影响会改变体育锻炼和消费偏好。两种理论的应用领域各不相同，但众多研究使用新古典主义经济理论，Lφyland和Ringstad（2009）、Downward和Rasciute（2010）、Wicker等（2010）、Humphreys和Ruseski等（2011）、Scheerder等（2011）、Thibaut等（2014）、Eakins（2016）等都使用时间分配理论研究体育锻炼行为或体育消费行为的决定因素，主要理论方法是基于Becker的家庭生产函数。因此，本研究借鉴前人的研究思路基于Becker（1965）的时间分配理论，从体育锻炼参与决策和时间支出影响因素来分析哪些因素制约我国居民参加全民健身，以及从体育锻炼消费效应来研究体育锻炼的市场经济价值，为研究提供理论依据。

一、时间分配理论的理论推导

Becker（1965）提出家庭生产函数，假设家庭既是生产者又是消费者，根据成本最小化原则，家庭生产包括商品投入和时间投入，商品的生产数量取决于家庭效用最大化，并受价格和资源的约束，其中资源包括货币收入和获得效用而放弃的时间或物品使用价值的总和，商品价格为物品价格和时间机会成本的总和。同时，提出以充分收入为总约束条件，即将家庭的所有资源和时间都用于获取报酬所取得的总货币收入。家庭生产函数通过组合时间和商品来实现家庭生产，将时间等同于商品，用于分析工作时间与闲暇时间之间的分配，也可以用于分析闲暇时间的内部分配，如体育锻炼时间、文化活动时间的分配。因此，该理论在休闲领域得到广泛应用。

家庭生产函数的理论推导如下：

根据传统消费者行为理论，家庭效用最大化的商品组合如下：

$$U=U(y_1, y_2, \cdots, y_n) \tag{3-1}$$

其资源的约束条件为：

$$\sum p_i^* y_i=I=W+V \tag{3-2}$$

式中，y_i是市场可以购买的商品，p_i^*是商品的价格，I是全部收入，W是工资收入，V是其他收入。将非工作时间纳入家庭生产函数，时间和市场商品被纳入家庭生产以获取更高效用。日常休闲消费一种商品，不仅需要消耗产品或服务，也需要消耗一定的时间。家庭生产基本物品Z_i的生产函数为：

$$Z_i=f(x_i, T_i) \tag{3-3}$$

式中，Z_i是家庭所需的基本物品组合，f为家庭所需基本物品Z_i的生产函数，x_i为生产Z_i所需要的商品或服务组合，T_i为生产家庭所需基本物品Z_i的时间。

家庭生产基本物品受收入（充分收入）和时间约束，收入和时间的约束条件如公式（3-4）和公式（3-5）：

$$\sum_1^m p_i x_i=I=V+\omega T_w \tag{3-4}$$

$$\sum_1^m T_i = T_c = T - T_w \qquad (3\text{–}5)$$

式中，p_i是商品x_i的单位价格，T_w为用于获取收入的工作时间向量，ω为工作时间T_w的单位收入（即工资率），T_i为生产第i种商品时的时间投入向量，T_c为除工作时间外用于消费的总时间向量，T为可用于支配的所有时间。

公式（3–4）和公式（3–5）并不是独立的，消费时使用更少的时间则剩余时间可以转化为工作。因此，公式（3–4）中的T_w替换为公式（3–5）中的T_w，则有如下约束公式：

$$\sum p_i x_i + \sum T_i\,\omega = V + T\omega = S \qquad (3\text{–}6)$$

式中，在时间分配理论中被称为充分收入（full income），S代表充分收入。充分收入是指在消费过程中以“放弃货币收入”（$\sum T_i\,\omega$）的形式来支出时间，或将所有收入（S）用于购买市场商品（$\sum p_i x_i$）。

家庭可以通过减少工作时间（放弃货币收入）来增加消费时间以获得效用，也可以通过减少消费时间、增加工作时间来提高收入。时间可以通过货币收入转化为商品，时间机会成本上升。当参与体育锻炼获得效用小于参与体育锻炼的时间机会成本和锻炼成本之和时，则个体增加工作时间获取更高收入，并减少体育锻炼时间和货币投入，进而导致体育锻炼需求和体育消费需求降低。当参与体育锻炼获得效用大于参与体育锻炼的时间机会成本和锻炼成本之和时，则个体愿意放弃时间的货币收入并支出货币去参加体育锻炼，进而导致体育锻炼需求和体育消费需求增加。

二、时间分配理论在体育锻炼行为和体育消费行为中的应用

Cawley（2004）根据Becker（1965）的家庭生产函数建立了SLOTH模型，该模型反映的是个体如何分配时间以最大化其效用，受个体的预算、时间及生物特征的约束。其中，S代表睡觉时间（sleeping），L代表休闲时间（leisure），O代表工作时间（occupation），T代表去工作的通勤时间（transportation），H代表家庭生产时间或无收入工作时间（home production）。参与体育锻炼的时间支出包括休闲时间，休闲时间还包括看电视、玩游戏、文化娱乐休闲等时间支出。Humphreys和Ruseski（2011）根据SLOTH模型开发出体育锻炼参与决策和时间支出决策的经济理论模型，该模型认为参与体育锻炼的行为决策和参与体育锻炼的时间支出决策是两个独立的行

为决策过程，强调了参加体育锻炼的两阶段决策行为。

个体通过将时间分配给参与体育锻炼和所有其他活动［睡觉、文化休闲、有偿工作、通勤、家庭生产（育儿）等］，以及在时间和预算约束下购买一系列商品和服务，从而实现效用最大化：

$$\max U(a, t, z) \tag{3-7}$$

式中，a表示个体参加体育锻炼的决策，包括参与和不参与；t代表个体参与体育锻炼的时间支出，z代表在SLOTH模型框架内个体参与其他活动的决策。

假设参与体育锻炼成本包括固定成本和可变成本，则个体选择如何更好地分配他们的时间及购买的商品和服务并受时间和预算约束，预算约束条件是：

$$Y=F_a+c_a at+c_z z \tag{3-8}$$

式中，Y是所有活动的总成本；Fa为参加体育锻炼的固定成本；c_a是与参与体育锻炼相关的可变成本；c_z是所有其他商品和服务的成本。

体育锻炼的固定成本是指个体因参与体育锻炼而产生的一次性成本或固定重复成本，与个体参与体育锻炼的次数无关。如健身俱乐部每月的会员费，无论一个月去几次健身房，会员费都是固定不变的。体育锻炼的可变成本取决于个体参与体育锻炼的时长或次数，如教练费、设备的购置支出。

时间约束为：

$$T^*=at+\theta z \tag{3-9}$$

式中，T^*是可用的休闲消费活动时间，如参与体育锻炼。θ是花费在z（其他休闲活动）上的时间。

假设T^*、t和θ用小时来衡量，让所有的时间用于工作和休闲活动，则$T^*=T-h$，其中h为工作时间。如果个人可以选择他们工作的小时数，那么每小时工资收入ω可以用总可用时间和不工作的时间来表示。

$$\omega h=\omega(T-at-\theta z) \tag{3-10}$$

公式（3-10）假设花在参与体育锻炼和其他活动上的任何时间都不能用于工作，从而减少了收入。因此，工资是从事工作以外的活动机会成本。全部预算（或收入）约束包括时间机会成本。

$$y_0+\omega T=F_a+p_a at+p_z z \tag{3-11}$$

式中，y_0为外生收入，如利息收入、股票、固定资产增值等收入；如果个体把所有的时间都花在工作上，ωT就是潜在收入；$p_a=c_a+\omega$ 为参加体育锻炼的全部成本（可变成本+时间机会成本）；$p_z=c_z+\theta\omega$ 为参加其他休闲活动的全部成本（其他所有休闲活动成本+时间机会成本）。

消费者选择a、t和z来使自身效用最大化受充分收入约束。则参加体育锻炼的拉格朗日公式如下：

$$L=U(a,t,z)-\lambda(F_a+p_a at+p_z z-y) \tag{3-12}$$

式中，$y=y_0+\omega T$，为总收入。

在完全约束的条件下，个体拥有的时间用于所有的活动，如工作、家庭生产、休闲、照看儿童等。公式（3-12）的一阶条件，描述了参加体育锻炼（a、t）和其他活动（z）的效用最大化，以及收入和时间机会成本（工资率）对参加体育锻炼决策过程的影响［推导过程详见Humphreys和Ruseski（2011）］。表明了个体参加体育锻炼的收益会增加效用，而成本（包括固定成本、可变成本和时间机会成本）会导致效用降低，二者之差为参加体育锻炼获得的总效用。要使总效用最大化（L大于0），参加体育锻炼的效用要大于参加体育锻炼所产生的成本。

因此，当参加体育锻炼获得的效用大于锻炼成本支出时，个体会作出参加体育锻炼的决策（a），就会产生体育锻炼的时间支出（t）。同时，也会产生体育锻炼的固定成本支出（F_a）、可变成本支出（c_a）、时间成本（ωt）。

在分析体育锻炼参与决策和时间支出影响因素时，根据上述方程推导，参与体育锻炼是一个决策过程，当个体作出体育锻炼决策时（a），就会产生体育锻炼时间支出（t），由于时间具有潜在的工资收入效应，体育锻炼参与决策和时间支出受工资率（ω）的影响。同时，工作时间、其他休闲娱乐活动与体育锻炼时间支出之间可能存在替代效应或互补效应，体育锻炼参与决策及时间支出也会受工作时间和其他活动时间支出的影响。因此，在研究体育锻炼参与决策与时间支出影响因素中，将个体收入、工作时间和家务劳动时间作为影响体育锻炼参与决策和时间支出的关键因素，并在方程中同时纳入个体社会人口特征、家庭因素、宏观因素等。

在分析体育锻炼的体育消费效应时，根据上述理论推导，当个体作出体育锻炼参与决策（a）时，会产生体育锻炼的固定成本支出（F_a）和可变成本支出（c_a），从而产生体育消费需求。体育锻炼成本中除可变成本中的时间成本（ωt）外，其余的固定成本和可变成本支出皆为个体的体育消费支出。随着个体作出体育锻炼参与决策或体育锻炼投入时间的增加，并从体育锻炼中获取的效用大于总成本支出时，体育锻炼固定成本中会员费、场地费和可变成本中的教练费、服装、器材费等也会随之增加。因此，参与体育锻炼会增加个体体育消费的支出，即全民健身对体育消费具有促进作用，全民健身具有市场经济价值。

第二节　体育促进发展理论

体育的功能及价值已经得到社会的普遍认可，个体通过参与体育锻炼习得运动技能、获得社会规范教育及社会角色，同时也增强劳动者素质并促进经济发展（汤利军 等，2008）。从微观个体来看，体育价值包括健身、休闲、教化、城乡发展、经济等（孙德朝和孙庆祝，2015），个体健康资本、心理资本、社会资本、人力资本的形成是体育价值的重要体现。在知识经济时代，人的身体资本决定着智力资本发挥作用的可能性，体现在人的身体资本决定着智力资本的工作时间和工作效率（郭海霞，2011）。具体表现为全民健身通过发挥体育的德育、智育功能促进个体形成健康观念和社会责任感，全民健身发挥体育的健康功能可降低慢性疾病发生的概率，以及促进人口健康地步入老龄化，同时全民健身发挥体育的经济功能能够增加市场体育消费需求，也具有推动体育产业发展的产业经济价值（李玉周 等，2019）。因此，全民健身通过引导全民参加体育锻炼发挥体育的功能，在微观层面有利于增加个体的健康资本、心理资本、社会资本、人力资本储备等。总之，全民健身发挥体育在现代人发展中的作用，可缓解健康危机、提高幸福感和生活质量，对社会经济发展至关重要。

体育在现代社会经济发展中的价值和作用日益凸显，得到联合国教科文组织的高度关注。在2004年雅典奥运会期间的圆桌会议上，少数圆桌代表将运动和身体活动纳入其国内和国际发展战略规划，提出体育促进发展概念（Mandle，2012）。随后联合国大会将每年的4月6日定为“体育促进发展与和平国际日”。“体育促进发展与和平”这一主题的确定，针对世界不发达地区及相关弱势群体，逐渐衍生出以体育为手段的“体育促进发展（Sport-for-Development：SFD）”项目。学者Lyras等（2011）将体育促进发展定义为利用体育来积极影响公共卫生、弱势群体的社会融入、儿童青年和成人的社会化、文化交流、缓解冲突、地区和国家的经济发展。英国体育促进发展组织将体育促进发展定义为有意识地将体育和身体活动作为一种工具，为公民和社区的生活带来积极变化。

体育对社会、经济及个人发展的作用凸显，众多学者开始从事体育促进发展理论研究。Coalter（2010）探讨了体育促进发展政策的重点项目约束和规范问题；Levermore（2011）分析了体育促进发展项目评估的途径和关键问题，以及体育促进发展与2010年南非世界杯的关系；Schulenkorf（2012）以社区为研究对象，设计以体育活动为内容的体育促进发展项目概念框架，以促进社区的可持续发展；Edwards（2015）以体育促进发展模式分析社区体育发展对社区能力建设的作用，体育在培养当地技能、知识和资源，增强社会凝聚力，促进社区对话的结构和机制建设，以及培养领导能力和鼓励公民参与方面发挥了作用；Beaman等（2018）用体育促进发展项目设计随机对照试验，试验发现通过参加体育促进发展项目后，利比亚脆弱青年心理社会行为并没有得到改善，但却对脆弱青年的劳动力市场表现产生了影响；李根等（2020）基于体育促进发展理念分析了中国体育促进可持续发展所具有的机遇和理念，并提出了具体行动策略。体育促进发展的理论及实践研究显示了体育对社区及个人发展具有重要的社会及经济价值。

体育促进发展理论基于体育所具有的社会经济价值，认为体育既可以作为促进个体全面发展的工具，也可以成为促进社会经济发展的重要举措。个体参与体育锻炼受锻炼动机约束，动机包括参与体育锻炼直接产生的消费效用和对健康资本、心理资本、社会资本、人力资本的投资。同时，体育锻炼动机演变为体育消费决策还受收入及时间的影响。一旦作出体育锻炼决策并参与体育锻炼，则参加体育锻炼具有两个方面的经济价值：一是参加体育锻炼产生的非市场和非外部的个体经济价值，体现在参与体育锻炼可以增进个体健康（健康资本）、提升个体主观幸福感（心理资本）、增加个体社会资本等人力资本储备；二是参与体育锻炼产生的市场经济价值，体现在参与体育锻炼产生的体育消费需求，包括用于参与体育锻炼的教练费用支出、设备及设施消费支出，以及旅游消费支出、运动服装消费支出等。因此，从体育促进发展理论视角来看，全民健身的经济价值包括两个方面：一是对个体而言，全民健身的个体经济价值体现在个体参与体育锻炼提高其健康资本、心理资本、社会资本等，进而增加其人力资本储备；二是对市场而言，全民健身的市场经济价值体现在参与体育锻炼所产生的体育消费需求（体育消费的直接支出、设施设备支出、运动服饰支出等），体育消费需求增长有利于扩大体育消费规模和促进体育消费升级，进而推动体育产业乃至经济实现高质量发展。

根据体育促进发展理论，全民健身促进体育产业高质量发展可能的作用机制是：全民健身促进体育产业高质量发展的间接机制是参与体育锻炼通过增加个体健康资本、心理资本及社会资本储备并形成人力资本增值，进而提高个体收入，收入增加可提高体育锻炼需求，从而间接地影响体育消费支出；全民健身促进体育产业发展的直接机制是参与体育锻炼通过提升个体体育消费支出和优化体育消费结构，进而推动体育产业高质量发展。欧盟委员会的统计数据显示，2012年体育对欧盟国内生产总值（GDP）的直接贡献率为2.12%，对就业的直接贡献率为2.72%；2020年体育对GDP的直接贡献率为2.15%，对就业的直接贡献率为2.84%（表3-1）。推动全民健身事业发展、鼓励全民参与体育锻炼的直接经济价值和间接经济价值显著。全民健身作为体育促进发展理论的重要实践，将全民健身上升为国家战略，是一项对全民发展和经济发展具有战略意义的举措。

表3-1　2005—2020年欧盟体育的经济价值

时间	体育产业增加值/亿欧元	GDP贡献率/%	就业人数/万人	就业贡献率/%
2005年	—	1.76	—	2.12
2012年	2796.97	2.12	567	2.72
2020年	3633.90	2.15	646	2.84

注：数据来源于SpEA et al（2012）/ SpEA et al（2018）/ SpEA et al（2020）。

第三节　人力资本理论

现代人力资本理论形成于20世纪50年代末，由Schultz（1961）提出。人力资本是通过后天投资获得，且是一种经济价值，通过投资教育、健康、培训和迁移等来获取，把健康状况当作资本储备，即健康资本。人力资本是劳动者自身的知识、能力、技能和健康的总和，许多个体的消费支出（包括教育、医疗和保健、职业培训等）是对人力资本的一种投资。体育锻炼作为增进健康的方法，体育锻炼时间支出和体育消费支出也可以看成是对人力资本的投资；随后Becker（1962，1964）分别分析了人力资本投资理论以及人力资本与收入分配的关系，认为人力资本投资是指通过增加人身上所拥有的资源，进而影响人在未来的心理收入和货币收入的活动（贝克尔和梁小民，1987）。体育锻炼作为一种可以提高个体技能和素质的休闲活动，可以促进人的交往、增进信任和健康，还可以从锻炼中获得幸福收益，都是对人力资本的一种有效投资，在一定程度上提高了个体的心理收入和货币收入；Mincer（1974）构建了人力资本收入函数，并成为人力资本研究的重要计量经济学模型。

从上文文献回顾及体育促进发展理论可知，参与体育锻炼可以使个体获得健康资本、心理资本及社会资本，参与体育锻炼获得的相关收益都可以归结为人力资本投资，增加健康资本、心理资本和社会资本都是人力资本增值的有效方式。人力资本增值可以从个体劳动力市场表现中观测，主要体现在收入的增长及劳动生产率的提升。首先，健康资本具有收入效应，Mushkin（1962）将健康和教育列为人力资本的两个重要组成部分，健康投资是一种资本积累并对个人收入和经济增长产生影响。健康资本可以通过体育锻炼和购买医疗保健服务等方式进行投资从而得到增长（向华丽，2019）。众多研究显示，参与体育锻炼有利于增进健康。因此，参与体育锻炼获取健康资本可以增加个体的人力资本储备。其次，参与体育锻炼也能提高心理资本储备，在国外相关研究中被定义为体育参与对主观幸福感或幸福的影响。幸福感是参与体育锻炼获得的重要心理健康福利，幸福感的提升也是个体人力资本增值的重要表现，且幸福感提高能够增加收入（Graham et al.，2004）。相关研究也显示，若以幸福感来衡量参加体育锻炼的经济价值，则一个人每年参与体育锻炼的平均价值在1.9万～2.3万英镑（Downward & Rasciute，2011）。因此，参与体育锻炼产生的幸福感会使个体更具工作效率，对个体的劳动收入产生影响。再次，社会资本对个体的收入也存在显著的正向影响，相关研究显示，社会资本对基层就业大学生的收入有显著的正向影响（孟欢 等，2020），社会资本对农户收入具有显著提升的作用（付东哲，2019）。最后，社会资本对退役运动员的收入产生显著的正向影响，且社会资本有助于退役运动员获得高收入（张晓丽和阎晋虎，2020）。因此，个体参与体育锻炼通过获取社会资本来增加个体人力资本储备，进而获得更高的劳动市场回报。

全民健身作为一项促进人的全面发展的有效政策战略，根据上文分析，参与体育锻炼可能是通过改善健康、提高幸福感和增加社会资本来增加个体收入。从微观个体视角看，体育锻炼的个体经济价值体现在个体参与体育锻炼获得健康资本的增长、幸福感的提升和社会资本的积累形成了人力资本增值，进而带来了更高的收入回报。因此，健康资本积累、幸福感提升和社会资本的形成是体育锻炼个体经济价值的重要生成机制。本书将通过Bootstrap中介效应检验方法，实证体育锻炼个体经济价值的生成机制。

第四节 本章小结

本章分别介绍了时间分配理论、体育促进发展理论、人力资本理论。Becker的时间分配理论作为新古典主义经济学的重要理论之一，在国内外的休闲经济研究中均得到广泛应用，体育经济领域众多研究是利用Becker时间分配理论来分析体育锻炼行为和体育消费行为。根据本书的研究设计，利用Becker的时间分配理论及其在体育经济学领域的理论扩展，为实证研究参加全民健身的影响因素提供理论依据；体育促进发展理论是利用体育促进人的全面发展和社会经济发展，指出体育对个体健康资本的积累、幸福感的提升及社会资本的形成都具有积极作用，同时发展全民健身引导全民积极参与体育锻炼能够促进体育消费，具有促进体育产业发展的市场经济价值；人力资本理论则分析个体人力资本的形成，而体育可以通过改善健康、获得幸福感、促进社会交往等渠道形成人力资本。结合体育促进发展理论和人力资本理论，将参与体育锻炼作为人力资本的内生因素引入收入公式，实证研究体育锻炼的收入效应，并探索体育锻炼收入效应的生成机制，为实证分析全民健身促进体育产业高质量发展的间接机制奠定理论基础；参与体育锻炼是产生体育消费需求的前提，结合时间分配理论中参加体育锻炼产生的固定成本和可变成本支出，以及体育促进发展理论认为体育锻炼产生市场经济价值体现在体育消费对体育产业发展的促进作用，实证解析参与体育锻炼和经常参与体育锻炼对体育消费支出的影响，为下文实证分析全民健身促进体育产业高质量发展的直接机制奠定理论基础。

第四章 全民健身促进体育产业高质量发展的现实诉求及制约因素

《全民健身计划纲要》是指导全民参加体育锻炼的纲领性文件，《全民健身条例》是保障全民体育锻炼权利的重要法律法规，全民健身上升为国家战略则明晰了全民健身在社会主义强国建设中的重要地位。从产业发展层面看，通过全民健身引导全民参与体育锻炼进而扩大体育消费规模，是促进体育产业高质量发展的有效举措。因此，众多体育产业政策都明确提出要通过全民健身来推动体育产业实现高质量发展。通过引导全民参与体育锻炼提高全民的体育消费意识，促进体育消费需求的增长，是推动我国体育产业实现高质量发展的有效举措。同时，通过全民健身促进体育产业高质量发展在推动我国国民经济发展、提升医疗服务供给能力、满足全民健康服务需求、形成健康生活方式等方面具有重要作用。但我国全民健身事业在需求侧、供给侧和体制机制方面仍存在诸多问题，使体育消费不旺，导致体育产业难以实现高质量发展。因此，本章在介绍我国全民健身和体育产业发展历程的基础上，剖析全民健身促进体育产业高质量发展的现实诉求，再从全民健身需求侧、供给侧和体制机制三个方面剖析我国体育产业高质量发展的制约因素。

第一节　我国全民健身事业的发展历程

中华人民共和国成立之初，毛泽东同志题写的“发展体育运动，增强人民体质”，指明了体育锻炼是促进全民健康的有效手段，也明确了引导全民参加体育锻炼、促进全民健康是全民健身事业发展的根本目标。全民健身需标准先行，1954年国家体育运动委员会颁布《准备劳动与卫国体育制度暂行条例和项目标准》（以下简称《劳卫制》），《劳卫制》颁布后，全民参与健身的热情不断高涨，推动《劳卫制》逐渐演变成为2013年的《国家体育锻炼标准施行办法》，期间经历了四次修订，其中还包括《青少年体育锻炼标准》（1964）、《国家体育锻炼标准》（1975）、《国家体育锻炼标准施行办法》（1989）、2003年的《普通人群体育锻炼标准》和《学生体质健康标准》。

在体育锻炼标准不断更新的过程中，全民健身的政策法规也不断推陈出新，从1995年国务院颁布实施《全民健身计划纲要》开始，至今已颁布实施了六部引领全民健身和保障全民健身权益的政策文件及法规（图4-1）。随着新时期社会经济的快速发展，为鼓励全民参与体育锻炼，提升国民整体素质，以适应新时期我国社会经济快速发展的需要，发展全民健身事业已经形成常态化工作机制。北京奥运会结束后，将北京奥运会开幕日确定为“全民健身日”，即8月8日。国务院于2009年8月颁布《全民健身条例》，通过立法的形式保障公民的健身合法权益，以提高国民整体素质。自全民健身工作机制常态化以来，国务院每隔五年便会颁布全民健身的五年计划，以期通过全民健身促进全民健康，提升国民的整体素质，以应对人口老龄化和满足社会经济发展对国民健康的需要。

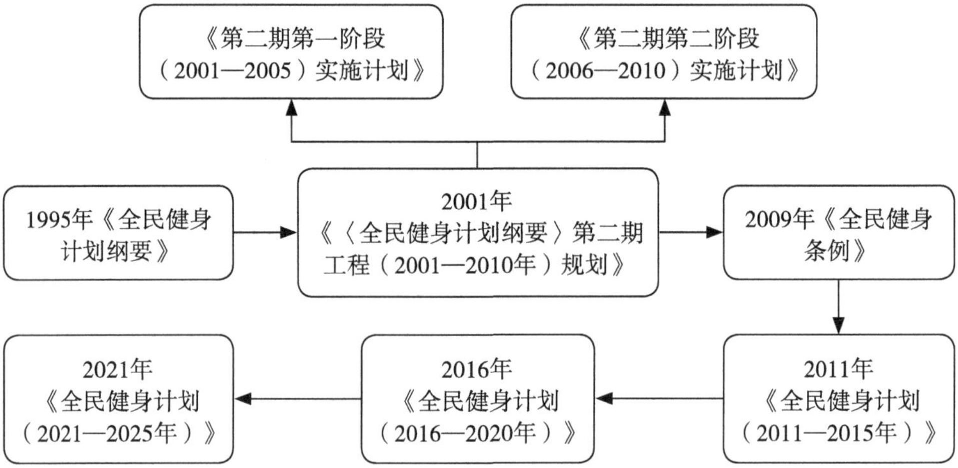

图4-1　全民健身政策的历史变迁

为了促进全民健身与体育产业发展形成相互促进的共生关系，以推动体育强国建设，在2014年的国务院46号文件《国务院关于加快发展体育产业促进体育消费的若干意见》中，明确将全民健身上升为国家战略，以培育新的体育消费需求，推动体育产业发展成为国民经济转型升级的重要力量，同时也满足人民群众日益增长的体育锻炼需求。为推动体育产业发展成为经济高质量发展的重要动力，2019年9月颁布实施的国务院办公厅43号文件《国务院办公厅关于促进全民健身和体育消费推动体育产业高质量发展的意见》，明确提出要积极实施全民健身行动，让参与体育锻炼成为一种生活方式（国务院办公厅，2019）。至此，全民健身不仅促进了全民参加体育锻炼、改善全民健康，同时，培育了居民的体育消费需求，推动了我国体育产业迈入高质量发展阶段。

第二节　我国体育产业的发展历程

我国体育产业发展伴随着我国社会矛盾的变化而不断推进。中华人民共和国成立后，我国以计划经济为主要发展特征，形成了以“举国体制”为主要特征的体育事业发展格局，这一时期体育供给以国家供给为主，体育尚未步入市场化。1978年，党的十一届三中全会后，经济建设和改革开放成为我国社会主义事业发展的核心，社会矛盾转变为人民日益增长的物质文化需要同落后的社会生产之间的矛盾。随后，中共中央和国家体委先后颁布实施《关于进一步发展体育运动的通知》和《关于体育体制改革的决定（草案）》，这两个文件的颁布与实施是体育市场化发展的萌芽，以及推动我国体育产业发展的原始动力。改革开放以来，随着我国社会经济的高速发展，党的十九大对我国社会矛盾作出新的研判，社会矛盾转变为人民群众日益增长的美好生活需要与不平衡、不充分的发展之间的矛盾（党的十九大报告，2019）。新时期体育作为满足人民群众美好生活需要的重要载体，体育需求不断增长，但体育供给却难以有效满足全民体育需求，亟须通过体育产业化发展和体育供给侧改革，以满足全民不断增长的体育需求，进而带领我国体育产业步入高质量发展阶段。

改革开放以来，随着我国社会矛盾的变化，我国体育产业发展是在包括北京奥运会等在内的体育大事件的引领下，经历了萌芽阶段（1978—1991年）、起步阶段（1992—2000年）、发展阶段（2001—2008年）、腾飞阶段（2009—2018年）（国家体育总局体育经济司，2019），从2019年开始步入高质量发展阶段。从图4-2可以看出，以体育场馆改革和以体育赛事吸引社会资本投资体育是我国体育产业发展萌芽阶段的主要特征（张林 等，2008）；一系列推进体育产业市场化发展的政策文件的出台是我国体育产业发展起步阶段的主要特征，体育产业政策通过顶层设计明确了体育市场化发展思路，同时将各单项体育协会进行实体化改革和推进体育俱乐部进行职业化改革，如中国足球协会超级联赛就是起步阶段体育产业化发展的产物；我国体育产业步入发展阶段的标志是2001年北京成功申办第29届夏季奥运会，在筹办和举办北京奥运会的过程中，推动了我国体育场馆改革、体育赞助、体育用品制造业等的发展。后奥运时期，一系列体育产业政策引导体育产业发展是我国体育产业腾飞阶段的主要特征，由于我国体育产业基础不牢、大众体育消费意识淡薄等原因，亟须一系列体育产业政策为体育产业发展把脉引路。相关政策为体育产业的整体布局把脉，同时也针对细分行业中的健身休闲产业、体育竞赛表演产业等出台专门性引导政策。在一系列体育产业政策的引导下，2019年我国体育产业总规模达到29483亿元，增加值达到11248.1亿元，占GDP比重达到1.14%（国家统计局和国家体育总局，2020）。随着新时期我国经济步入高质量发展阶段，我国体育产业步入高质量发展阶段。在体育产业高质量发展阶段，通过发展全民健身引导全民参加体育锻炼，将进一步增强体育消费动力和夯实体育产业发展基础，有利于壮大体育产业规模和促进体育产业结构升级。

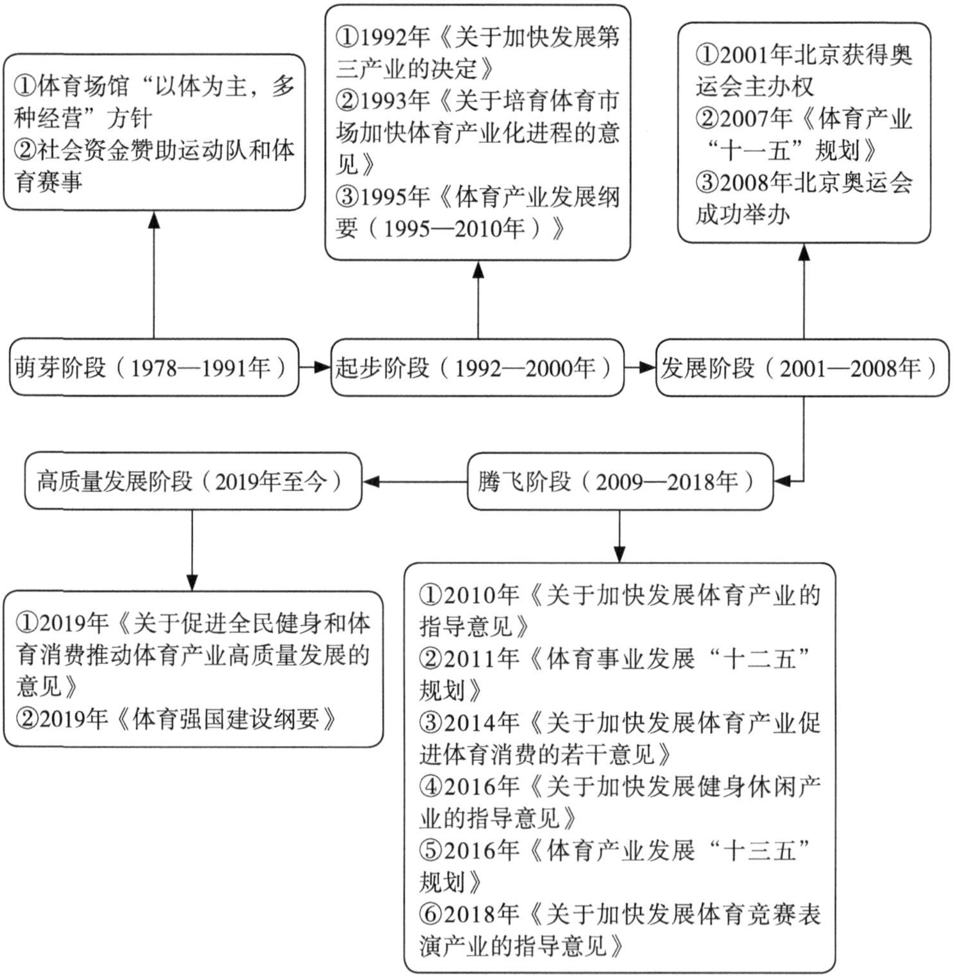

图4-2　我国体育产业发展的历史进程图

新时期，我国社会经济步入高质量发展阶段，作为幸福产业的体育产业，将在社会经济发展中进一步发挥体育的价值和作用。首先，从经济发展视角来看，在微观层面参加体育锻炼可以改善个体健康，促进全民健康，提高社会生产力；在宏观层面发展体育事业可以促进体育消费，发挥体育的市场经济价值，从而推动体育产业实现高质量发展。其次，从社会发展视角来看，随着我国居民闲暇时间的增多及收入的增加，体育作为业余休闲、增进健康、促进社会融合的有效工具，体育产业的发展将通过供给高质量的体育产品及服务满足全民体育生活需要，并成为推动社会和谐发展和人的全面发展的有效工具。

第三节 全民健身促进体育产业高质量发展的现实诉求

我国社会经济发展对国民健康提出了更高要求，因此，提高全民健康是未来我国社会经济稳定发展的必然要求。为此，国家为提升我国国民健康进行了长期规划，并于2016年实施《“健康中国2030”规划纲要》，旨在提升全民健康，为社会经济健康发展奠定基础。2019年颁布《体育强国建设纲要》，将发展全民健身和体育产业作为推动体育强国建设的重要政策举措。全民健身作为促进全民健康的有效方法，成为推进健康中国建设和体育强国建设的有力措施。同时，体育产业发展作为推进全民健身市场化发展的有效推手，在健康中国和体育强国建设中也发挥着积极的作用。本书从我国社会经济发展的现实诉求出发，分析全民健身促进体育产业高质量发展在社会经济发展中的重要作用，主要体现在全民健身促进体育产业高质量发展是推动体育产业成为国民经济支柱性产业的内在要求，是提升我国医疗服务供给能力的有效补充，是满足全民健康服务需求的必然选择，是全民形成健康生活方式、提升劳动生产率的有效手段。

一、推动体育产业成为国民经济支柱性产业的内在要求

从体育功能视角来看，全民健身可以促进个体健康和人的全面发展，也可以推动社会经济的发展。体育在社会经济发展中的价值和作用日益凸显，将有利于繁荣体育消费市场，推动体育产业高质量发展成为国民经济的支柱性产业。体育产业实现高质量发展的基本特征是体育产业结构高级化、发展效率最

佳化和体育价值最大化的有机统一（徐开娟 等，2019）。但当前我国全民健身发展基础薄弱，导致体育产业规模偏小、体育的经济价值难以挖掘、体育的社会效益偏低，从而使体育产业发展成为国民经济支柱性产业的动力不足。

一是与全民健身相关产业规模较小，难以推动体育产业结构升级。从全国体育产业统计数据可以看出（图4-3），2015—2019年我国体育产业中的体育健身休闲活动增加值从129.4亿元增长至831.9亿元，健身休闲活动增加值占体育产业总增加值的比重从2.4%增长至7.4%。但我国体育场地与设施管理增加值占体育产业总增加值的比重增长则更为缓慢，只有体育教育与培训增加值占体育产业总增加值的比重在2018年实现快速增长，并达到14.1%。上述结果表明与全民健身相关的产业规模持续增大，但其在促进体育消费、推动体育产业结构升级等方面的动力还存在不足，难以推动我国体育产业实现高质量发展。

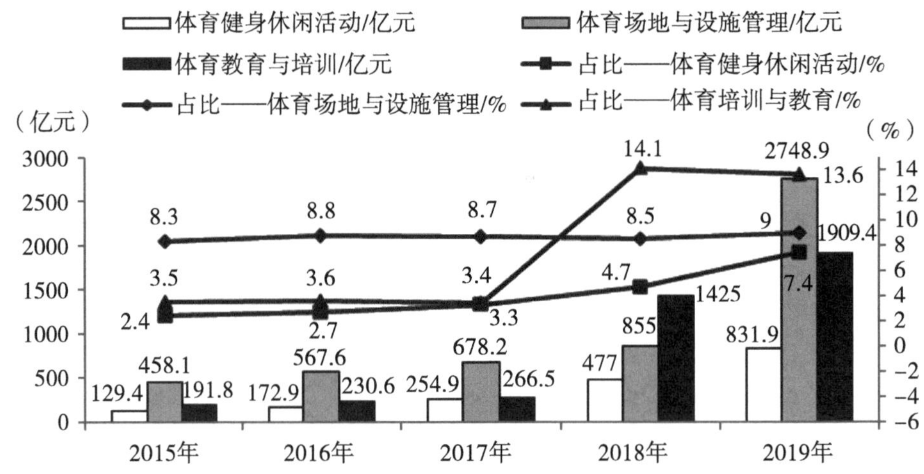

图4-3　2015—2019年全民健身相关产业发展现状

注：数据来源于国家统计局官方网站。

二是全民健身经济价值尚未挖掘，难以扩大体育产业规模。从2015—2019年全国体育产业统计数据可知，与全民健身密切相关的三个体育产业门类（包括体育健身休闲活动、体育场地与设施管理、体育教育与培训）的总增加值从2015年的779.3亿元增长至2019年的5490.2亿元，占体育产业总增加值的比重从14.2%增长至30%。但与欧美国家相比，我国全民健身的经济价值相对较小，全球健康研究所统计数据显示，在全球8282亿美元的体育活动市场规模中，有3677亿美元（占比44%）源于消费者参与各种休闲体育活动（包括健身、运动和积极的休闲活动）的直接支出（上海运动与健康产业协同创新中心，

2020）；从细分市场来看（表4-1），2018年欧洲十大体育活动市场中，荷兰体育休闲活动的市场规模占比达到64.98%，除波兰外，其余国家的体育休闲活动市场规模占比均超过38%。与欧美国家相比，我国全民健身经济价值较小，尚难以支撑体育产业实现高质量发展。

表4-1　2018年欧洲十大体育活动市场–休闲体育活动概况

国家	休闲体育活动/百万美元	体育活动市场总规模/百万美元	休闲体育活动占比/%
英国	20507.80	40883.80	50.16
德国	20253.40	39441.10	51.35
法国	11003.50	26325.00	41.80
意大利	8873.60	19273.00	46.04
西班牙	7859.00	15632.00	50.28
俄罗斯	4871.90	12374.90	39.37
荷兰	6023.20	9269.60	64.98
瑞士	5858.70	9164.30	63.93
瑞典	2270.90	5925.50	38.32
波兰	1419.60	5673.50	25.02

注：数据来源于上海运动与健康产业协同创新中心。休闲体育活动包括消费者在课程、会费、培训等，以及健身、体育休闲活动等方面的支出。

三是全民健身的社会效益偏低，社会就业效应不显著。体育产业作为一个劳动力相对密集的行业，推动体育产业发展可以为社会提供更多就业岗位，具有就业效应。例如，职业或业余体育俱乐部、与体育相关健身休闲等都会带来众多就业岗位。但与欧美发达国家相比，我国体育产业或全民健身相关的体育服务业就业效应不明显。据统计，2012年欧盟与体育相关的直接就业人数达到567万人，占总就业人数的2.72%。若计算体育生产所需投入的间接影响，则欧盟与体育相关的直接和间接就业总人数达到935万人，直接和间接就业人数占欧盟总就业人数的比重达到4.5%（Downward，2019）。相比而言，我国在2018年末体育产业的总就业人数仅443.9万人，其中体育服务业的从业人员仅120.1万人，而与全民健身密切相关的体育健身休闲活动行业的从业人员仅38万人（国家统计局，2020）。从中可知，全民健身相关的社会效益较低，就业效应不显著。

当前，我国与全民健身相关的产业规模相对较小，全民健身的经济价值尚未充分挖掘，全民健身的社会效益偏低，导致我国体育产业难以实现高质量发展。因此，从产业发展视角来看，夯实全民健身基础，充分挖掘全民健身的社会经济价值，推动体育产业实现高质量发展，是我国国民经济发展对全民健身事业发展和体育产业发展提出的内在要求。

二、提升医疗服务供给能力的有效补充

为适应新时期社会经济发展对国民健康提出的新要求，《“健康中国2030”规划纲要》将推动体医融合、开展全民健身活动和完善全民健身公共服务体系作为促进全民健康的主要政策措施。2019年9月颁布的《关于实施健康中国行动的意见》（国发〔2019〕13号）中，将全民健身作为解决老龄化、工业化和城镇化带来的系列健康问题的有效政策举措。从图4-4中可以看出，我国卫生总费用从2000年的4586.63亿元上升至2019年的65841.39亿元，卫生总费用占GDP的比重也从2000年的4.57%上升至2019年的6.64%。同时，我国面临人口老龄化带来的健康问题，我国60岁以上人口所占比重由2000年的7.00%上升至2019年的18.10%。从卫生经费支出的不断增加及人口老龄化现状可以看出，健康问题将成为我国社会经济发展的重大负担。但通过发展全民健身事业，发挥全民健身的健康促进功能，引导群众积极参与体育锻炼来推动体育产业高质量发展，可增进全民健康，有利于降低国家的医疗成本支出、缓解国家的医疗资源供需矛盾。因此，通过增加全民健身服务供给可弥补我国医疗服务供给能力不足的问题。

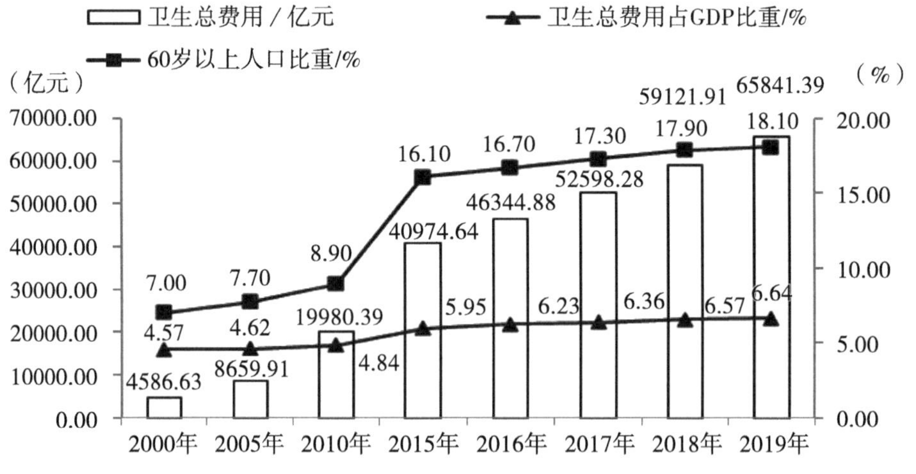

图4-4　2000—2019年我国卫生费用及60岁以上人口状况

注：数据来源于《中国卫生健康统计年鉴2020》。

一是发挥全民健身的健康促进功能可降低医疗卫生支出。由于我国居民疾病谱的变化使健康促进模式由“以疾病治疗为中心”向“以预防为主、防治结合为中心”转变（卢文云和陈佩杰，2018），我国的健康促进工程缺少体育参与（冯振伟和韩磊磊，2019），而影响健康的主要因素中，行为和生活方式（饮食、运动、吸烟、饮酒等）占比60%（Ewing & Cervero，2010）。同时，相关研究也表明，居民身体活动每减少10%，医疗支出将增加1.5亿美元（Katzmarzyk et al.，2000）；人口每增加10%的身体活动，将减少6000例疾病事件和2000例死亡事件，使卫生部门的成本减少6600万澳元（Cadilhac et al.，2011）；缺乏身体活动造成的医疗成本占国家医疗支出的比例达到0.3%～4.6%（Ding et al.，2017）；投入1美元去参加体育活动与投入10美元预防疾病和投入100美元治疗疾病的效果相当，投入1美元建设健身步道与投入2.94美元的医疗支出效果相当（刘国永，2016）。从中可以看出，发挥全民健身的健康促进功能有利于促进全民健康减轻财政负担。随着全民健身上升为国家战略，全民健身的目标设定已从“增强人民体质”转变为“促进人的全面发展”和“建设健康中国”。因此，发挥全民健身的健康促进功能将成为健康中国建设的有效补充，通过全民健身提高全民健康可有效降低医疗卫生的支出。

二是推动全民健身产业化发展可缓解医疗资源的供需矛盾。随着居民健康需求的不断增加，居民医疗服务需求也快速增长，但医疗资源供给却难以满足医疗服务需求。在医疗资源供给方面（表4-2），2010—2019年医院数量增加13436个，年均增速为7.14%；卫生技术人员年均增速为8.09%；每千人卫生技术人员数增加2.87人，年均增速7.26%；医疗卫生机构床位数增加402.02万张，年均增速为9.33%；医院床位数增加了一倍多，年均增速为11.41%。然而同期的医疗卫生机构诊疗人次数增加288225.7万，年均增速达到5.49%；医院诊疗人次数年均增速达到9.82%；医院入院人数达到11659万，年均增速达到13.60%。从中可以看出，医院入院人数的增速均高于同期的医院卫生技术人员、每千人卫生技术人员数和医院床位数的增速。当前我国面临医疗资源供给难以满足医疗服务需求，而体育产业高质量发展能推动全民健身产业化发展，以市场需求为导向配置全民健身资源，高质量供给全民健身服务，促进居民积极参与体育锻炼，有效缓解医疗资源供需矛盾，补齐医疗资源供给不足的短板。

表4-2　2010—2019年我国医疗卫生资源供需变动情况

供需	统计指标	2010年	2019年	增长量	年均增速/%
医疗供给	医院数量/个	20918	34354	13436	7.14
	卫生技术人员/人	5876158	10154010	4277852	8.09
	每千人卫生技术人员数/人	4.39	7.26	2.87	7.26
	医疗卫生机构床位数/万张	478.68	880.7	402.02	9.33
	医院床位数/张	3387437	6866546	3479109	11.41
医疗需求	医疗卫生机构诊疗人次数/万人	583761.6	871987.3	288225.7	5.49
	医院诊疗人次数/万人	203963.3	384240.5	180277.2	9.82
	医院入院人数/万人	9524	21183	11659	13.60

注：数据来源于《2020中国卫生健康统计年鉴》。

因此，通过全民健身促进体育产业高质量发展，有利于发挥全民健身的健康促进功能和推动全民健身的产业化发展，在一定程度上降低了医疗卫生支出和缓解了医疗资源供需矛盾，体现出全民健身通过促进全民健康为社会经济发展做贡献。

三、满足全民健康服务需求的必然选择

随着我国居民收入的增长，居民的健康服务需求不断增加，而全民健身作为满足健康服务需求的有效手段，全民健身的有效供给不足难以满足全民的健康服务需求，进而形成体育事业发展的供需矛盾（国家体育总局，2016）。同时，居民生活水平的提高，不规律和不健康的生活方式成为产生各种慢性疾病的首要致病因素，进而威胁全民健康。据统计，2018年慢性非传染性疾病是我国居民致死率较高的疾病，由生活方式导致的慢性疾病致死率占总慢性疾病致死率的88.52%，在慢性疾病导致的总死亡病例中，由心脑血管和代谢性疾病导致的死亡率达到47.17%（李祥臣和俞梦孙，2020）。在慢性疾病面前，居民主动健康行为逐渐形成。主动健康是通过对人体主动施加可控刺激，增加人体微观复杂度，促进人体多样化适应，从而实现人体机能的增强或慢性疾病逆转的医学模式（李祥臣和俞梦孙，2020）。居民主动健康意识提升的结果是产生有效的健康服务需求，而促进全民健身发展，供给高质量全民健身服务，可有效满足由主动健康意识提升所产生的健康服务需求。因此，通过发展全民健身促进体育产业高质量发展是满足全民健康服务需求的必然选择。当前，我国城乡

居民医疗保健支出快速增长和健康素养的不断提升，表明我国居民健康服务需求不断增长。

一是城乡居民医疗保健支出呈现快速增长，健康服务需求也不断增加。居民满足医疗保健服务需求，除了支出医疗费用去看病外，还会通过保健消费支出增进健康。2010年以来（图4-5），我国城乡居民的医疗保健消费支出呈持续上升态势。2000—2018年我国城镇居民的人均医疗保健消费支出从318.10元上升至2045.70元，城镇居民的人均医疗保健消费支出占城镇居民人均消费支出的比重从2010年的6.50%上升至2018年的7.80%。我国农村居民的人均医疗保健消费支出虽然低于城镇居民的人均医疗保健消费支出，但农村居民的人均医疗保健消费支出占农村居民人均消费支出的比重也从2010年的7.40%上升至2018年的10.20%。由此可见，我国居民的健康意识上升将推动居民健康投入不断增长，进而使居民的健康服务需求不断增加。

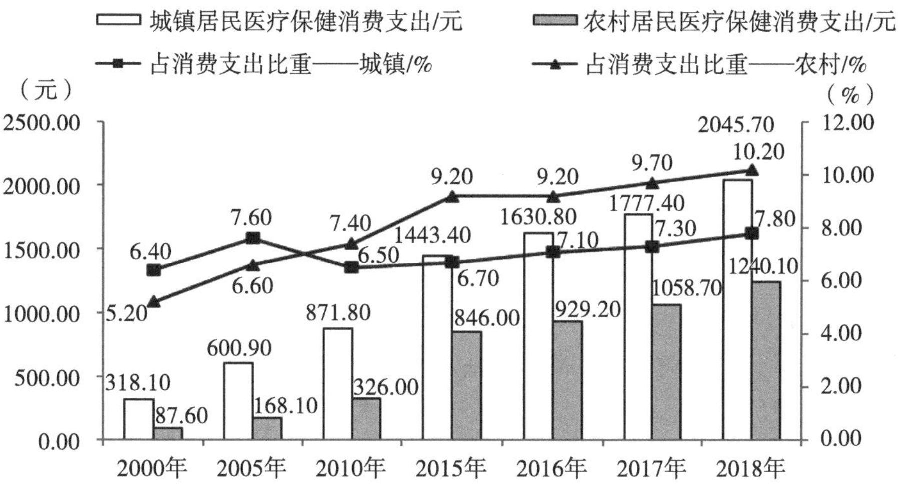

图4-5　2000—2018年城乡居民医疗保健消费支出状况

注：数据来源于《2020中国卫生健康统计年鉴》。

二是我国居民健康素养不断提高，主动健康理念增强。一方面，我国居民主动健康意识增强体现为近些年全民健康素养水平不断提升。健康素养是指个人获取和理解基本健康信息和服务，并运用这些信息和服务作出正确的决策，以维护和促进自身健康的能力（国家卫生健康委员会，2015）。全国居民健康素养调查结果显示（图4-6），我国居民健康素养水平从2012年的8.80%上升至2020年的23.15%，整体健康素养水平呈现出快速增长趋势。同时，居民健康素养水平在2030年达到30%，也成为健康中国建设的重点目标。另一方面，从当前“新冠疫情”下居民的健康意识也可看出，居民主动健康意识不断提高。据报道，在“新冠疫情”期间，众多居民树立了主动健康和主动健身理念，哑铃和跳绳销售额分别同比增长60%和56%，同时健身环和瑜伽垫等居家健身用品销售的增长也较快（吴春熠，2020）。

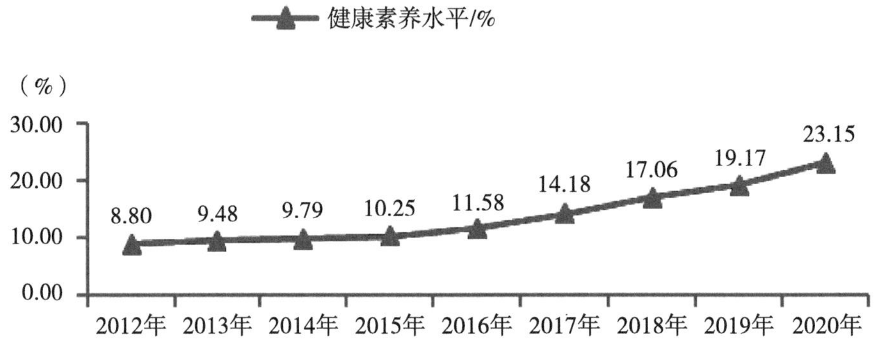

图4-6　2012—2020年我国居民健康素养水平

注：数据来源于国家卫生健康委员会官网。

居民形成主动健康行为将会产生多元的健康服务需求，包括为达到健康目的而进行的健康投资（张蕾，2018）。我国居民健康理念由“医疗手段”向“非医疗手段”转变，体育锻炼成为促进居民健康行为持续发展的重要手段（李骁天等，2019）。新时期健康服务需求将成为群众生活中的基本需求和必要需求，全民健身通过发挥体育的健康促进功能，将成为居民主动增进健康的主要手段之一。居民主动健康意识的提升必将产生更多的全民健身需求，而全民健身需求上升亟须推动体育产业实现高质量发展，以供给有效的全民健身产品或服务。因此，通过全民健身促进体育产业高质量发展一方面可以丰富全民健身服务供给满足健康服务需求，另一方面为推动体育产业实现高质量发展提供需求侧的动力支撑。

四、全民形成健康生活方式提升劳动生产率的有效手段

不健康的生活方式会导致各种慢性疾病，影响全民健康、降低劳动生产率。当前，我国城乡居民以步行为交通方式的人口占比不到50%，且以静坐或静坐伏案工作为主的城镇成年居民达到80%（刘国永，2016）；上海市的调查结果显示，82%的上海市民都有久坐不动且缺乏体育锻炼的情况，在不健康生

活方式中排名第一；饮食不健康（油炸、烟熏等）的市民占总人口的79%；三餐不规律（经常不吃早餐或深夜餐食）的市民占总人口的78%（上海市卫生健康委员会，2020）；世界卫生组织的调查数据显示，60%的慢性疾病的发生都与个人生活方式有关。

开展全民健身运动、促进体育产业高质量发展可丰富全民健身产品和服务供给，倡导将参与体育锻炼作为一种健康生活方式，可以纠正居民的不良生活方式，降低慢性疾病的发病率，增进全民健康水平，有利于提升社会劳动生产率。引导全民参与体育锻炼、发挥体育的健康促进功能具有积极的经济效益，体现在全民健身促进全民健康可以延长个体劳动时间，减少疾病时间，从而提升劳动生产率。相关研究结果显示，经常体育锻炼能使工资增加6%～10%（Kosteas，2012），适度的体育锻炼会产生积极的收入效应，且锻炼越频繁收入效应越明显（Lechner，2009）。因此，通过全民健身促进体育产业高质量发展，有助于引导全民参加体育锻炼形成健康生活方式，增进全民健康，提升社会劳动生产率，进而促进社会经济健康发展。

第四节　全民健身促进体育产业高质量发展的制约因素

全民健身是通过促进体育消费来推动体育产业发展的，体育产业发展也为全民健身的开展创造了条件，二者形成互促互进的共生关系（图4-7）。但当前我国全民健身在供给与需求方面的基础较为薄弱，体现为体育消费需求不旺导致体育产业难以实现高质量发展。同时，在推动全民健身市场化发展的过程中，由于受我国体育管理体制的影响，导致全民健身促进体育产业高质量发展还存在体制机制的障碍。随着“健康中国”建设日程的稳步推进，我国居民健康需求不断增长，而全民健身需求作为健康需求的引申需求，破除全民健身在供给侧、需求侧及体制机制方面的障碍，是促进体育消费增强体育产业发展动力的有效举措。本书将从全民健身的需求侧、供给侧及体制机制三个方面出发，结合我国全民健身事业发展的相关文献资料，剖析我国体育产业高质量发展过程中的全民健身制约因素，以明晰全民健身的哪些因素制约我国体育产业难以实现高质量发展。

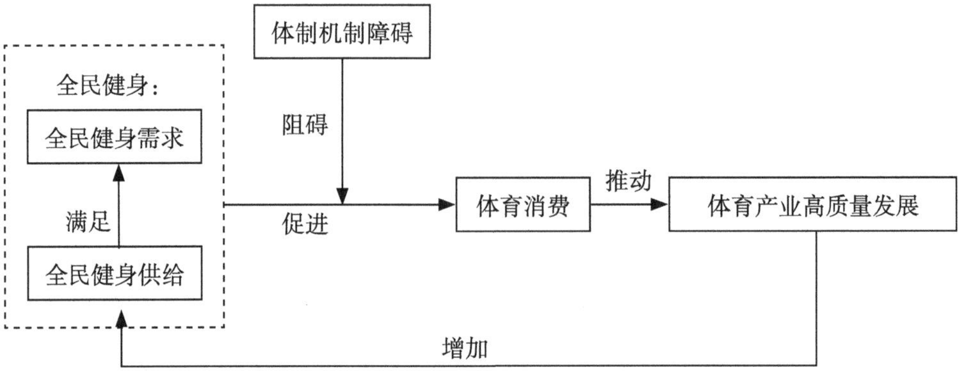

图4-7　全民健身与体育产业高质量发展关系图

一、需求侧制约因素

全民健身作为促进体育产业高质量发展的基础动力，形成全民健身有效需求才能推动体育产业实现高质量发展。但当前全民健身在需求侧还存在诸多因素制约着全民健身事业的发展，导致体育产业高质量发展的需求动力不足。体现在全民健身的人口、消费、主体方面存在诸多问题，制约着体育产业的高质量发展。

1. 全民健身人口：比例较小且群体分布差异大

体育人口指经常从事体育锻炼、进行专项训练及其他与体育事业有关的人（卢元镇，1998）。体育人口是促进全民健身消费的根基，只有使广大人民群众成为全民健身运动的主角，将体育锻炼从“被动锻炼”转向“主动锻炼”才能推动体育产业实现高质量发展。但当前我国全民健身人口总数不足和群体分布差异较大，导致体育产业难以实现高质量发展。

一是体育人口数量不足。2014年我国总人口中仅有33.9%的人（含青少年）经常参加体育锻炼（国家体育总局，2015）。《全国时间利用调查公报》显示，2018年我国居民健身锻炼的参与率仅为30.9%，且居民每天身体锻炼的平均时间仅为31分钟（国家统计局，2019）；2020年我国7岁以上人中经常参与体育锻炼的人口比例为37.3%（国家统计局，2021）。从省级层面看，2020年上海市常住人口中仅有45.7%的人口经常参与体育锻炼（上海市体育局，2021）；浙江省全民健身发展状况调查显示，2019年浙江省居民中仅有3147万人每周参与1次及以上的体育锻炼，2019年浙江省总人口中仅有41.8%的居民

（含在校学生）经常参与体育锻炼（浙江省体育局，2020）。欧美国家的体育人口数量显著高于我国体育人口数量，据统计，2016—2017年英国16岁以上总人口中有60.6%的人经常参与体育锻炼，2016年澳大利亚15岁以上人口中有61.8%的人经常参与体育锻炼（卢文云，2018）；美国经常参与体育锻炼的人口占总人口的比例均保持在70%以上，美国成年人中有70%的人每周都进行各种形式的体育锻炼，而2017年美国6岁以上的人口中有72%的人口积极参与体育锻炼（高庆勇 等，2019）。由此可见，我国全民健身人口比例较小将对我国体育产业高质量发展产生影响。

二是全民健身人口群体分布存在差异。据调查，2017年江苏省省内体育人口比例超过30%的地区包括南京、无锡、常州、镇江、徐州和扬州等，而省内的其他城市体育人口比例仅为20%～30%。从城乡分布看，江苏省农村的体育人口比例仅为21.59%，而江苏省城镇的体育人口比例则达到33.74%（车冰清和朱传耿，2020）；2018年我国城镇居民健身锻炼参与率为38.7%，且平均身体锻炼时间为41分钟，而2018年我国农村居民健身锻炼参与率仅为18.7%，且平均身体锻炼时间仅为16分钟（国家统计局，2019）；2019年浙江省农村总人口中仅有24.7%的人口经常参与体育锻炼，而浙江省城镇总人口中有32.2%的人口经常参与体育锻炼（浙江省体育局，2020）。城镇体育人口显著高于农村，因此提高农村体育人口将成为未来补齐体育产业高质量发展短板的重点目标。

2. 全民健身消费：支出较少且结构不合理

全民健身促进体育产业高质量发展的主要路径为体育消费，且体育消费作为全民健身促进体育产业高质量发展的重要中间环节。当前，全民健身消费支出较低及消费结构不合理导致我国体育产业难以实现高质量发展。2014年我国20岁及以上的人口中仅有39.9%的人产生过体育消费支出，且我国居民的全年人均体育消费支出仅为926元，同时在体育消费人群中通过购买体育服装进行体育消费的人占比达到93.9%（国家体育总局，2015）；2019年上海市所有居民的人均体育消费支出为2849元，在年龄结构中，6～17岁的人口人均体育消费支出达到3619元，为年龄结构中体育消费支出最高的人群；在体育消费支出的结构上，体育服务型消费支出占比为36.9%，体育实物型消费支出占比为55.3%，而体育旅游和其他相关体育消费支出占比为8.8%（上海市体育局，2020）；2019年山东省城乡居民人均体育消费支出为2049.8元，其中体育用品消费支出达到839.92元，占人均体育消费支出的40.96%（山东省体育局，2021）。相关调查显示，在江苏省居民的体育消费选择中，有5%的居民选择进行体育观赏型消费，34%的居民选择进行体育参与型消费，而选择进行体育实物型消费的居民达到61%（朱菊芳 等，2017）。对比欧美国家的体育消费状况，北美和欧洲每位体育活动参与者每年平均体育活动支出分别达到1345美元和528美元（上海运动与健康产业协同创新中心，2020）。综上可知，我国居民全民健身消费显著低于欧美体育产业发达国家，且我国居民全民健身消费形成以运动服饰消费为主导的体育实物型消费特征，存在体育消费结构不合理的现象。全民健身消费支出金额较少且消费支出结构不合理，将导致我国体育产业难以实现高质量发展。因此，通过发展全民健身事业扩大体育消费的增量和优化体育消费结构，可能是推动体育产业实现高质量发展的有效举措。

3. 全民健身主体：健身意识相对淡薄

全民健身需求源于居民健康需求的引申需求，当前提升身体素质和增加体力活动是我国居民参加体育锻炼的主要目的，其结果都是为了增进自身健康。但由于我国的医疗卫生系统与体育系统的行政分割，导致医疗系统与体育系统之间存在各自为政的条块式管理，产生“医学治医”“体育治体”的部门分割现象（常凤和李国平，2019），从而使我国居民健康促进模式以医疗系统为主，缺乏以体育健身来促进健康或预防疾病的健康意识。相关调查也显示，2019年浙江省总人口中仅有4.1%的人对体育健身知识的理解达到了“优秀”等级，理解体育健身知识并达到“良好”和“一般”的人分别为29.4%和37.3%，“不了解”体育健身知识的人口占比则高达29.1%，同时浙江省城乡居民对体育健身知识理解水平存在差异，城镇优于农村（浙江省体育局，2020）。从相关产业政策上看，多份体育产业政策均明确提出要增强居民体育锻炼意识，包括《体育发展“十三五”规划》《体育产业发展“十三五”规划》《全民健身计划（2016—2020年）》等。综上可知，我国全民健身主体的健身意识相对淡薄，要推动体育产业高质量发展还需引导群众形成健身理念，从而促进全民参与体育锻炼、活跃体育消费市场。

二、供给侧制约因素

推动全民健身供给侧结构性改革是满足人民群众健身服务需求的科学手段，供给高质量的全民健身服务产品能有效满足全民健康需求，有利于促进全民健身消费，进而推动体育产业实现高质量发展。但我国全民健身事业在全民健身公共服务资源、财政投入及体育社会组织发展等方面存在短板，制约着全民健身产业化发展。

1. 全民健身公共服务资源：数量不足、区域分布差异大且市场化水平较低

由于我国体育事业发展受“举国体制”战略的影响，全民健身服务以国家提供的体育服务为主。但公有性质的公共体育服务资源面对日益庞大的全民健身群体，呈现出数量不足、区域分布差异较大的发展困境。同时，由于场馆国有性质使得体育场馆的市场化运营水平较低，出现场馆闲置和无处健身的全民健身发展困境。

在体育场馆数量和区域分布方面，截至2013年，我国共拥有体育场地总数量为169.46万个，但从平均数看，人均拥有体育场地面积仅为1.46平方米，每万人平均拥有的体育场地数量仅有12.45个；从城乡分布上看，我国城镇区域拥有的体育场地数量为96.27万个，占我国体育场地总数的比重为58.61%，城镇区域拥有体育场地面积为13.37亿平方米，占我国体育场地总面积的比重为68.61%。我国乡村区域拥有的体育场地总数量仅为67.97万个，占我国体育场地总数的比重为41.39%，乡村拥有的体育场地面积仅为6.12亿平方米，占我国体育场地总面积的比重为31.39%；从地区分布看，我国东部地区在体育场地总数量、人均体育场地面积、体育场地总面积等方面均高于西部地区、东北地区和中部地区（国家体育总局，2014）。相较于2013年，截至2020年我国拥有的体育场地总数量、体育场地总面积、人均体育场地面积都呈现出快速增长态势，分别达到371.345万个、30.99亿平方米和2.20平方米（体育经济司，2021）。但与欧美发达国家相比，我国的体育场地数量还存在供给不足，难以满足全民健身需求。截至2013年，德国拥有3.8万个俱乐部的体育设施和37万千米的健身步道，拥有体育设施数量共计23万处，德国要求人均拥有0.1平方米的室内场地和4平方米的体育场地（李留东 等，2019）。同时，相关研究显示，我国体育场地面向社会开放程度和经营多元化程度都存在显著的差异（邵桂华和李海杰，2020）。从中可以看出，我国体育场地数量不足且场地区域分布差异较大。在体育公共资源市场化方面，截至2013年，在全国1642410个体育场地中，合作运营占比为0.41%，委托运营占比为0.86%，而自主运营占比达到了98.73%；体育场地投资额中，社会捐赠占比为5.84%，其他资本投资占比为28%（钟华梅，2017）。

上述分析表明，我国全民健身公共体育服务资源市场化水平较低，难以满足全民健身服务需求。全民健身公共服务资源数量不足、区域分布差异较大且市场化水平较低，对居民参加体育锻炼产生影响，量的不足影响整体供给并制约体育消费，区域分布差异较大则使得体育产业发展区域不均衡，市场化水平较低则容易造成供需矛盾和资源浪费的现象，从而影响体育产业高质量发展。

2. 全民健身财政：人均投入较少且区域投入不均衡

我国体育公共服务财政投入较低，年均增速远低于全国财政支出的增长速度，2008—2016年我国体育公共服务财政投入由332.7亿元增加到569.3亿元，人均体育公共服务财政支出从2008年的18.8元上升至2016年的34.61元（李丽和杨小龙，2019）；2016—2020年上海市人均全民健身日常工作经费分别为17.7元、21.5元、19.0元、19.3元、17.7元（上海市体育局，2021）。2013—2014年英国政府和体育彩票公益金对体育公共服务的投入达到299.1百万英镑（李留东等，2019）。同时，“十二五”期间，我国东部地区在体育事业上的人均体育财政投入高于全国的平均水平，但西部地区、中部地区和东北地区人均体育财政投入均低于全国平均水平（李燕领 等，2018）。由此可知，当前我国体育公共服务的财政投入力度较小，同时存在人均投入较少和区域投入不均衡的现象。全民健身公共服务的供给能力依赖体育公共服务投入，体育公共服务财政投入不足影响全民健身场地设施建设、运营及全民健身活动的开展，影响居民参与体育锻炼，使得体育产业高质量发展缺乏基础动力。

3. 全民健身组织：数量较少且质量较差

体育社会组织是开展全民健身活动和促进全民健身消费的基础单元，体育社会组织数量的不足及服务能力差使全民健身活动的举办和消费存在不规范现象，从而影响体育产业高质量发展。据统计，2018年我国体育类社会团体33722个，体育类民办非企业单位19986个（国家民政部，2019）。2018年我国居民健身锻炼的参与率仅为30.9%（国家统计局，2019），约4.3亿人参加健身锻炼。以此推算，每万人拥有体育社会组织不足2个，而发达国家平均每万人拥有50个以上的体育社会组织（鲍东东 等，2014）。中国劳动力动态调查（CLDS）的社区调查数据显示，在回答问卷的230个社区中仅有31个社区拥有体育锻炼类社会组织①，社区体育社会组织的拥有率仅13.48%。相较而言，我国体育社会组织数量较为短缺，无法满足全民的健身服务需求。我国体育社会组织服务质量较差也制约着全民健身事业发展。2014年体育总局群众体育司调查170个体育社团，其中有81个没有专职人员（郭修金和陈德旭，2016）。

①CLDS2016共调查401个社区，其中171个未回答社区社会组织的调查题项。

研究显示，我国体育社会组织存在专业优势不突出问题，普遍缺乏具有专业技能和志愿服务精神的人员参与，呈现出明显的“业余主义”现象（韩慧和郑家鲲，2019）；调查显示，上海市体育社会组织存在服务供给的质量不高和从业人员专业技能不高现象（吴筱珍和刘玉，2019）。我国体育社会组织不仅在数量上难以满足全民健身需求，其服务能力也无法满足全民健身需求。体育社会组织存在“量少”与“质差”的发展短板，将难以高质量服务于全民健身消费，不利于体育产业实现高质量发展。

三、体制机制制约因素

全民健身促进体育产业高质量发展过程中，注重全民健身“公益性”的同时，应强调全民健身的产业化发展。全民健身虽具有公益性质，但政府部门不可能完全包办，应积极将不具备公益性质的全民健身属性市场化，以推动体育产业高质量发展。体育产业实现高质量发展的同时，反哺于公益性全民健身，为推动全民健身，促进全民健康提供力量补充。但传统体制机制制约着全民健身产业化发展，这成为体育产业高质量发展的重要障碍。

1. 全民健身管理体制：依然存在行政壁垒

我国体育管理体制形成于计划经济时代，导致全民健身管理具有明显的“计划”供给和生产特征。采用计划经济手段管理全民健身和推动全民健身事业发展，会因行政壁垒等因素阻碍全民健身产业化发展。一是体育部门内部行政壁垒。在体育的行政机构中承担全民健身公共服务重要任务的群众体育部门一直处于弱势地位，但在体育行政机构中掌握大量资源的运动项目协会及竞技体育部门却很少将资源投入全民健身活动中（张金桥和南秀玲，2017）。体育部门内部行政壁垒会造成体育资源分配不均，进而导致我国体育事业发展形成了“轻群众体育重、竞技体育”的格局，造成全民健身发展的动力不足。二是体育与其他部门间的行政壁垒。首先表现为体育部门与教育部门间的行政壁垒，这导致大量体育场地资源被闲置，难以推动全民健身快速发展。全民健身和学校体育分别属于体育部门和教育部门管理，在教育部门中学校拥有众多全民健身所需的体育场地资源，虽然推动学校体育场馆向社会开放并实行免费或低收费开放，是当前众多全民健身政策的要求，但由于学校体育场地安全保障、场地维护、经费支出等因素影响，学校体育场地始终无法向社会免费或低收费开放，同时还存在开放力度不大的问题。其次表现为体育部门与医疗卫生部门间的行政壁垒，导致全民健身难以发挥体育的健康促进功能，致使全民健身产业化发展动力不足。具体为体育部门与医疗卫生部门间缺乏跨部门的合作机制，尚不能实现部门与部门之间资源的有效整合，使得医疗系统内外推进全民健身事业发展的合力与动力不足（卢文云，2018）。因此，要夯实体育产业高质量发展的全民健身基础，亟须推动体育管理体制创新，破除体育内部行政部门间、体育与教育、体育与医疗卫生部门间的行政壁垒，实现跨部门、跨区域的协同合作。

2. 全民健身供给体制：投入和供给主体单一

政府作为我国全民健身公共服务的供给主体，现行体育管理体制下全民健身的资源配置权为政府所有，政府成为全民健身服务的投入和供给主体。政府主导的全民健身服务供给使非公益性质的全民健身资源市场化不足，使得全民健身服务的投入主体和供给主体单一，尚难增加全民健身服务的供给数量和提高供给质量，不利于全民健身产业化发展，对体育产业高质量发展造成影响。同时，政府作为全民健身服务投入和供给的单一主体，一方面不同地区因经济发展水平差异，形成全民健身服务供给的地区和城乡差异；另一方面因全民健身公共财政资金的投入不足产生全民健身服务供给缺位或结构失调（张金桥和南秀玲，2017）。还会间接产生全民健身公共产品不能满足群众的健身需求，以及提供的全民健身公共产品质量低下，难以精准契合群众的实际健身需求的问题（刘国永，2016）。因此，推动全民健身产业化发展，引导社会资本进入全民健身领域，生产和供给高质量的全民健身产品，破除政府的单一投入和供给体制，将有利于推动我国体育产业实现高质量发展。

3. 全民健身市场化机制：多元主体参与率低

政府主导全民健身供给体制难以满足全民健身服务需求，亟须通过市场化机制，引入多元主体参与全民健身服务供给。我国全民健身公共服务在市场化过程中，多元主体参与全民健身治理的渠道受阻、利益得不到保障、应有的作用得不到有效发挥（盖文亮和张振峰，2019）。行政、事业、社团、企业“四位一体”的体育管理体制尚未根本改变，行政力量掌控下的各类体育资源没有充分向社会释放，使市场在全民健身资源配置中的调节作用得不到发挥。由于管理体制的影响，全民健身公共服务的供给者是政府，同时全民健身公共服务的生产者也是政府，政府垄断成为全民健身发展的障碍，阻碍全民健身市场化（田宝山 等，2016）。相关调查显示，在150座体育场馆中，实行事业单位内部企业管理的场馆数量仅占29.8%，而高达53.4%的体育场馆还属于传统事业单位性质（马书军，2018）。政府垄断的形成使全民健身市场化机制不畅，企业、体育社会组织等多元主体介入全民健身市场较难。全民健身市场化机制不畅使得多元主体参与率较低，将无法破除政府主导的全民健身供给体系中存在的全民健身产品质量低、体育场馆资源利用率低、区域及城乡差异大等问题。

4. 全民健身参与机制：参与诉求表达不畅

我国社会经济发展形成了明显的社会分层且群体分化特征，不同群体全民健身的服务需求也存在差异，同时随着居民的健身服务质量要求不断提高，导致全民健身需求进一步细分化。由于我国民众全民健身诉求表达机制不畅，使得全民健身服务供给难以匹配民众全民健身需求。民众参与全民健身公共体育服务需求表达机制不顺畅使得全民健身出现供需矛盾，社会组织及民众参与全民健身治理相关制度建设的话语权微弱，民众健身的合理诉求及正当健身权益无法通过制度设计和安排得到体现，同时全民健身多元参与主体的正当利益诉求也无法得到保障（盖文亮和张振峰，2019）。具体体现为全民健身资源闲置和需求紧缺并存，如大型体育场馆荒废闲置和学校、机关、企事业单位体育场地设施社会开放程度较低，而群众健身需求却得不到满足（郑家鲲，2021）。社会文化、全民健身诉求参与渠道较单一、参与的模式固化和公众社会主体地位的立法不明是影响我国民众参与全民健身治理的重要因素。因此，民众参与全民健身治理过程中存在参与诉求表达不畅问题，使得全民健身服务供给难以契合群众多元化的体育需求，造成全民健身服务供需矛盾。

第五节　本章小结

全民健身和体育产业发展在我国社会经济发展过程中的价值和作用逐渐凸显，是实现体育强国建设目标和健康中国建设目标的重要举措，同时，全民健身与体育产业发展也形成了相互促进的共生关系。因此，推动新时期社会经济发展亟须夯实全民健身基础，为体育产业高质量发展增添动力。但全民健身在供给侧、需求侧及体制机制等方面存在诸多问题，使得体育产业难以实现高质量发展。

本章在简要分析我国全民健身和体育产业发展历程的基础上，从我国社会经济发展的现实诉求出发，剖析全民健身促进体育产业高质量发展在社会经济发展中的重要作用，以及体育产业高质量发展的全民健身制约因素。分析认为，由于全民健身相关产业规模较小、全民健身经济价值尚未被挖掘、全民健身社会效益偏低，通过全民健身促进体育产业高质量发展是推动体育产业成为国民经济支柱性产业的内在要求。由于居民医疗卫生支出不断增加、医疗资源供需矛盾凸显，通过全民健身促进体育产业高质量发展是提升医疗服务供给能力的有效补充。由于城乡居民医疗保健支出不断增长和居民健康素养不断提高，通过全民健身促进体育产业高质量发展是满足全民健康服务需求的必然选择。由于人们的不良生活方式影响全民健康，导致劳动生产率下降，通过全民健身促进体育产业高质量发展是全民形成健康生活方式，提升劳动生产率的有效手段；体育产业高质量发展的全民健身需求侧制约因素包括全民健身人口比例较小且群体分布差异大、全民健身消费支出较少且结构不合理、全民健身主体健身意识相对淡薄。体育产业高质量发展的全民健身供给侧制约因素包括全民健身公共服务资源数量不足和区域分布差异大且市场化水平较低、全民健身财政人均投入较少且区域投入不均衡、全民健身组织数量较少且质量较差。体育产业高质量发展的全民健身体制机制制约因素包括管理体制依然存在行政壁垒、服务供给体制存在投入和供给主体单一、市场化机制存在多元主体参与率低、参与机制存在参与诉求表达不畅的问题。

第五章　参加全民健身的影响因素——基于体育锻炼参与决策与时间支出影响因素的实证

根据上文概念界定，参加全民健身包括两个阶段决策：第一阶段决策为体育锻炼参与决策，是指居民运用各种运动技术，以增进健康、增强体质为目的而做出参加体育锻炼决定的决策过程，每周参加频率在1次及以上；第二阶段决策为体育锻炼时间支出决策，是指居民运用各种运动技术，以增进健康、增强体质为目的做出参加体育锻炼决定后而支出体育锻炼时间的时长。参加全民健身即微观个体做出参加体育锻炼决策的行为和愿意支出体育锻炼时长的行为，包括两个阶段的行为决策，即个体决定是否参加体育锻炼和决定支出多少时间参加体育锻炼，概括为体育锻炼参与决策和体育锻炼时间支出。个体参加体育锻炼两阶段决策的影响因素可能存在差异。因此，本章将采用Heckman两阶段模型并利用2016年中国劳动力动态调查（CLDS2016）数据，实证研究个体体育锻炼参与决策和个体体育锻炼时间支出的影响因素，以深入探索我国居民参加全民健身的影响因素。选取的影响因素包括个体社会人口特征、收入与时间分配、家庭、体育设施、宏观经济、锻炼环境等因素，为深入推进全民健身的开展及优化全民健身产品供给等提供研究依据。

第一节　体育锻炼参与决策和时间支出影响因素的确定

根据Becker（1965）的时间分配理论，从经济学视角看，参加体育锻炼受个体收入和时间分配的影响。体育锻炼时间支出受时间成本价格影响，个体收入越高则时间成本价格越高，对体育锻炼参与决策和时间支出产生负向影响。随着收入的上升，时间价值（工资率）也会上升，若参加体育锻炼带来的效用小于体育锻炼的时间成本和锻炼成本（固定成本和可变成本）之和，则个体会放弃参加体育锻炼，将时间用于工作或参加效用更高的其他休闲活动。若参加体育锻炼带来的效用大于体育锻炼的时间成本和锻炼成本（固定成本和可变成本）之和，则个体放弃参加工作和其他休闲活动，转而支出时间参加体育锻炼。同时，个体根据体育锻炼带来的效用与总成本之间的均衡关系，决定支出多少时间参加体育锻炼。在实证研究方面，Downward（2007）、Downward和Rasciute（2010）、张若（2014）、Muñiz等（2014）、Downward和Rasciute（2015）、Thibaut等（2017）等研究结果显示，收入对体育锻炼参与决策、体育锻炼时间支出、体育锻炼频率等都产生影响。时间约束也会对居民参加体育锻炼产生显著影响，2014年全民健身状况调查结果显示，我国30.6%的人口是由于“没有时间”而不参加体育锻炼（国家体育总局，2015）；2018年全国居民健身锻炼的平均时间仅为31分钟，其中城镇居民41分钟，农村居民16分钟（国家统计局，2019）；2020年上海市没有参加体育锻炼的居民中有57.8%是由于工作忙没时间而不参加体育锻炼（上海市体育局，2021），且Wicker等（2013）研究显示，照看儿童和亲属的时间与体育参与呈负相关，工作时间、照看儿童和亲属时间对参与俱乐部运动具有消极影响；全职工作则体育参与概率降低、体育参与时间也会减少（Dawson & Downward，2013）；但也有研究表明，工作时间对体育参与具有正向影响（Wicker et al，2012）。因此，本章基于Becker的时间分配理论及相关研究结果，将个体收入、工作时间和家务劳动时间作为影响居民体育锻炼参与决策和时间支出的核心因素。个体收入为个体年度总收入，工作时间为个体每周工作时间支出，家务劳动时间为个体每天的家务劳动时间。工作时间是个体产生收入的前提，是时间分配的重要组成部分。家务劳动时间能体现出个体闲暇时间的多寡，而参加体育锻炼是在个体闲暇时间内进行，在一定程度上能反映个体休闲时间的分配决策。考虑数据的可获得性，由于CLDS2016未调查其他休闲活动的时间支出状况，仅调查了个体每天家务劳动时间支出，将家务劳动时间作为影响体育锻炼参与决策和时间支出的因素，体现出家庭因素所导致时间分配对参加体育锻炼产生的影响。

基于时间分配理论明确了收入和时间分配对体育锻炼参与决策和时间支出的影响。同时，根据相关实证研究结果将社会人口特征和家庭因素作为影响体育锻炼参与决策和时间支出的其他微观因素，将体育设施、经济发展水平及锻炼环境作为影响体育锻炼参与决策和时间支出的宏观因素。

在微观层面，影响居民参加体育锻炼的个体社会人口特征主要包括性别、年龄、村居类型、教育程度以及健康水平。在性别方面，众多研究显示，男性参加体育锻炼的概率和时间支出都显著高于女性（Downward et al，2011；马江涛等，2014）；年龄对体育参与需求存在不同影响，包括正向影响（张若，2014）和负向影响（Downward，2007），也有研究显示年龄与体育参与率呈“倒U型”关系（马江涛等，2016）和“正U型”关系（Muñiz et al.，2014）；由于城乡发展二元结构导致全民健身发展也存在城乡差异，同时上文分析也表明，全民健身公共服务资源区域分布差异大、全民健身体育公共服务财政投入区域不均衡，制约着全民健身事业发展；接受教育作为获得人力资本的重要方式，也被证实对参加体育锻炼产生影响（Ruseski et al.，2011）；健康作为人力资本的重要方式，而参加体育锻炼能改善健康，是一种重要的人力资本投资。研究显示，更健康的人参加体育锻炼的概率更高（Downward & Riordan，2007；Cheah et al.，2017）。因此，将个体社会人口特征方面的性别、年龄、年龄平方、村居类型、教育程度、健康水平作为体育锻炼参与决策和时间支出的影响因素。

影响居民参加体育锻炼的家庭因素主要包括婚姻、家庭规模、家庭收入。已婚者家庭负担将增加，不仅需要赡养老人，还需要照顾孩子。同时，家庭规模越大则居民难以将更多的时间分配到体育锻炼上。相关实证研究也显示，婚姻、家庭拥有孩子对体育参与需求既存在正向影响，也存在负向影响（Hovemann & Wicker，2009；Cheah et al.，2017；Downward et al.，2014）；同时也有研究显示，家庭收入也对居民参加体育锻炼产生影响（张若，2014）。因此，本章基于数据可获得性原则，将婚姻、家庭规模、家庭收入作为影响个体体育锻炼参与决策和时间支出的家庭因素。

个体参加体育锻炼不仅受微观层面因素的影响，宏观层面的相关因素也会对个体体育锻炼行为产生影响。首先，推进体育设施建设、提高人均体育场地面积有利于促进居民参加体育锻炼，上文分析结果也显示，我国体育场地设施供给不足。因此，认为行政区是否有体育设施（运动场所、健身场所）是影响居民体育锻炼参与决策和时间支出的因素。其次，区域经济发展水平和政府在体育方面的财政支出对居民参加体育锻炼产生影响，相关研究显示，地区人均GDP对欧洲国家的体育参与率产生显著的正向影响（Gratton & Kokolakakis，2012；Kokolakakis et al.，2017），也有研究显示，体育相关的财政投入对居民参加体育锻炼产生显著的正向影响（Lera-López et al.，2016；Kokolakakis et al.，2017）。因此，将地区人均GDP和人均体育财政投入作为影响个体体育锻炼参与决策和时间支出的宏观经济因素。最后，自然环境也对居民参加体育锻炼产生影响，近年来我国遭受严重的雾霾天气影响，对居民参加体育锻炼产生消极影响。因此，将空气污染监测中的空气质量指数（AQI）和细颗粒物（$PM_{2.5}$）指数作为影响个体体育锻炼参与决策和时间支出的环境因素。

综上分析，体育锻炼参与决策和时间支出受微观因素和宏观因素的共同影响（图5-1）。其中，微观因素主要包括社会人口特征、收入与时间分配、家庭因素，宏观因素主要包括体育设施、宏观经济和锻炼环境。本章将以图5-1所建立的理论分析框架为基础，实证研究居民体育锻炼参与决策和时间支出的影响因素，并剖析体育锻炼参与决策和时间支出影响因素存在差异的原因，为精准提出推动全民健身事业发展的政策建议提供实证依据。

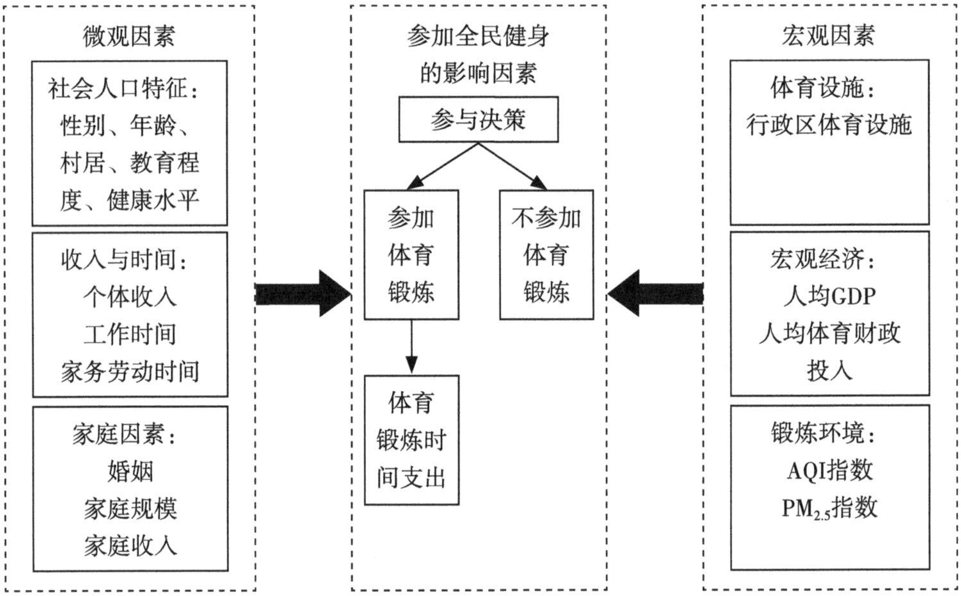

图5-1　参加全民健身影响因素研究的理论分析框架

第二节　数据来源、变量选取及实证方法

一、数据来源

中国劳动力动态调查[①]调查了个体规律性参加体育锻炼情况和每周体育锻

①中国劳动力动态调查聚焦于中国劳动力的现状与变迁，内容涵盖教育、工作、迁移、健康、社会参与、经济活动、基层组织等众多研究议题，是一项跨学科的大型追踪调查。样本覆盖了中国29个省市，调查对象为样本家庭户中的全部劳动力。

炼时间、频率状况，同时还对行政区域内体育设施建设状况进行详细调查，能满足本章的研究需要。因此，本章主要利用中山大学牵头开展的CLDS2016数据实证研究参加全民健身的影响因素，体育锻炼、体育锻炼时间、性别、年龄、村居类型、教育程度、健康水平、收入、工作时间、家务劳动时间、婚姻状况的数据源于个体调查问卷，家庭规模、家庭收入的数据源于家庭调查问卷，行政区体育设施状况的数据源于村居调查问卷。宏观层面的人均GDP数据、文化体育与传媒投入数据、2016年末人口数据主要源于2017年各省市的统计年鉴。从中国空气质量在线监测分析平台（https://www.aqistudy.cn/）查询每个样本接受调查当月及前两个月其所在地区的AQI和$PM_{2.5}$指数数据。将家庭数据、村居数据、宏观经济与环境质量数据分别通过家庭编码、村居编码和城市编码与个体数据进行匹配，以获取本章的主要研究数据。相关调查题项见附录1。

基于选取的研究变量对变量进行测度，并将家庭调查数据、村居调查数据、宏观层面收集的数据进行匹配获得本章的研究样本。通过数据清洗并剔除无效样本后，获得有效样本量20148个，其中参加体育锻炼并产生锻炼时间支出的样本为6423个。

二、变量选取及描述性统计

1. 变量选取

根据上文建立的理论分析框架，对本章实证分析所选取的变量进行定义及说明，相关定义及基本统计见表5-1。

表5-1　变量描述性统计结果（N=20148）

变量名称	变量定义	均值	标准差	最小值	最大值
因变量					
体育锻炼	不参加=0，参加=1	0.319	0.466	0	1
体育锻炼时间	每周体育锻炼时间（分钟）+1，并取对数	5.316	0.885	0	7.832
社会人口特征					
性别	女=0，男=1	0.474	0.499	0	1
年龄	2016—出生年份	44.760	14.642	5	96
年龄平方	年龄×年龄	2217.787	1276.175	25	9216

（续表）

变量名称	变量定义	均值	标准差	最小值	最大值
社会人口特征					
村居类型	农村=0，城市=1	0.372	0.483	0	1
教育程度	小学及以下=1，初中=2，高中=3，大学=4，研究生及以上=5	2.088	1.028	1	5
健康水平	非常不健康=1，比较不健康=2，一般=3，健康=4，非常健康=5	3.620	1.005	1	5
收入与时间					
个体收入	年度总收入（元）+1，并取对数	6.381	4.763	0	14.931
工作时间	平均每周工作时间（小时）+1，并取对数	2.482	1.794	0	4.727
家务劳动时间	每天家务劳动时间（分钟）+1，并取对数	3.726	1.916	0	6.581
家庭因素					
婚姻	不在婚=0，在婚=1	0.810	0.392	0	1
家庭规模	家庭总人口数量（个）	5.548	1.997	2	19
家庭收入	家庭年度总收入（元）+1，并取对数	10.327	1.691	0	18.785
宏观因素					
行政区体育设施	没有=0，有=1	0.662	0.473	0	1
人均GDP	人均GDP（元）对数	10.825	0.604	9.384	12.028
人均体育财政投入	文化、体育与传媒投入/2016年末人口总数（元），并取对数	5.250	0.648	3.335	7.221
AQI	空气质量指数	72.656	24.347	30	176
$PM_{2.5}$	细颗粒物指数	33.898	14.853	10.330	111.670
区域虚拟变量	西部=1，中部=2，东部=3	2.132	0.862	1	3

注：*N*为有校样本量；体育锻炼时间样本量为6423个。

因变量：从体育锻炼参与决策和时间支出视角研究参加全民健身的影响因素，个体参加体育锻炼主要分为两阶段决策，即体育锻炼参与决策和体育锻炼时间支出决策，且第二阶段的时间支出决策是由第一阶段决定。因此，因变量包括是否参加体育锻炼和体育锻炼时间。测度“是否参加体育锻炼”的题项为CLDS2016个体问卷中的“您最近一个月进行过有规律的锻炼吗？”和“平均每周锻炼次数为____次？”，具体测度标准为每月进行规律锻炼且每周锻炼次数至少为1次。测度“体育锻炼时间”的题项为个体问卷中的“平均每周锻炼次数为____？”和“平均每次锻炼时间为____分钟？”。剔除每周锻炼次数超过14次的样本，并将每次锻炼超过180分钟的样本统一归为180分钟。获得每周体育锻炼时间，将每周体育锻炼时间加1并进行对数化处理。

自变量：体育锻炼参与决策和时间支出的影响因素包括个体社会人口特征、收入与时间分配、家庭因素、体育设施、宏观经济和锻炼环境。在社会人口特征上，性别为问卷中的个体性别；年龄题项源于“您的出生年份”，并用“2016—出生年份”计算个体年龄，为测度年龄与体育锻炼参与决策和体育锻炼时间支出之间是否存在非线性关系，还加入年龄平方项；村居类型分为农村和城市，源于数据个体调查所在村居性质；教育程度源于个体问卷中的“您的最高学历是”，将答案中“未上学和小学/私塾”划分为小学及以下学历，将“初中”定义为初中学历，将“普高、职高、中专、技校”统一归类为高中学历，将“大学专科和大学本科”归类为大学学历，将“硕士和博士”归类为研究生及以上学历；测度健康水平的题项源于个体问卷中的“您认为自己现在的健康状况如何”，将答案“非常不健康、比较不健康、一般、健康、非常健康”按照1～5进行测度。

在收入和时间分配上，个体收入源于个体问卷中的“您2015年的各类收入总计是”，为了保留收入为0的样本，将所有个体年度总收入加1，再进行对数化处理；在时间分配方面，以工作时间和家务劳动时间支出为影响个体体育锻炼参与决策和时间支出的因素。工作时间源于个体问卷中的题项“您目前或最近一份工作一般一周工作几小时？”，将无工作个体工作时间替换为0，工作时间超过112小时的归并为112小时，将时间加1并取对数；家务劳动时间源于个体问卷的题项为“上周你是否做过家务”和“家务劳动平均每天花费您多长时间？”，将未做过家务的个体家务劳动时间替换为0，并将每天家务劳动时间超过720分钟（12个小时）的样本归为720分钟，将每天家务劳动时间加1并取对数。

在家庭因素上，测度婚姻的题项源于个体问卷中“被访者婚姻状况”，将“初婚、再婚”归类为“在婚”，将“未婚、离异、丧偶、同居”归类为“不在婚”；家庭规模用家庭人数多少进行测度，源于家庭问卷中的“除了您之外，您家还有多少人？”，并将答案加1，获得家庭总人数；家庭收入用家庭2015年度总收入进行测度，题项源于家庭问卷中的“2015年全年，您家的总收入大概是多少元？”，为保留家庭收入为0的样本，将家庭总收入加1并取对数。

在宏观影响因素中，体育场地设施供给情况对居民体育锻炼行为产生影响，且当前我国正不断完善体育场地设施，推进建设15分钟健身圈。因此，本章以行政区是否拥有体育设施（运动和健身场所）来测度体育设施状况，题项为“行政区划范围内有运动场所或健身场所吗？”；区域经济发展水平对居民体育锻炼需求产生影响，因此，区域经济发展水平用被调查者所在的城市或地区的人均GDP来测度；同时，区域体育事业财政投入也对居民体育锻炼行为产生影响，由于统计年鉴中缺乏体育事业财政投入数据，采用文化、体育与传媒财政投入数据来测度城市或地区体育事业财政投入水平，并除以该城市或地区年末人口总数，获得人均文化、体育与传媒财政投入数据，来测度体育事业财政投入水平，若调查城市或地区的统计年鉴中缺乏文化、体育与传媒财政投入数据，则采用省级人均文化、体育与传媒财政投入数据。环境因素则主要采用AQI指数和$PM_{2.5}$指数进行测度，AQI测量空气总体质量状况，$PM_{2.5}$测度空气中可吸入的有毒有害物质，AQI指数和$PM_{2.5}$指数分别使用被调查对象在被调查当月和前两个月其所在城市或地区总计3个月内的AQI和$PM_{2.5}$指数平均值，两个指标能够充分反映体育锻炼环境情况。最后，由于我国全民健身事业发展存在区域不均衡问题，因此，按照国家统计局划分的东部地区、中部地区、西部地区划分标准，生成区域虚拟变量来控制区域特征。

2. 描述性统计分析

从表5-2可以看出，在所有女性样本中参加体育锻炼的女性占比为31.47%，在所有男性样本中参加体育锻炼的男性占比为32.34%，男性体育锻炼参与率略高于女性，但不同性别群体体育锻炼参与率不存在显著性差异（$p>0.1$）；居住在城市的个体体育锻炼参与率达到46.31%，而居住在农村的个体体育锻炼参与率仅为23.33%，且城乡个体体育锻炼参与率存在显著性差异（$p<0.01$）；不同教育程度个体体育锻炼参与率也存在显著性差异（$p<0.01$），小学及以下学历、初中学历、高中学历、大学学历、研究生及

以上学历个体体育锻炼的参与率分别为19.02%、28.80%、46.27%、54.99%、62.22%，说明随着学历的上升，个体体育锻炼参与率在不断上升；收入作为影响个体参加体育锻炼的重要因素，不同收入水平个体其体育锻炼的参与率也存在显著性差异（$p<0.01$），不同家庭收入水平个体其体育锻炼的参与率也存在显著性差异（$p<0.01$），无论是个体收入还是家庭收入，随着收入的增加个体体育锻炼的参与率都显著上升；不同婚姻状态的个体体育锻炼参与率也存在显著性差异（$p<0.01$），在婚个体体育锻炼参与率仅为29.30%，而不在婚个体体育锻炼参与率达到42.88%；体育设施作为居民参加体育锻炼的重要条件，行政区有体育设施则居民体育锻炼参与率显著高于行政区没有体育设施的居民（$p<0.01$）。上述结果表明居住在城市、高学历、高个体收入、高家庭收入、不在婚、行政区有体育设施的个体其体育锻炼的参与率分别高于居住在农村、低学历、低个体收入、低家庭收入、在婚、行政区没有体育设施的个体。

表5-2　不同特征居民参加体育锻炼的差异性检验

变量名称	分类	参加	不参加	参加者所占比重（%）	差异检验（p值）
性别	男性	3090	6466	32.34	1.745
	女性	3333	7259	31.47	
村居类型	城市	3470	4023	46.31	0.000***
	农村	2953	9702	23.33	
教育程度	小学及以下	1349	5743	19.02	0.000***
	初中	1974	4880	28.80	
	高中	1682	1953	46.27	
	大学（专、本）	1362	1115	54.99	
	研究生及以上	56	34	62.22	
个体收入	10000元及以下	3452	7965	30.24	214.566***
	10001～20000元	656	1736	27.42	
	20001～30000元	593	1440	29.17	
	30001～40000元	412	794	34.16	
	40001～50000元	381	632	37.61	
	50000元以上	929	1158	44.51	
婚姻	在婚	4782	11539	29.30	263.256***
	不在婚	1641	2186	42.88	

（续表）

变量名称	分类	参加	不参加	参加者所占比重（%）	差异检验（*p*值）
家庭收入	10000元及以下	758	2890	20.78	641.090***
	10001～20000元	698	2119	24.78	
	20001～40000元	1198	2996	28.56	
	40001～60000元	1146	2122	35.07	
	60001～100000元	1508	2298	39.62	
	100000元以上	1115	1300	46.17	
行政区体育设施	有	4823	8520	36.15	331.251***
	没有	1600	5205	23.51	

注：***表示在1%水平上具有显著性。

参加体育锻炼会产生时间支出，从图5-2可以看出，男性每周体育锻炼时间均值高于女性，但时间支出不存在显著差异（$p>0.1$）；居住在城市的个体每周体育锻炼的时间支出显著高于居住在农村的个体（$p<0.05$）；随着教育程度上升，个体每周体育锻炼时间均值显著下降（$p<0.01$），说明学历越高的个体其体育锻炼时间支出越少；在婚个体每周体育锻炼时间支出显著高于不在婚个体（$p<0.01$），婚姻也影响居民体育锻炼时间支出。

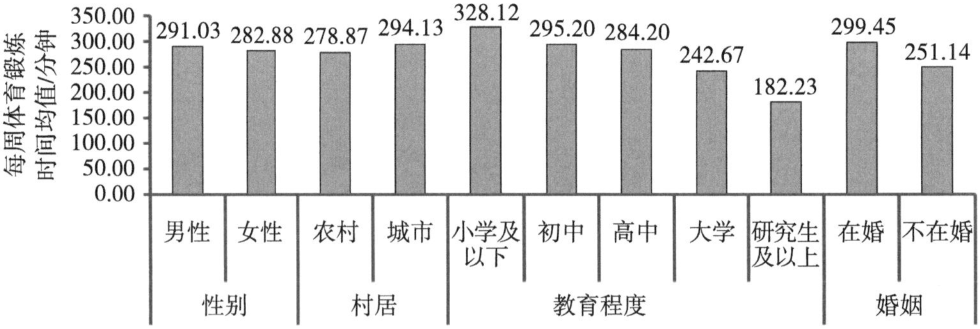

图5-2　不同性别、村居、教育程度和婚姻状态居民每周体育锻炼时间均值

从图5-3可以看出，随着个体收入和家庭收入的上升，居民参加体育锻炼的时间支出都显著减少。不同个体收入水平的居民体育锻炼时间支出存在显著差异（$p<0.01$），不同家庭收入水平的居民体育锻炼时间支出也存在显著差异（$p<0.1$）。上述结果表明，随着收入增加居民体育锻炼时间支出减少，可能是由于收入上升导致参加体育锻炼的时间成本增加。

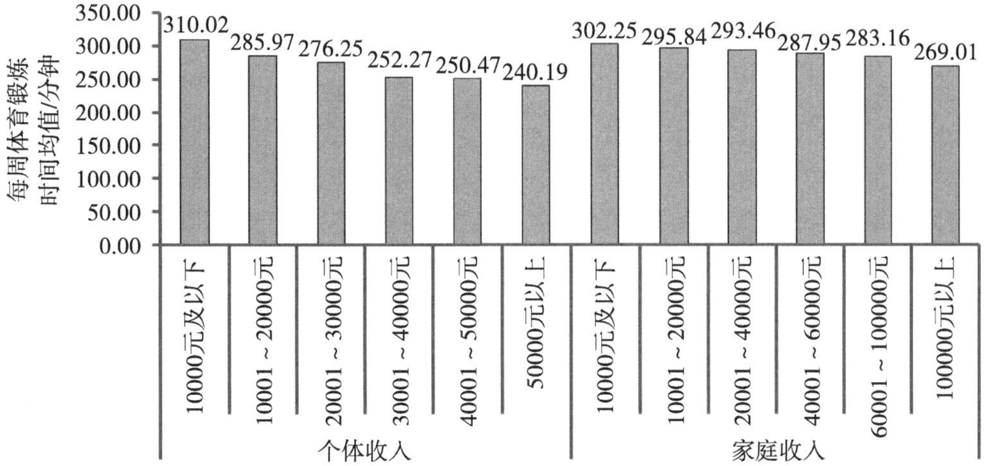

图5-3　不同个体收入和家庭收入居民每周体育锻炼时间均值

三、计量分析方法

结合时间分配理论，个体体育锻炼参与决策和时间支出受个体收入和时间分配的影响，该影响主要来自时间成本价格。Humphreys和Ruseski（2011）创建的体育锻炼时间分配模型在国外的实证研究中得到广泛应用，其利用1998—2000年的美国调查数据，采用工具变量法研究身体活动参与决策和时间支出的经济行为；Ruseski等（2011）基于德国的调查数据，采用Heckman两阶段计量模型研究家庭结构、时间约束与体育参与之间的关系；Humphreys和Ruseski（2015）利用加拿大调查数据，采用Double-Hurdle计量模型分析加拿大居民身体活动和体育锻炼参与决策与时间支出的影响因素。当前我国居民参加体育锻炼影响因素的相关研究中，张若（2014）也采用Heckman两阶段计量模型分析体育锻炼参与决策与时间支出的影响因素，但其分析偏向于收入对体育锻炼参与决策和时间支出决策的影响，尚未将家庭因素及宏观层面的相关因素纳入研究框架。因此，本章根据变量特征及研究目的，采用Heckman两阶段模型实证研究个体体育锻炼参与决策和体育锻炼时间支出的影响因素，以明晰哪些因素制约我国居民参加全民健身。

参加体育锻炼是一个双决策过程，个体首先决定是否参加体育锻炼，其次再决定花多少时间参加体育锻炼。

体育锻炼参与决策可以用如下公式表示。

$$\alpha_i^* = \alpha X_i + \varepsilon_i \tag{5-1}$$

式中，α_i^*表示个体i决定是否参加体育锻炼，为离散二分类变量。X_i为影响个体做出体育锻炼参与决策的因素。在上述模型中纳入收入和时间分配因素的基础上，还纳入微观层面的个体社会人口特征、家庭因素，以及宏观层面的体育设施、宏观经济和锻炼环境，从多因素视角探索我国居民参加全民健身的影响因素。ε_i是一个随机变量，表示影响个体体育锻炼参与决策的其他难以观测到的因素。若保持其他因素不变，个体收入增加则时间机会成本上升，而体育锻炼是一项耗时的活动，则可能与其他休闲活动产生替代效应，即收入增加则参加体育锻炼的概率降低。

参加体育锻炼时间支出决策用如下公式表示。

$$t_i^* = \beta Z_i + \varphi_i \tag{5-2}$$

式中，t_i^*表示个体i决定花多长时间参加体育锻炼，即体育锻炼时间，为连续变量。Z_i为影响个体i体育锻炼时间支出的因素，包括微观层面的个体社会人口特征、收入和时间分配、家庭因素，以及宏观层面的体育设施、宏观经济和锻炼环境。Heckman模型排他性约束要求X_i中所包含变量至少有一个不在Z_i中。φ_i是一个随机变量，表示影响个体体育锻炼时间支出的其他难以观测到的因素。

从上文描述性统计数据可以看出，20148个样本中有6423个样本参加体育锻炼，且这些样本明确了其参加体育锻炼的时间支出，而未参加体育锻炼的样本则其体育锻炼的时间支出不可观测。因此，本章借鉴Heckman（1979）提出的两步估计法研究体育锻炼参与决策和体育锻炼时间支出的影响因素。在模型估计中，体育锻炼参与决策公式中至少包括一个解释变量在体育锻炼时间支出公式中，即该变量要显著影响个体是否参加体育锻炼，但对体育锻炼时间支出不存在影响，是为了满足Heckman模型的排他性约束。因此，在实证分析过程中将区域虚拟变量作为排他性约束变量，以获得更为稳健的研究结果。

以样本是否参加体育锻炼作为二值选择模型的因变量，采用probit模型计算样本参加体育锻炼的概率问题，同时计算出Heckman模型第一阶段的逆米尔斯比率（IMR）。若Heckman模型第一阶段probit模型估计出的逆米尔斯比率回归系数显著，则表明体育锻炼参与决策存在选择性偏差，则不能直接用体育锻炼时间支出作为因变量进行回归，反之，则不存在选择性偏差。第一阶段模型如下。

$$\begin{aligned} exercise_i = {} & \alpha_0 + \alpha_1 \mathrm{gender}_i + \alpha_2 \mathrm{age}_i + \alpha_3 \mathrm{age}_i^2 + \alpha_4 \mathrm{live}_i + \alpha_5 \mathrm{edu}_i + \alpha_6 \mathrm{health}_i + \\ & \alpha_7 \mathrm{lnincome}_i + \alpha_8 \mathrm{lnworktime}_i + \alpha_9 \mathrm{lnhomeworktime}_i + \alpha_{10} \mathrm{marriage}_i + \\ & \alpha_{11} \mathrm{homesize}_i + \alpha_{12} \mathrm{lnhomeincome}_i + \alpha_{13} \mathrm{sportfacility}_i + \alpha_{14} \mathrm{lnpGDP}_i + \\ & \alpha_{15} \mathrm{lnpinput}_i + \alpha_{16} \mathrm{AQI}_i + \alpha_{17} PM2.5_i + \alpha_{18} \alpha \mathrm{re} \alpha_i + \\ & \varepsilon_i \cdots\cdots \end{aligned} \qquad (5\text{-}3)$$

Heckman模型的第二阶段将每周体育锻炼时间作为因变量，将第一阶段计算出来的逆米尔斯比率作为一个控制变量，代入第二阶段体育锻炼时间支出模型中进行OLS回归，以解决样本选择性偏差问题。第二阶段模型如下。

$$\begin{aligned} exercise_time_i = {} & \beta_0 + \beta_1 \mathrm{gender}_i + \beta_2 \mathrm{age}_i + \beta_3 \mathrm{age}_i^2 + \beta_4 \mathrm{live}_i + \beta_5 \mathrm{edu}_i + \beta_6 \mathrm{health}_i + \\ & \beta_7 \mathrm{lnincome}_i + \beta_8 \mathrm{lnworktime}_i + \beta_9 \mathrm{lnhomeworktime}_i + \beta_{10} \mathrm{marriage}_i + \\ & \beta_{11} \mathrm{homesize}_i + \beta_{12} \mathrm{lnhomeincome}_i + \beta_{13} \mathrm{sportfacility}_i + \beta_{14} \mathrm{lnpGDP}_i + \\ & \alpha_{15} \mathrm{lnpinput}_i + \beta_{16} \mathrm{AQI}_i + \beta_{17} \mathrm{PM}_{2.5i} + \beta_{18} \mathrm{IMR}_i + \\ & \varepsilon_i \cdots\cdots \end{aligned} \qquad (5\text{-}4)$$

上述公式中，$\mathrm{exercise}_i$、$\mathrm{exercise_time}_i$分别表示是否参加体育锻炼和体育锻炼时间，gender_i、age_i、age_i^2、live_i、edu_i、health_i、$\mathrm{lnincome}_i$、$\mathrm{lnworktime}_i$、$\mathrm{lnhomeworktime}_i$、$\mathrm{marriage}_i$、$\mathrm{homesize}_i$、$\mathrm{lnhomeincome}_i$、$\mathrm{sportfacility}_i$、$\mathrm{lnGDP}_i$、$\mathrm{lnpinput}_i$、$\mathrm{AQI}_i$、$\mathrm{PM}_{2.5i}$、$\mathrm{area}_i$分别表示性别、年龄、年龄平方、村居类型、教育程度、个体收入、工作时间、家务劳动时间、婚姻、家庭规模、家庭收入、行政区体育设施、人均GDP、人均体育财政投入、*AQI*指数、$\mathrm{PM}_{2.5}$指数、区域虚拟变量，IMR_i为逆米尔斯比率。

根据时间分配理论，采用Heckman模型研究我国居民体育锻炼参与决策和时间支出的微观和宏观影响因素，包括个体体育锻炼参与决策的微观和宏观影响因素，以及个体体育锻炼时间支出的微观和宏观影响因素，并比较体育锻炼参与决策和时间支出影响因素存在的差异，以期为全民健身的深入开展提供微观研究依据。

第三节　实证结果分析与讨论

一、体育锻炼参与决策和时间支出影响因素的实证分析

在20148个研究样本中，参加体育锻炼的样本为6423个，其体育锻炼时间支出是可见的。但不参加体育锻炼的13725个样本，其体育锻炼时间支出为0。若将不参加体育锻炼且体育锻炼时间支出为0的样本删除，则会产生截断数据问题。同时，个体参加体育锻炼存在选择性偏差，会导致估计个体体育锻炼时间支出的影响因素存在偏误。因此，采用Heckman两阶段模型，既能分析个体体育锻炼参与决策的影响因素，又能深入分析体育锻炼时间支出的影响因素。

表5-3估计了体育锻炼参与决策与时间支出影响因素的Heckman两阶段模型估计结果。初步验证后，解释变量区域虚拟变量对第一阶段体育锻炼的回归系数具有显著性，但对第二阶段体育锻炼时间的回归系数不具有显著性。因此，将解释变量区域虚拟变量作为模型排他性约束变量，纳入第一阶段的参与决策模型，而不纳入第二阶段的时间支出模型，以消除逆米尔斯比率与其他变量间可能产生的多重共线性问题。表5-3第（1）、（2）列仅纳入微观层面影响因素的Heckman两阶段模型估计结果，第（3）、（4）列同时纳入了微观和宏观层面影响因素的Heckman两阶段模型估计结果。仅纳入微观层面影响因素时，逆米尔斯比率为0.697，且在1%水平上具有显著性。同时纳入微观和宏观层面影响因素时，逆米尔斯比率为1.296，且在1%水平上具有显著性。Heckman模型中第一阶段probit模型所估计出的逆米尔斯比率显著不为0，说明样本参加体育锻炼存在选择性偏差，若直接用体育锻炼时间进行回归会导致估计结果偏差，因此，采用Heckman两阶段模型进行计量分析是合理有效的。为了使估计结果更为稳健，实证中还估计了相关影响因素变量（自变量）间的方差膨胀因子（*VIF*）值，结果显示，除了年龄与年龄平方项*VIF*值大于10以外，其余影响因素变量之间的*VIF*值均小于5，小于经验值10，可以排除影响因素各变量间存在共线性问题。

表5-3 体育锻炼参与决策与时间支出的影响因素：Heckman两阶段法

指标	体育锻炼（probit）（1）	体育锻炼时间（OLS）（2）	体育锻炼（probit）（3）	体育锻炼时间（OLS）（4）
性别（男=1）	0.102***	0.101***	0.107***	0.148***
	（0.022）	（0.028）	（0.022）	（0.041）
年龄	−0.015***	0.017***	−0.016***	0.010
	（0.005）	（0.006）	（0.005）	（0.008）
年龄平方	0.0002***	0.000	0.0003***	0.000
	（0.000）	（0.000）	（0.000）	（0.000）
村居类型（城市=1）	0.339***	0.233***	0.285***	0.329***
	（0.023）	（0.046）	（0.023）	（0.077）
教育程度	0.283***	0.111***	0.267***	0.208***
	（0.012）	（0.035）	（0.012）	（0.069）
健康水平	0.049***	0.076***	0.055***	0.100***
	（0.011）	（0.014）	（0.011）	（0.021）
个体收入	0.011**	−0.006	0.011**	−0.001
	（0.004）	（0.006）	（0.004）	（0.007）
工作时间	−0.093***	−0.068***	−0.100***	−0.112***
	（0.011）	（0.018）	（0.011）	（0.031）
家务劳动时间	0.072***	0.061***	0.070***	0.089***
	（0.006）	（0.011）	（0.006）	（0.020）
婚姻（在婚=1）	−0.185***	−0.189***	−0.173***	−0.253***
	（0.032）	（0.045）	（0.032）	（0.063）
家庭规模	−0.034***	−0.040***	−0.030***	−0.047***
	（0.005）	（0.008）	（0.005）	（0.011）
家庭收入	0.034***	0.029***	0.024***	0.033***
	（0.006）	（0.009）	（0.006）	（0.011）
行政区体育设施（有=1）			0.191***	0.178***
			（0.022）	（0.062）
人均GDP			0.107***	0.062
			（0.024）	（0.047）

（续表）

指标	体育锻炼（probit）（1）	体育锻炼时间（OLS）（2）	体育锻炼（probit）（3）	体育锻炼时间（OLS）（4）
人均体育财政投入			0.067***	0.105***
			（0.018）	（0.028）
AQI			0.001	0.003**
			（0.001）	（0.001）
$PM_{2.5}$			−0.006***	−0.008***
			（0.001）	（0.003）
区域虚拟变量	0.111***		0.044***	
	（0.011）		（0.014）	
constant	−1.705***	3.108***	−2.924***	0.846
	（0.122）	（0.344）	（0.246）	（0.158）
IMR	0.697***		1.296***	
	（0.165）		（0.366）	
wald	465.75		340.49	
prob>chi2	0.000		0.000	
observation	20148	6423	20148	6423

注：（ ）内为标准误，***、**分别表示在1%、5%水平上显著。

1. 体育锻炼参与决策的影响因素

在体育锻炼参与决策的微观影响因素方面，表5-4报告了Heckman模型第一阶段probit模型的边际效应，从表5-4第（2）列可知，在社会人口特征变量中，性别、村居类型、教育程度、健康水平都对体育锻炼参与决策产生显著的正向影响。男性参加体育锻炼的概率比女性高出3.4%。与居住在农村的个体相比，居住在城市的个体参加体育锻炼的概率增加9.0%。个体教育程度每提高一个等级，则个体参加体育锻炼的概率提高8.4%。个体健康水平每提升一个等级，则个体参加体育锻炼的概率提高1.7%。随着年龄增长我国居民参加体育锻炼的概率先降低后升高，呈“U型”关系；在收入与时间分配中，个体收入和家务劳动时间对体育锻炼参与决策产生显著的正向影响，个体工作时间对体育锻炼参与决策产生负向影响。个体收入每增加1.0%则参加体育锻炼的概率提高0.3%，个体每周工作时间每增加1.0%则参加体育锻炼的概率降低3.1%，个体每天家务劳动时间每增加1%则参加体育锻炼的概率提高2.2%；在家庭因素方面，婚姻和家庭规模对体育锻炼参与决策产生显著的负向影响，而家庭收入则对体育锻炼参与决策产生显著的正向影响。具体而言，在婚个体参加体育锻炼的概率比不在婚个体低5.5%，家庭人数每增加一个则个体参加体育锻炼的概率降低0.9%，家庭收入每上升1%则个体参加体育锻炼的概率提高0.7%。

表5-4　Heckman模型第一阶段回归的边际效应

指标	体育锻炼（probit）：dy/dx	
	（1）	（2）
性别（男=1）	0.033***	0.034***
	（0.007）	（0.007）
年龄	−0.005***	−0.005***
	（0.001）	（0.001）
年龄平方	0.0001***	0.0001***
	（0.000）	（0.000）
村居类型	0.108***	0.090***
（城市=1）	（0.007）	（0.007）
教育程度	0.090***	0.084***
	（0.004）	（0.004）
健康水平	0.016***	0.017***
	（0.003）	（0.003）
个体收入	0.003**	0.003**
	（0.001）	（0.001）
工作时间	−0.030***	−0.031***
	（0.003）	（0.003）
家务劳动时间	0.023***	0.022***
	（0.002）	（0.002）
婚姻（在婚=1）	−0.059***	−0.055***
	（0.010）	（0.010）
家庭规模	−0.011***	−0.009***
	（0.002）	（0.002）
家庭收入	0.011***	0.007***
	（0.002）	（0.002）

（续表）

指标	体育锻炼（probit）：dy/dx	
	（1）	（2）
行政区体育设施		0.060***
（有=1）		（0.007）
人均GDP		0.034***
		（0.008）
人均体育财政投入		0.021***
		（0.006）
AQI		0.0003
		（0.000）
$PM_{2.5}$		-0.002***
		（0.000）
区域虚拟变量	0.035***	0.014***
	（0.004）	（0.005）
observation	20148	

注：（ ）内为标准误，***、**分别表示在1%、5%水平上显著。

在体育锻炼参与决策的宏观影响因素方面，行政区体育设施、人均GDP、人均体育财政投入对体育锻炼参与决策产生显著的正向影响，$PM_{2.5}$指数对体育锻炼参与决策产生显著的负向影响，而AQI指数对体育锻炼参与决策不存在影响。具体表现为，所在行政区有体育设施则个体参加体育锻炼的概率提高6%，区域人均GDP每增长1%则个体参加体育锻炼的概率提高3.4%，区域人均体育财政投入每增加1%则个体参加体育锻炼的概率提高2.1%。空气污染$PM_{2.5}$指数每上升1点则个体参加体育锻炼的概率降低0.2%。

2. 体育锻炼时间支出的影响因素

在体育锻炼时间支出的微观影响因素方面，从表5-3第（4）列可知，在社会人口特征影响因素中，性别、村居类型、教育程度、健康水平对体育锻炼时间支出都产生显著的正向影响，但年龄对体育锻炼时间支出不存在影响。具体体现在，男性个体体育锻炼时间支出比女性个体高14.8%，居住在城市的个体体育锻炼时间支出比居住在农村的个体高32.9%，个体教育水平每提高一个等级其体育锻炼时间支出提高20.8%，个体健康水平每提高一个等级则体育锻炼时间支出提高10%；在收入和时间分配方面，个体收入对个体体育锻炼时间支出不存在影响，工作时间对体育锻炼时间支出产生显著的负向影响，家务劳动时间对体育锻炼时间支出产生显著的正向影响。表现为个体每周工作时间每增加1%则其体育锻炼时间支出降低11.2%，个体每天家务劳动时间每增加1%则其体育锻炼时间支出提高8.9%；在家庭影响因素中，婚姻和家庭规模对体育锻炼时间支出产生显著的负向影响，家庭收入对体育锻炼时间支出产生显著的正向影响。体现在在婚个体体育锻炼时间支出比不在婚个体低25.3%，家庭人数每增加1个则个体体育锻炼时间支出降低4.7%，家庭收入每增加1%则个体体育锻炼时间支出提高3.3%。

在体育锻炼时间支出的宏观影响因素方面，行政区体育设施、人均体育财政投入、AQI指数对体育锻炼时间支出产生显著的正向影响，$PM_{2.5}$指数对体育锻炼时间支出产生显著的负向影响，人均GDP对体育锻炼时间支出不存在影响。具体体现在，行政区有体育设施则个体体育锻炼时间支出会提高17.8%，区域人均体育财政投入每增加1%则个体体育锻炼时间支出提高10.5%，空气污染AQI指数每上升1点则个体体育锻炼时间支出提高0.3%，空气污染$PM_{2.5}$指数每上升1点则个体体育锻炼时间支出下降0.8%。

二、稳健性检验

为检验实证结果的可靠性，本章通过替换因变量和采用不同回归模型来验证体育锻炼参与决策和时间支出影响因素的稳健性（表5-5）。首先，采用Logit回归对体育锻炼参与决策影响因素的稳健性进行检验，表5-5第（1）列估计结果与Heckman模型第一阶段估计结果一致。其次，将因变量体育锻炼和体育锻炼时间替换为每周参加体育锻炼的次数。每周体育锻炼次数为计数变量，根据变量特征采用负二项回归来分析每周体育锻炼次数的影响因素。表5-5第（2）列的估计结果显示，除区域虚拟变量外，其余影响因素变量对每周体育锻炼次数的回归结果与Heckman模型第一阶段估计结果一致，说明体育锻炼参与决策影响因素的估计结果是可靠的。最后，将不参加体育锻炼的研究样本每周体育锻炼时间支出统一记为0，形成以0为截断的左归并数据，并根据左归并为0的数据特征采用Tobit模型进行稳健性检验。表5-5第（3）列的回归结果显示，除年龄、年龄平方、个体收入、人均GDP外，其余变量对体育锻炼时间支出的影响与Heckman模型第二阶段的估计结果相同，且各变量回归系数的符号也相同。Tobit模型的估计结果，再次说明研究结果是稳健且可靠的。

表5-5 稳健性检验：Logit回归、负二项回归和归并回归

指标	体育锻炼（logit）（1）	体育锻炼次数（nbreg）（2）	体育锻炼时间（Tobit）（3）
性别（男=1）	0.185***	0.088***	0.567***
	（0.037）	（0.030）	（0.116）
年龄	−0.026***	−0.012*	−0.078***
	（0.008）	（0.007）	（0.024）
年龄平方	0.0004***	0.000***	0.001***
	（0.000）	（0.000）	（0.000）
村居类型（城市=1）	0.472***	0.249***	1.567***
	（0.039）	（0.030）	（0.125）
教育程度	0.444***	0.275***	1.389***
	（0.020）	（0.016）	（0.060）
健康水平	0.097***	0.064***	0.323***
	（0.018）	（0.015）	（0.058）
个体收入	0.018***	0.015**	0.060**
	（0.007）	（0.006）	（0.023）
工作时间	−0.168***	−0.133***	−0.561***
	（0.019）	（0.017）	（0.061）
家务劳动时间	0.119***	0.085***	0.391***
	（0.010）	（0.009）	（0.032）
婚姻（在婚=1）	−0.288***	−0.179***	−0.900***
	（0.053）	（0.046）	（0.167）
家庭规模	−0.051***	−0.029***	−0.163***
	（0.009）	（0.008）	（0.029）
家庭收入	0.041***	0.021**	0.124***
	（0.012）	（0.009）	（0.036）
行政区体育设施（有=1）	0.326***	0.235***	1.078***
	（0.038）	（0.032）	（0.121）
人均GDP	0.177***	0.139***	0.566***
	（0.042）	（0.033）	（0.131）

（续表）

指标	体育锻炼（logit）（1）	体育锻炼次数（nbreg）（2）	体育锻炼时间（Tobit）（3）
人均体育财政投入	0.109***	0.040	0.351***
	（0.030）	（0.025）	（0.095）
AQI	0.001	0.005***	0.008*
	（0.002）	（0.001）	（0.005）
$PM_{2.5}$	−0.010***	−0.013***	−0.040***
	（0.002）	（0.002）	（0.008）
区域虚拟变量	0.075***	0.023	0.220***
	（0.025）	（0.019）	（0.077）
constant	−4.867***	−2.617***	−15.599***
	（0.421）	（0.337）	（1.329）
pseudo R^2	0.111	0.016	0.049
prob>chi2	0.000	0.000	0.000
observation		20148	

注：（）内为稳健标准误，***、**、*分别表示在1%、5%、10%水平上显著。

三、体育锻炼时间支出影响因素的项目异质性

相关研究显示，参加体育锻炼的影响因素存在运动项目差异（Thibaut et al.，2017），因此，为进一步研究参加个人运动项目和集体运动项目时间支出的影响因素，将运动项目划分为个人运动项目和集体运动项目，在参加体育锻炼的6423个样本中，有4981人选择参加个人运动（走路、跑步、游泳），567人选择参加集体运动（球类、太极、气功），877人选择其他运动，本章仅分析参加个人运动和集体运动时间支出的影响因素。参加个人运动时间支出影响因素的估计结果显示［表5–6的（1）（2）列］，Heckman模型第一阶段probit模型的逆米尔斯比率为–1.343，且在10%水平上具有显著性，表明参加个人运动存在样本选择性偏差，适合采用Heckman两阶段模型估计参加个人运动时间支出的影响因素；尝试采用Heckman模型估计参加集体运动时间支出的影响因素时，估计结果显示，Heckman模型第一阶段probit模型的逆米尔斯比率不存在

显著性，表明个体参加集体运动不存在选择性偏差，可以直接采用OLS回归分析参加集体运动时间支出的影响因素。

从表5-6第（1）列可知，在个人运动参与决策的影响因素方面，村居类型、个体收入、婚姻和AQI指数对个人运动参与决策产生显著的正向影响，即城市个体、高收入个体、在婚个体参加个人运动的概率分别高于农村个体、低收入个体和不在婚个体，AQI指数越高则参加个人运动的概率越高。年龄对个人运动参与决策产生显著的正向影响，即随着年龄增加个人运动参与率呈上升趋势；性别、工作时间、家务劳动时间、家庭收入、人均体育财政投入对个人运动参与决策产生显著的负向影响。男性参加个人运动的概率显著低于女性，工作时间越长、家务劳动时间越长、家庭收入越高、人均体育财政投入越高则个体参加个人运动的概率越低。在参加个人运动时间支出的影响因素方面［表5-6第（2）列］，健康水平、家务劳动时间、人均体育财政投入对个人运动时间支出产生显著的正向影响，即健康水平越高则个体参加个人运动时间支出越多，家务劳动时间支出越多则个体参加个人运动时间支出越多，区域人均体育财政投入越高则个体参加个人运动时间支出越多。婚姻和家庭规模对参加个人运动时间支出产生显著的负向影响，即在婚个体参加个人运动的时间支出显著低于不在婚个体，家庭规模越大则个体参加个人运动的时间支出越少。

表5-6 参加个人运动和集体运动时间支出的影响因素

指标	Heckman模型		集体运动时间（OLS）
	参加个人运动（probit）	个人运动时间（OLS）	
	（1）	（2）	（3）
性别（男=1）	-0.091**	0.075	0.301***
	（0.040）	（0.049）	（0.111）
年龄	0.039***	0.002	0.038*
	（0.009）	（0.015）	（0.020）
年龄平方	0.000***	0.000	0.000
	（0.000）	（0.000）	（0.000）
村居类型（城市=1）	0.078*	0.050	0.229**
	（0.043）	（0.051）	（0.097）
教育程度	-0.007	-0.009	-0.062
	（0.021）	（0.021）	（0.051）

（续表）

指标	Heckman模型		集体运动时间（OLS）（3）
	参加个人运动（probit）（1）	个人运动时间（OLS）（2）	
健康水平	−0.022 （0.020）	0.044** （0.021）	0.208*** （0.053）
个体收入	0.015* （0.009）	−0.012 （0.010）	−0.030 （0.022）
工作时间	−0.041* （0.022）	−0.008 （0.025）	−0.047 （0.057）
家务劳动时间	−0.025** （0.012）	0.033** （0.014）	0.032 （0.023）
婚姻（在婚=1）	0.112* （0.060）	−0.145** （0.070）	−0.061 （0.123）
家庭规模	0.004 （0.010）	−0.019* （0.010）	−0.051** （0.021）
家庭收入	−0.030** （0.012）	0.022 （0.015）	−0.012 （0.037）
行政区体育设施（有=1）	−0.062 （0.044）	0.021 （0.047）	0.170* （0.092）
人均GDP	−0.054 （0.045）	0.015 （0.051）	−0.375*** （0.104）
人均体育财政投入	−0.071** （0.033）	0.094** （0.036）	0.136** （0.068）
AQI	0.005*** （0.002）	−0.001 （0.002）	0.002 （0.005）
$PM_{2.5}$	0.003 （0.003）	−0.004 （0.003）	−0.001 （0.008）
区域虚拟变量	−0.067** （0.026）		0.130** （0.056）
constant	0.960** （0.452）	4.674*** （0.418）	7.059*** （0.996）

（续表）

指标	Heckman模型		集体运动时间（OLS）
	参加个人运动（probit）	个人运动时间（OLS）	
	（1）	（2）	（3）
IMR	-1.343* （0.691）		
pseudo R^2			0.133
prob>chi2	0.000		0.000
observation	6423	4981	567

注：个人运动（ ）内为标准误，集体运动（ ）内为稳健标准误；***、**、*分别表示在1%、5%、10%水平上显著。

在参加集体运动时间支出的影响因素方面［表5-6第（3）列］，性别、年龄、村居类型、健康水平、行政区体育设施、人均体育财政投入对集体运动时间支出产生显著的正向影响，即男性参加集体运动的时间支出显著高于女性，年龄越大则个体参加集体运动的时间支出越多，城市个体参加集体运动的时间支出显著高于农村个体，健康水平越高则个体参加集体运动的时间支出越多，行政区有体育设施则个体参加集体运动的时间支出显著高于行政区没有体育设施的个体，区域人均体育财政投入越高则个体参加集体运动的时间支出越多。家庭规模和人均GDP对集体运动时间支出产生显著的负向影响，即家庭人数越多则个体参加集体运动的时间支出越少，区域人均GDP越高则个体参加集体运动的时间支出越少。

从影响个人运动和集体运动时间支出的因素看，参加集体运动受更多因素影响。从个体社会人口特征看，性别、年龄、村居类型对参加个人运动的时间支出不存在影响，但对参加集体运动的时间支出产生影响，参加集体运动以男性、老年人和城市居民为主，而女性、年轻个体和农村居民由于受项目因素、场地因素等制约，较少参加集体运动。从家庭因素看，家庭规模对参加个人运动和集体运动的时间支出都存在显著的负向影响，但婚姻仅对参加个人运动时间支出产生负向影响。从场地需求和体育财政投入看，体育设施对参加个人运动时间支出不存在影响，但对参加集体运动时间支出产生显著的正向影响。这是由于集体运动对场地等要求较高，而个人运动则相对较为灵活，不受场地因素制约。同时，体育财政投入能够增加全民健身服务供给，显著提升个人运动时间支出和集体运动时间支出。

四、实证结果讨论

1. 全民健身需求存在群体差异

实证研究表明，我国居民的体育锻炼需求存在群体差异，男性、城市、高学历、高健康水平个体的体育锻炼参与概率和时间支出分别高于女性、农村、低学历和低健康水平的个体，且随着年龄增长体育锻炼参与概率呈先降后升的趋势。男性参加体育锻炼的概率和体育锻炼时间支出显著高于女性，这与Downward（2007）、张若（2014）的研究结果一致。从男性社会属性上看，男性个体参与家务劳动较少，闲暇时间较多，决定男性个体体育锻炼参与概率和时间支出都高于女性；居住在城市的个体参加体育锻炼的概率和时间支出都显著高于居住在农村的个体。由于我国体育事业发展存在明显的城乡差异，农村居民缺乏体育锻炼意识，同时农村的体育场地供给、全民健身活动供给等方面都落后于城市，说明我国居民体育锻炼参与率与时间支出存在明显的城乡差异。2018年我国城镇居民健身锻炼参与率为38.7%，且平均身体锻炼时间为41分钟，而2018年我国农村居民健身锻炼参与率仅为18.7%，且平均身体锻炼时间仅为16分钟（国家统计局，2019）；2019年浙江省农村总人口中仅有24.7%的人口经常参加体育锻炼，而浙江省城镇总人口中有32.2%的人口经常参加体育锻炼（浙江省体育局，2020）；教育水平、健康水平越高则个体参加体育锻炼的概率和体育锻炼时间支出越高，意味着教育程度越高、健康水平越高则全民健身需求越高。教育作为人力资本的重要组成要素，个体受教育程度越高及其体育认知水平和运动技能相对较高，则其体育参与意识越强。健康作为重要的人力资本，体育锻炼能增加个体健康资本储备，有效发挥教育资本在劳动力市场的作用，获得更高的教育资本回报，进而促进个体参加体育锻炼；从不同年龄个体看，青年个体由于时间较为充裕，体育锻炼需求较高，而中年个体在工作、家庭等方面负担较重，致使中年个体参加体育锻炼的概率降低，老年个体退休后闲暇时间增加，其体育锻炼参与需求也不断增加。因此，为促进全民参与健身，保障全民的健身权益，在实施全民健身战略过程中亟须引导女性、农村、低学历、低健康水平和中年群体参加体育锻炼，进而增加体育人口，形成全民健身新需求，不仅能促进全民健康，也能夯实体育产业发展基础。

2. 时间分配对全民健身需求既存在替代效应也存在互补效应

研究表明，个体收入对个体体育锻炼参与决策产生显著的正向影响，但对体育锻炼时间支出不存在影响，而工作时间的增加对体育锻炼参与决策和时间支出都产生显著的负向影响。表明我国居民收入上升可以促进其参加体育锻炼，但工作时间与体育锻炼需求存在“替代效应”。时间和资本作为参加体育锻炼的两种要素投入，收入上升则体育消费投入增加（张若，2014），促进个体参加体育锻炼。参加体育锻炼的资本投入和时间投入在个体效用最大化约束下，参加体育锻炼获取的效用小于将时间投入工作中获取的收入，则导致个体更愿意支出时间去工作来获得劳动回报，而不是支出时间参加体育锻炼；家庭劳动时间增加对体育锻炼参与决策和时间支出都产生正向影响，家务劳动时间作为主要闲暇时间，个体若有更多时间用于家务劳动，说明个体闲暇时间充裕，时间成本价格相对较低，收入并未在时间分配中起到决定性作用，参加体育锻炼获得的效用高于将时间用于家务劳动所获取的效用。个体会将多余的闲暇时间用于参加体育锻炼以获得包括健康资本、心理资本、社会资本等在内的人力资本增值。同时，家务劳动作为身体活动的重要组成部分，家务劳动时间之外个体更愿意支出时间参加体育锻炼。因此，参加家务劳动对体育锻炼需求具有一定的“互补效应”。上述结果说明，收入上升并未阻碍我国居民参加全民健身，反而增加了居民体育锻炼需求。但“没时间锻炼”对工作时间支出较高的居民而言是真实存在的，同时拥有较多闲暇时间进行家务劳动的居民则参加全民健身的时间较为充裕。

3. 家庭体育是全民健身事业发展的短板

研究表明，婚姻和家庭规模都对体育锻炼参与决策和时间支出产生显著的负向影响，表明家庭因素成为制约个体参加全民健身的重要障碍。个体一旦结婚则家庭规模就会扩大，将会支出更多的时间用于照顾亲人，如养育子女和赡养父母等，婚姻和家庭规模所形成的家庭压力对体育锻炼需求产生消极影响；但家庭收入增加却对体育锻炼参与决策和时间支出都产生显著的正向影响，家庭收入作为个体家庭经济资本储备，不受时间成本价格约束，家庭收入越高则个体能够拥有更多资本去参加体育锻炼，就会产生更多体育锻炼需求。因此，发展家庭体育和社区体育促进在婚群体、社区成员和低收入家庭参加体育锻炼，可有效补齐我国全民健身事业发展的需求侧短板。

4. 促进全民参加体育锻炼亟须提高全民健身服务供给质量

在宏观因素变量中，行政区体育设施对体育锻炼参与决策和体育锻炼时间支出都产生显著的正向影响，也对参加集体运动时间支出产生显著的正向影响。体育设施作为居民参加体育锻炼的基础载体，2019年和2020年我国人均体育场地面积分别达到2.08平方米和2.20平方米（国家体育总局体育经济司，2021），但与欧美发达国家相比，我国体育场地设施的供给还存在着总量供给不足和城乡、区域差异大等问题。在体育设施供给不足的情况下，若行政区域内建有体育场地和健身设施则可以有效引导居民参加体育锻炼；人均GDP对体育锻炼参与决策产生显著的正向影响，但对体育锻炼时间支出不存在影响，人均体育财政投入对体育锻炼参与决策和时间支出都产生显著的正向影响，也对参加个人运动和集体运动时间支出产生显著的正向影响。体育产业发展是以经济发展为基础的，体育产业呈现爆发式增长的判断标准是人均GDP超过8000美元，说明人均GDP增长使个体体育锻炼参与需求增加。体育财政投入对全民健身需求具有决定性作用，投入越多则能为全民健身开展创造更多条件，通过举办全民健身活动、完善全民健身基础设施等为居民参加体育锻炼创造条件。因此，完善全民健身场地设施和增加体育财政投入是高质量供给全民健身服务的前提，经济欠发达地区应加大体育场地设施的建设和体育财政的投入力度，以引导全民参加体育锻炼，促进全民健康，为推动体育产业高质量发展奠定基础。

在环境影响因素中，空气质量AQI指数对体育锻炼参与决策不存在影响，但对体育锻炼时间支出产生显著的正向影响，而$PM_{2.5}$指数上升则降低和减少人们参加体育锻炼的概率和时间支出。AQI指数作为对空气质量的总体评价，其指数水平越高则空气质量越差。AQI指数的上升会改善个体健康认知，促使个体更加关注自身健康状况，进而支出更多时间去参加体育锻炼。但判断悬浮于空气中有害细颗粒物的标准是以$PM_{2.5}$指数来衡量，空气中有害细颗粒物污染越严重则$PM_{2.5}$指数越高，而参加室外体育锻炼则会暴露于高浓度的$PM_{2.5}$环境中，导致参加体育锻炼不仅起不到强健体魄的作用，还会对人体健康产生损害。同时，由于我国室内体育设施相对不足，截至2013年，我国室内体育场地总面积仅为0.62亿平方米，占体育场地总面积比重仅为3.11%（国家体育总局，2015）。室外锻炼暴露于高浓度$PM_{2.5}$环境中则会损害健康，导致$PM_{2.5}$浓度升高时个体就会选择不参加体育锻炼或减少体育锻炼时间，来降低空气中有害污染物对健康造成的损害，与刘倩楠（2018）研究结果一致。因此，从全民健身供给视角看，亟须完善室内体育场馆设施供给，规避环境条件对全民健身事业发展带来的不利影响。

第四节　本章小结

本章从体育锻炼参与决策与时间支出的影响因素来研究我国居民参加全民健身的影响因素，以Becker的时间分配理论为依据，将收入和时间分配作为个体体育锻炼参与决策和时间支出的核心影响因素，同时将微观层面的个体社会人口特征、家庭因素和宏观层面的体育设施、宏观经济和锻炼环境纳入实证模型，采用Heckman两阶段模型研究个体体育锻炼参与决策和时间支出的影响因素，并进一步分析了个体参加个人运动和集体运动时间支出的影响因素，以明晰哪些因素影响我国居民参加全民健身，为培育体育锻炼需求、推动全民健身事业发展、夯实体育产业高质量发展的全民健身基础提供实证研究依据。

研究结果显示，在社会人口特征上，男性个体、城市个体、高学历个体、高健康水平个体参加体育锻炼的概率和时间支出分别高于女性个体、农村个体、低学历个体、低健康水平个体。随着年龄增大，个体参加体育锻炼的概率先降后升，但年龄变化对体育锻炼时间支出不存在影响；在收入与时间分配上，收入增加则个体参加体育锻炼的概率提高，但对个体体育锻炼时间支出不存在影响，工作时间增加则个体参加体育锻炼的概率降低，时间支出减少，家务劳动时间增加则个体参加体育锻炼的概率提高，时间支出增加；在家庭因素上，在婚个体参加体育锻炼的概率和时间支出低于不在婚个体，家庭规模扩大则个体参加体育锻炼的概率降低，时间支出减少，而家庭收入增加则个体参加体育锻炼的概率提高时间支出增加；在宏观因素上，行政区有体育设施和人均体育财政投入越高则个体参加体育锻炼的概率和时间支出越高，人均GDP越高则个体参加体育锻炼的概率越高，但对体育锻炼时间支出不存在影响；AQI指数对个体体育锻炼参与决策不存在影响，但AQI指数上升则个体体育锻炼时间支出增加。$PM_{2.5}$指数上升则个体参加体育锻炼的概率降低，时间支出减少。

进一步分析参加个人运动和集体运动时间支出的影响因素，研究结果显示，健康水平越高则个体参加个人运动的时间支出也越多，家务劳动时间支出越多则个体参加个人运动的时间支出也越多，人均体育财政投入越高则个体参加个人运动的时间支出也越多。在婚个体参加个人运动的时间支出低于不在婚个体，家庭规模越大则个体参加个人运动的时间支出越少；男性参加集体运动的时间支出高于女性，年龄越大则个体参加集体运动的时间支出越多，城市个体参加集体运动的时间支出高于农村个体，健康水平越高则个体参加集体运动的时间支出越多，家庭人数越多则个体参加集体运动的时间支出越少，行政区有体育设施则个体参加集体运动的时间支出高于行政区没有体育设施的个体，人均体育财政投入越高则个体参加集体运动的时间支出也越多，人均GDP越高则个体参加集体运动的时间支出越少。

综上可知，从体育锻炼参与决策和时间支出的影响因素来分析参加全民健身的影响因素是可行的。研究发现，我国男性个体、城市个体、高学历个体、高健康水平个体的体育锻炼参与概率更高、体育锻炼时间支出更多。但年龄与个体体育锻炼参与概率呈“U型”关系，对体育锻炼时间支出不存在影响；家务劳动时间、家庭收入、行政区体育设施、人均体育财政投入对个体体育锻炼参与决策和体育锻炼时间支出具有显著的正向影响；工作时间、婚姻、家庭规模、$PM_{2.5}$指数对个体体育锻炼参与决策和体育锻炼时间支出具有显著的负向影响；个体收入和人均GDP对个体体育锻炼参与决策具有显著的正向影响，但对个体体育锻炼时间支出都不存在影响；AQI指数对个体体育锻炼参与决策不存在影响，但对个体体育锻炼时间支出具有显著的正向影响。同时，个体参加个人运动的时间支出主要受个体健康水平、家务劳动时间、婚姻、家庭规模和人均体育财政投入的影响，个体参加集体运动的时间支出主要受性别、年龄、村居类型、健康水平、家庭规模、行政区体育设施、人均GDP和人均体育财政投入的影响。

本章的政策启示体现在，要促进全民参加体育锻炼不仅需要考虑新时期我国居民收入及时间分配对体育锻炼需求造成的影响，同时也亟须通过政策挖掘异质性群体潜在的体育锻炼需求，构建高水平全民健身公共服务体系，供给差异化全民健身产品及服务，以促进全民参加体育锻炼，为体育产业实现高质量发展奠定全民健身基础。

第六章
全民健身促进体育产业高质量发展的间接机制——基于体育锻炼收入效应的实证

全民健身国家战略已成为改善我国居民健康和促进社会和谐发展的有效战略。对国家而言，全民健身提升国民健康水平，增强社会劳动生产力，具有宏观经济价值；对个体而言，全民健身经济价值的主要体现为促进个体参加体育锻炼，以实现人力资本增值。由于缺乏相关统计数据，难以从宏观层面实证研究全民健身的宏观经济价值，因此，本章在微观层面从体育锻炼的收入效应及生成机制来实证解析全民健身促进体育产业高质量发展的间接机制，以明晰全民健身是否是通过发挥体育锻炼的个体经济价值来推动体育产业实现高质量发展的。

参加体育锻炼对个体而言具有经济价值，这已经在国外相关文献中被证实（Lechner，2009；Kosteas，2012；Lechner & Sari，2015），但国内外相关文献鲜少从体育促进人的发展视角去剖析个体参加体育锻炼产生收入效应的相关机制。在体育锻炼收入效应的生成机制研究中，仅程郑权（2020）将健康、外貌和工作态度作为体育锻炼产生收入效应的机制并进行实证。但从体育促进发展的视角看，参加体育锻炼产生的收入效应主要源于个体参加体育锻炼生成的健康资本、心理资本及社会资本的增值。具体而言，个体通过参加体育锻炼，获取健康资本、心理资本、社会资本，以实现人力资本增值，进而获得收入回报。因此，本章结合体育促进发展理论和人力资本理论，从体育锻炼收入效应来验证全民健身促进体育产业高质量发展的间接作用机制，同时也为改善全民体育认知、引导全民参加体育锻炼提供研究依据。

第一节　理论分析与研究假设

西方发达国家体育发展水平较高，全民参加体育锻炼为其社会经济发展带来显著的影响。从劳动经济学视角研究体育对个人收入的影响，可以追溯至20世纪90年代。Long和Caudill（1991）研究20世纪70年代入学并参加校际田径运动的运动员收入是否比非运动员高，结果显示，男性运动员收入比非运动员高4%，但女性没有收入效应；Ewing（1995）利用美国全国青年纵向调查（NLSY）数据研究高中体育参与对男性未来工资的影响，结果表明高中参与体育运动提高了全职男性工人的工资，男性高中运动员在1986年的收入大约比一名非运动员高11%，在1992年高中运动员的收入溢价约为8%；Ewing（1998）再次利用NLSY研究高中运动员与未来工作之间的关系，结果表明，前高中运动员更有可能被雇佣从事基于工资绩效的工作，前高中运动员成为工会成员的概率显著高于非运动员，前高中运动员担任职位所管理的员工数量显著高于非运动员；Barron等（2000）利用NLSY和1972年美国高中班级全国纵向研究数据研究高中体育参与与教育、劳动力市场结果之间的关系，工具变量法估计结果显示，高中体育参与对班级排名、教育成就、就业、周工资都具有显著的正向影响；Eide和Ronan（2001）以身高作为工具变量研究高中加入运动队对不同种族学生劳动力市场表现的影响，结果显示，体育参与对男学生运动员的受教育程度和收入有正向影响，对女学生运动员的受教育程度有正向影响，但体育参与对西班牙裔男性和西班牙裔女性的受教育程度或收入没有影响；Curtis等（2003）研究了青少年参与有组织的运动对成年后收入的影响，结果表明，年轻时参加有组织的运动成年后收入显著高于不参加者；Henderson等（2006）利用合作机构研究调查（CIRP）数据研究前大学体育参与对后续工资收益的影响，结果表明，前大学运动员获得了工资溢价，但工资溢价存在职业差异，主要体现在前大学运动员从事商业、军事和体力劳动工作获得的收入更高，但从事体育教师工作则工资收入较低；Ewing（2007）利用NLSY数据研究高中体育参与对劳动力市场的影响，结果显示，前高中运动员工资收益比非运动员高6.12%；Caudill和Long（2010）实证研究前运动员与商业领域工作之间的关系，结果表明，前男性运动员在商业管理领域的年收入比非运动员高出约1337美元；Stevenson（2010）以1972年美国通过的《教育法第九修正案》作为工具变量研究高中体育参与对教育及劳动力市场的影响，结果显示，州一级的女性体育参与水平每提高10个百分点，女性大学入学率提高1个百分点，女性劳动参与水平提高1～2个百分点；Kari等（2016）利用芬兰青少年纵向研究数据研究儿童身体活动水平与成年后收入之间的关系，结果表明，男性儿童身体活动水平与成年后收入呈正相关，且9岁、12岁和15岁身体活动水平每增加一个标准差，成年后收入增长范围在12%～25%，但女性儿童身体活动水平对成年后工资不存在影响。综上可知，儿童青少年时期参加体育锻炼或参加运动训练确实对成年后劳动力市场的工资收入产生积极影响，但相关影响存在异质性，主要体现在儿童青少年时期体育参与对成年后工资的影响存在性别差异、种族差异，同时也存在职业异质性。

人力资本是劳动力市场获得成功的关键因素，日常参加体育锻炼也能为个体带来劳动力市场收益。首先，参加体育锻炼对劳动参与或劳动表现产生影响，Kavetsos（2011）利用2004年欧洲晴雨表网站的调查数据研究身体活动对就业的影响，工具变量法估计结果表明，参加体育锻炼显著提高了就业概率，但只提高了男性就业概率，对女性就业不存在影响；Rooth（2011）基于瑞典统计局（SCB）构建数据集，采用实验法研究体育参与对劳动力市场的影响，结果表明，休闲体育运动参与者求职获得复试机会的几率比不参加者高2%，而在申请体力要求高的工作中，参加休闲体育运动的申请者获得复试机会的概率比不参加者高出5%；Cabane（2014）利用德国社会经济小组（GSOEP）调查数据研究体育参与对失业持续时间的影响，结果表明，每周都参与运动能缩短失业持续时间，但每周参加运动仅对失业前不喜欢运动和不运动的人有效；Cabane和Clark（2011）使用美国全国青少年到成人纵向研究数据分析儿童体育参与对劳动力市场结果的影响，结果表明，男性参与团队运动对成为管理者、工作自主性和工作满意度有显著的影响，女性参与个人运动对成为管理者有显著影响；Lechner和Downward（2017）利用英国积极人群调查数据研究参与不同运动项目对劳动力市场影响的差异，结果表明，个体参加不同类型运动都有可能获得初次就业机会，参加团队运动对就业能力的影响最大，但存在年龄差异，参加户外运动和健身运动与收入的相关性最高。另外，参加体育锻炼能显著提高个体劳动工资，Corneliβen和Pfeifer（2008）利用GSOEP数据研究运动对劳动收入的影响，随机效应模型结果显示，每周至少锻炼一次的男性其收入比不锻炼的男性高5%，女性在15周岁时经常参加体育锻炼则收入会增加6%；Lechner（2009）也利用GSOEP跨期16年的面板数据研究体育锻炼对长期劳动力市场的影响，半参数匹配估计结果显示，与不进行体育锻炼或很少体育锻炼的人相比较，积极参加体育锻炼可以使年收入增加1200欧元；Kosteas（2012）利用NLSY数据研究体育锻炼对收入的影响，倾向得分匹配（PSM）计量结果显示，男性频繁锻炼使收入提高6.7%，女性频繁锻炼使收入提高11.9%；Hyytinen和Lahtonen（2013）使用芬兰一组同卵和异卵男性双胞胎数据分析了不同体育活动水平双胞胎在收入方面的差异，研究发现，进行身体活动的男性长期收入比不进行身体活动的男性高14%～17%；Lechner和Sari（2015）使用加拿大国家人口健康调查数据研究体育锻炼对劳动力市场影响，结果显示，在8～12年观察期个体从不运动到适度运动对收入不存在影响，但从中等强度运动到积极锻炼会使个体收入提高10%～20%，意味着体育锻炼要达到世界卫生组织要求的运动量才具有收入效应；Godoy和Triches（2017）利用2008年巴西全国家庭抽样调查（PNAD）数据研究30～50岁工人身体活动对劳动力市场收入的影响，结果表明，身体活动可以提高工人工资的15%～31%，且在最高分位数中影响更大；程郑权（2020）利用中国劳动力动态调查（CLDS）数据研究规律锻炼对收入的影响，结果显示，锻炼确实能增加收入，但存在年龄及教育差异，且健康水平、外貌、工作态度是锻炼增加收入的影响因素。

综上可知，无论是青少年时期参加体育锻炼还是成年后参加体育锻炼，都对个体的劳动力市场表现产生积极的影响，主要体现在参加体育锻炼能增加个体在劳动力市场的就业机会以及带来收入的增长。从人力资本理论视角看，参加体育锻炼作为个体重要的人力资本投资，可为个体带来人力资本增值，进而对个体劳动力市场收入产生影响。由此，提出第一个研究假设：参加体育锻炼能为个体带来显著的收入回报，即体育锻炼具有个体经济价值。

参加体育锻炼是如何产生收入效应，体育促进发展理论可以解释这一现象。体育促进发展是利用体育来积极影响公共卫生、弱势群体的社会融入、儿童青年和成人的社会化、文化交流、缓解冲突、地区和国家的经济发展。去除体育对宏观因素的影响，可认为体育促进发展是利用体育的健康功能、教育功能、经济功能、社会功能等促进个体发展，使个体获得人力资本增值。提高身体素质、防病治病、消遣娱乐、减轻压力、调节情绪、健美、减肥、社交等是个体参加体育锻炼的主要目的，但归根结底个体参加体育锻炼都可以归纳为个体人力资本的获取，而获取人力资本主要是来自增加健康资本（提高身体素质、防病治病、减肥、健美）、心理资本（通过消遣娱乐、减轻压力调节情绪来提高幸福感）和社会资本（促进社会交往、社会信任和获得社会支持等）。同时，从人力资本理论视角可知，参加体育锻炼获取的人力资本增值具有经济价值。通过实施全民健身国家战略发挥体育的健康、教育、社会、经济等功能，使个体在体育锻炼过程中获取健康资本、心理资本和社会资本，进而增加个体人力资本积累，是增加个体收入的一个重要渠道，是平衡收入不平等、健康不平等的有效举措，有利于促进社会经济均衡发展和充分发展。因此，健康资本、心理资本及社会资本的获取可能是体育锻炼对个体收入产生影响的重要机制。

首先，获取健康资本可能是体育锻炼影响个体收入的第一种机制。体育锻炼改善身体健康已经在医学文献、社会学文献中得到验证，增强身体素质也成为个体参加体育锻炼的主要目的。随着现代生活压力的增大，糖尿病、高血压等一系列慢性疾病的产生都与缺乏身体活动有关，而参加体育锻炼对慢性疾病起到积极的预防作用。体育经济领域相关研究均表明体育参与能显著提高个体身体健康水平（Humphreys et al.，2014；Sari & Lechner，2015；黄安龙，2017；彭大松，2017）。因此，体育锻炼是个体改善身体健康、获取健康资本的重要渠道。Mushkin（1962）指出身体健康作为一种重要的人力资本具有收入效应，而体育锻炼是获取健康资本的一个重要渠道，个体参加体育锻炼通过提高身体健康水平进而增加收入。基于此，提出本章的第二个研究假设：体育锻炼是通过提高健康水平进而为个体带来收入回报的，即健康资本是体育锻炼影响个体收入的中介机制。

其次，获取心理资本可能是体育锻炼影响个体收入的第二种机制。体育锻炼作为一项消遣娱乐活动，通过参加体育锻炼可以减轻个体生活压力、调节情绪，改善个体精神状态，提高个体心理健康水平，进而提高个体生活幸福感。同时，相关研究显示，体育锻炼也对心理健康产生积极的影响，包括体育锻炼产生的积极心理健康效应（高亮和王莉华，2015）和较强的抗抑郁效应（方黎明和郭静，2019）。提升个体幸福感是体育锻炼改善个体心理健康获取心理资本的主要表现方式，相关研究采用主观幸福感工具研究体育锻炼对心理健康的影响，且研究结果都显示，参加体育锻炼能显著提升个体幸福感（Pawlowski et al.，2011；Huang & Humphreys，2012；刘米娜，2016；雷鸣，2020）。体育锻炼通过改善心理健康提升个体幸福感，而幸福感的提升能够增加收入（Graham et al.，2004），每个人每年参加体育锻炼获得幸福感的平均价值在1.9万～2.3万英镑（Downward & Rasciute，2011）。综上分析可知，体育锻炼是通过改善个体心理健康进而提升个体幸福感，而幸福感提升具有收入效应。因此，参加体育锻炼可能是通过提高个体幸福感进而为个体带来收入回报的。基于此，提出第三个研究假设：参加体育锻炼是通过提高幸福感进而为个体带来收入回报的，即心理资本是体育锻炼影响个体收入的中介机制。

最后，获取社会资本可能是体育锻炼影响个体收入的第三种机制。体育具有社交功能，个体参加体育锻炼能促进社会化，体育为个体建立社交网络提供平台，参加体育锻炼增加个体社会网络支持进而获得更多的社会资本。相关研究表明参加体育锻炼能改善儿童与同伴间的人际关系（Felfe et al.，2016）、使体育参与者交到更多朋友（Becker & Häring，2012）、体育参与者个人人际相处评价得分更高且人缘更好（黄谦等，2019）。同时，参加体育锻炼也有利于个体获得社会网络支持（谭延敏等，2017）、促进公民参与（Schüttoff et al.，2018）、提高社会信任（雷鸣，2020），社会资本增加对个体也存在收入效应。因此，参加体育锻炼可能是通过增加个体社会资本进而为个体带来收入回报的。基于此，提出第四个研究假设：参加体育锻炼通过提高社会阶层、增进社会信任和获得社会支持进而为个体带来收入回报，即社会资本是体育锻炼影响个体收入的中介机制。

综上分析，认为获取健康资本、心理资本、社会资本是参加体育锻炼产生收入效应的重要机制（图6-1），即提高健康水平、增强幸福感、提升社会阶层、增进社会信任和获得社会支持是个体参加体育锻炼影响个体收入的重要中介渠道。在实施全民健身国家战略及建设体育强国的过程中，我国体育人口将呈现井喷式增长。本章通过实证分析个体参加体育锻炼的收入效应及生成机制，从实证层面明晰体育锻炼的个体经济价值及产生个体经济价值的相关机制，以明晰全民健身促进体育产业高质量发展的间接作用机制。从宏观层面看，将促进全民参加体育锻炼作为提升人力资本的重要渠道，可能成为降低收入不平等、健康不平等的一个新改革渠道。从微观层面看，为改善居民的体育认知并引导居民积极参加体育锻炼提供参考，可培养全民体育锻炼习惯、改善国民健康。

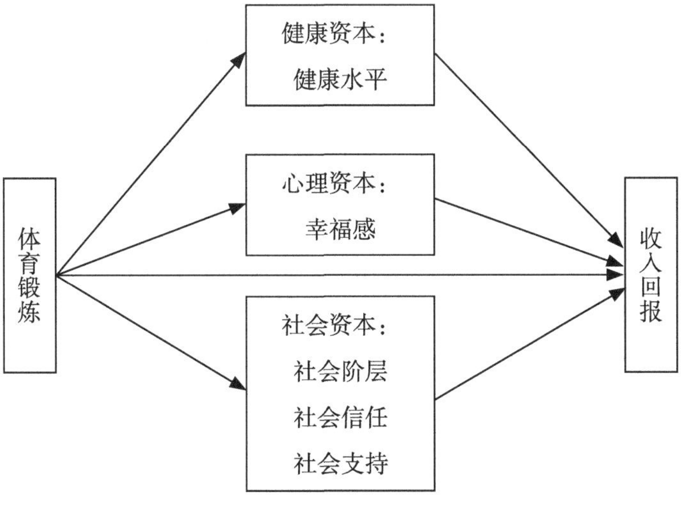

图6-1 体育锻炼的收入效应及生成机制图

第二节 数据来源、变量选取及实证方法

一、数据来源

由于中国劳动力动态调查能充分反映我国居民的劳动力变迁状况，且该调查详细调查了个体体育锻炼情况和行政区体育设施状况。同时，收入作为劳动力价值的重要体现，采用中国劳动力动态调查数据进行实证研究，能更客观的体现出全民健身的个体经济价值。因此，本章主要采用中国劳动力动态调查（CLDS）数据来检验体育锻炼的收入效应。在CLDS数据库中所公布的三轮调查数据中，由于2012年调查问卷未涉及居民参加体育锻炼状况，故本章主要使用CLDS2014和CLDS2016调查数据来研究体育锻炼的收入效应及生成机制。其中，CLDS2014个体调查数据包括样本量23593个，CLDS2016个体调查数据包括样本量21086个。为控制区域经济发展水平对个体收入产生的影响，将CLDS2014、CLDS2016与宏观层面区域人均GDP数据进行匹配，并剔除相关缺失变量，共获得研究样本24702个。2014年和2016年区域层面人均GDP数据源于各省市统计年鉴。相关调查题项见附录2。

将2017年中国综合社会调查①（CGSS）数据作为本章稳健性检验的数据来源。中国综合社会调查从2003年开始已经进行多轮调查，但前期相关调查仅涉及个体年度参加体育锻炼的频率，并未调查个体每周体育锻炼状况。最新公布的CGSS2017调查数据详细调查了居民每周体育锻炼频率，因此，根据研究需要，将CGSS2017数据与区域层面人均GDP数据进行匹配，共获得有效样本9540个。将CGSS2017调查数据作为稳健性检验的数据来源，以提供更为可靠的研究结果。

①中国综合社会调查旨在收集中国社会变迁各方面的数据，总结我国社会变迁的长期趋势，为社会科学研究、政府决策及国际比较研究提供数据资料，是我国一个全国性、综合性、连续性的社会调查项目。

二、变量选取及描述性统计

1. 变量选取

本章研究全民健身的个体经济价值及生成机制，从微观个体看，体育锻炼产生个体经济价值主要体现在个体收入的增长，将个体平均月收入作为因变量，解释变量为个体是否参加体育锻炼。相关变量定义及描述性统计结果见表6-1。

表6-1　变量描述性统计（N=24702）

变量名	变量定义	均值	标准差	最小值	最大值
因变量					
月收入	年总收入/12（元），并取对数	7.290	1.219	0	13.111
自变量					
体育锻炼	参加=1，不参加=0	0.229	0.420	0	1
体育锻炼时间	每周参加体育锻炼时间（分钟）+1，并取对数	1.193	2.229	0	7.832
经常参加体育锻炼	经常参加=1，未经常参加=0	0.158	0.364	0	1
控制变量					
性别	男=1，女=0	0.558	0.497	0	1
婚姻	在婚=1，不在婚=0	0.878	0.327	0	1
村居类型	城镇=1，乡村=0	0.351	0.477	0	1
政治面貌	中共党员=1，其他=0	0.097	0.296	0	1
教育年限	接受教育所对应的时间（年）[①]	8.745	4.352	0	22
每周工作时间	每周工作时间（小时）+1，并取对数	3.635	0.744	0	5.13
工作经验	年龄-教育年限-6	30.672	14.914	0	84
工作经验平方	工作经验×工作经验	1163.204	973.689	0	7056
人均GDP	人均GDP（元）取对数	10.855	0.598	9.384	12.028
年份虚拟变量	2014年=1，2016年=2	1.475	0.499	1	2
区域虚拟变量	东部=3，中部=2，西部=1	2.149	0.865	1	3

①文盲=0，小学=6，初中=9，普高/职高/中专/技校=12，大专=15，大学本科=16，研究生=19，博士=22。

（续表）

变量名	变量定义	均值	标准差	最小值	最大值
中介变量					
健康水平	非常健康=5，健康=4，一般=3，比较不健康=2，非常不健康=1	3.755	0.890	1	5
生活幸福感	非常幸福=5，幸福=4，一般=3，不幸福=2，非常不幸福=1	2.547	0.859	1	5
社会阶层	上层=5，中上层=4，中层=3，中下层=2，下层=1	3.711	0.946	1	5
社会信任	非常不同意=1，不同意=2，同意=3，非常同意=4	2.865	0.516	1	4
社会网络支持	关系密切且可以得到支持和帮助的朋友或熟人数量（人）	11.915	27.345	0	500
工具变量					
行政区体育设施	有=1，没有=0	0.661	0.473	0	1
人均体育财政投入	文化、体育与传媒财政投入（元）/年末人口总数取对数	5.229	0.662	3.335	7.221

因变量：月收入。由于总收入包括个体劳动收入及其他非劳动性收入，能充分体现个体在劳动力市场、家庭经营、资产投资等各方面的收益，同时农民个体无工资收入，农业收入是其主要收入，若采用工资收入则不能体现个体的整体收入水平，故将总收入除以12来测度个体平均月收入水平。CLDS个体问卷中关于体育锻炼题项主要调查个体每月是否进行规律锻炼和每周体育锻炼状况，故以平均月收入作为测度指标，能更准确反映个体收入状况。若个体无收入则无法体现出参加体育锻炼对其收入的影响，体育锻炼产生的经济价值难以观测，故剔除问卷中未报告收入情况的样本。因此，月收入=总收入/12，并进行对数化处理。

自变量：是否参加体育锻炼。在CLDS2014年的个体问卷中新增个体体育锻炼情况调查题项，调查题项为“您最近一个月进行过有规律的锻炼吗？”

“平均每周锻炼次数为______次”“平均每次锻炼的时间为______分钟”。本章研究个体参加体育锻炼产生的经济价值，即参加体育锻炼能否为个体带来收入回报。因此，核心解释变量为个体是否参加体育锻炼，即是否做出体育锻炼参与决策，满足的条件为每月有规律的参加体育锻炼且平均每周锻炼次数至少为1次，为二分类变量；同时，为了再次检验实证研究结果的稳健性，将体育锻炼时间也作为解释变量进行稳健性检验，剔除每周体育锻炼次数超过14次的样本，并将每次体育锻炼时间超过180分钟的样本归并为180分钟后，将平均每周体育锻炼次数乘以平均每次体育锻炼时间获得每周体育锻炼时间；为进一步测度经常参加体育锻炼是否仍具有经济价值，由于CLDS问卷并未调查个体体育锻炼强度，根据上文关于经常参加体育锻炼的概念界定（每周3次及以上、每次30分钟及以上、中等强度及以上），将每周锻炼3次及以上和每次锻炼持续30分钟及以上样本归类为经常参加体育锻炼的样本。

控制变量。根据Mincer收入函数方程，教育和工作经验是影响个体收入的主要因素，故控制变量中包含个体教育年限、工作经验以及工作经验平方。同时，相关研究显示，工作时间对个体收入也产生影响，故将每周工作时间也作为控制变量加入方程。另外，根据前人研究经验，回归方程还控制了个体特征，包括性别、婚姻、村居类型、政治面貌、年份虚拟变量、区域虚拟变量。居民所在城市的宏观经济发展水平也对个体收入和体育锻炼行为产生影响。如经济发达地区最低工资高于经济发展欠发达地区，经济发达地区体育场地设施多于经济发展欠发达地区，导致区域居民体育锻炼参与率产生差异。故将居民所在地人均GDP作为宏观层面控制变量，将地区人均GDP进行对数化处理并纳入回归方程。

中介变量。参加体育锻炼可能是通过增加健康资本、心理资本和社会资本为个体带来收入回报。测度个体健康水平采用个体自评健康，个体自评健康能客观准确地反映个体在调查时间段的健康状况，测度题项为“您认为自己现在的健康状况如何？”；幸福感是个体心理健康状况的客观反映，体育锻炼通过改善个体心理健康水平来提升个体幸福感，用个体主观幸福感来测度幸福感水平，测度题项为“总的来说，您认为您的生活过得是否幸福？”；社会资本的测量维度较多，包括人际关系、社会网络支持、公民参与、信任与合作规范等（Scrivens & Smith，2013），故根据CLDS个体问卷中能够反映个体社会资本的调查题项，分别选取社会阶层、社会信任和社会网络支持来测度个体社会资本。首先，若个体拥有较多社会资本，则其社会经济地位越高，所处的社会阶层也越高。测度社会阶层的题项为“您认为自己目前在哪个等级上？”对他人的信任是社会资本的重要构成部分，将用“总的来说，您是否同意大多数人是可以信任的这种看法？”题项来测度社会信任。关系密切的朋友或者熟人数量能客观反映个体人际关系和社会网络状况，故将关系密切且可以得到支持和帮助的朋友或熟人数量作为测度个体社会网络支持状况的题项，测度题项为“在本地，您有多少关系密切，可以得到他们支持和帮助的朋友/熟人？”

工具变量。将行政区是否有体育设施及区域人均体育财政投入作为工具变量，以更好地识别参加体育锻炼产生的收入效应。测度行政区体育设施的题项源于村居问卷，通过村居编码与个体调查数据匹配，以题项“行政区划范围内有运动场所或健身场所吗？”的调查结果来测度体育设施状况。区域人均体育财政投入数据则来自各省市统计年鉴，通过问卷中城市编码与个体调查数据匹配，人均体育财政投入为文化、体育与传媒财政投入除以年末人口数。

2. 变量描述性统计

从参加体育锻炼居民的收入情况分析。在24702个有效样本中，参加体育锻炼（每月有规律地参加体育锻炼且每周至少参加1次及以上）的样本为5648个，占总样本的比重为22.86%。有3891个样本个体经常参加体育锻炼，占总样本的比重为15.75%。无论参加体育锻炼人口占比还是经常参加体育锻炼人口占比，均小于2020年全国全民健身活动状况调查的结果。在24702个有效样本中，人均月收入为2821.97元，参加体育锻炼样本（N=5648）人均月收入为4046.313元，不参加体育锻炼样本人均月收入为2459.049元，参加体育锻炼样本人均月收入比不参加体育锻炼样本高出1587元。图6–2显示了参加体育锻炼和不参加体育锻炼样本月收入对数的核密度估计，从中可知，参加体育锻炼个体和不参加体育锻炼个体都具有相似的月工资分布，呈现出正态分布特征。但参加体育锻炼和不参加体育锻炼个体月收入高低和离散程度存在显著差异。参加体育锻炼个体核密度曲线波峰向右移动且峰值变高，并向右拖尾。参加体育锻炼个体月收入核密度曲线的波峰相对较窄，说明参加体育锻炼个体月收入显著高于不参加体育锻炼个体，与参加体育锻炼个体相比，不参加体育锻炼个体月收入则更为分散且个体间月收入差异更大。

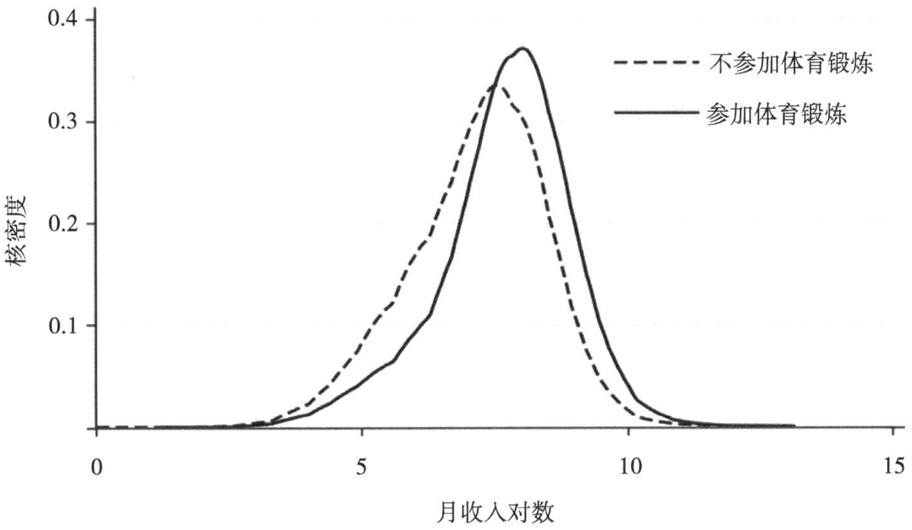

图6-2　参加和不参加体育锻炼个体月收入对数核密度估计分布图

综上分析可知，参加体育锻炼对个体收入产生影响，为进一步探究体育锻炼影响收入的机制，下文将从体育锻炼收入效应视角探究全民健身的个体经济价值。

三、计量分析方法

1. 基准识别模型

根据体育促进发展理论及人力资本理论，参加体育锻炼的个体通过习得运动技能、习得社会规范、习得社会角色、提升劳动素质，有利于个体获取健康资本、心理资本、社会资本等，从而提高个体人力资本积累，进而从体育锻炼中获得劳动回报。Mincer于1974年在专著《Schooling，Experience，and Earnings》中构建了人力资本收入方程，即Mincer收入函数方程。因此，基于标准的Mincer收入函数方程，在方程中引入体育锻炼因素来估计参加体育锻炼的收入效应。基准回归公式如下：

$$\mathrm{Lnincome}_i=\alpha+\beta \mathrm{exercise}_i+\delta \mathrm{edu}_i+\gamma_1 \exp_i+\gamma_1 \exp_i^2+\eta X_i+\varepsilon_i \quad (6\text{-}1)$$

式中，$\mathrm{Lnincome}_i$为月收入的对数；$\mathrm{exercise}_i$为个体是否参加体育锻炼，为虚拟变量；edu_i和$\exp_i$分别为个体的受教育年限和工作经验，$\exp_i^2$为工作经验的平方项；X_i为影响个体月收入的其他控制变量，包括性别、婚姻、村居类型、政治面貌、每周工作时间、人均GDP等。β、δ、η、γ_1、γ_2为回归系数，ε_i为随机扰动项。

2. 工具变量法

采用OLS回归估计个体参加体育锻炼的收入效应时，内生性问题可能导致体育锻炼收入效应的估计结果有偏差。一是由于参加体育锻炼与个体月收入之间存在反向因果关系。第五章研究结果表明，收入对个体体育锻炼参与决策产生正向影响，即个体收入越高其参加体育锻炼的概率越高。同时，国内外众多研究也显示，收入影响个体体育参与（Farrell & Shields，2002；Downward，2007；Downward & Rasciute，2010；张若，2014；Downward & Rasciute，2015）。因此，收入会影响体育锻炼，估计体育锻炼的收入效应可能存在反向因果关系；二是由于模型中存在不可观测的遗漏变量，会同时影响个体参加体育锻炼和收入，如个体的认知和非认知能力，从而产生内生性问题，导致估计结果有偏差；三是模型还可能存在样本选择偏差问题。第五章的估计结果表明，个体参加体育锻炼是存在样本自选择问题，即个体是否参加体育锻炼并不是由个体参与意愿决定，多数情况可能还受锻炼环境、锻炼设施等客观因素的影响。如有体育锻炼动机的个体，由于所处区域的周边没有体育设施或雾霾太严重而选择在家看赛事直播。

因此，采用工具变量法估计体育锻炼的收入效应，是克服反向因果关系和遗漏变量导致内生性问题的有效方法。对于工具变量的寻找，Kavetsos（2011）在已有文献中利用区域身体活动流行程度作为工具变量，修正身体活动对雇佣影响存在的偏差；Huang和Humphrey（2012）在估计体育参与对幸福的影响时，采用每千人运动设施数量作为工具变量，修正体育参与对幸福感影响产生的偏差；Ruseski等（2014）研究体育参与对主观幸福感影响时，采用家到运动设施的距离和个体报告参与体育的重要程度作为工具变量，来修正体育参与对主观幸福感影响可能存在的内生性问题。前期相关研究说明区域体育锻炼流行程度、体育设施及个体体育认知都对个体参加体育锻炼产生影响，但这些变量对个体收入而言是外生变量，与影响个体收入的其他遗漏变量（即与Mincer收入函数方程的残差项不相关）不相关。CLDS2014和CLDS2016的村居问卷调查了村居所在行政区域内体育设施状况，因此，将行政区是否有体育设施作为工具变量是可行性操作。同时，根据工具变量的使用要求，行政区是否有体育设施必须与内生解释变量个体是否参加体育锻炼相关（相关性），但与公式（6–1）中的残差项不相关。

基于上述分析，使用行政区是否有体育设施作为参加体育锻炼的工具变量，通过工具变量法来估计参加体育锻炼的收入效应。2SLS工具变量法第一阶段回归公式如下：

$$exercise_i = \alpha + \beta sportfacility_i + \delta edu_i + \gamma_1 exp_i + \gamma_2 exp_i^2 + \eta X_i + \varepsilon_i \quad (6\text{–}2)$$

式中，$sportfacility_i$表示行政区是否有体育设施，为虚拟变量，1代表有体育设施，0代表无体育设施，其余变量与公式（6–1）相同。

用公式（6–2）的回归残差作为参加体育锻炼的代理变量引入公式（6–1）中，来识别参加体育锻炼产生的收入效应。

3. 倾向得分匹配法

倾向得分匹配法（PSM：Propensity Score Matching）是解决个体体育锻炼参与行为存在自选择性偏差的有效方法，能克服自选择性偏差导致体育锻炼收入效应估计结果有偏差。Rosenbaum和Rubin（1983）为解决匹配时个体间的度量问题而提出倾向得分匹配法（PSM），PSM方法的核心思想是基于自然实验的一种反事实估计，即将实验组（参加体育锻炼个体）和控制组（不参加体育锻炼个体）根据参加体育锻炼产生的条件概率进行匹配，寻找与实验组条件概率最相似的控制组作为反事实组，从而获得实验组的平均处理效应（ATT），即参加体育锻炼与不参加体育锻炼的收入差异。

PSM方法的具体步骤包括：①计算倾向得分。以是否参加体育锻炼作为因变量，将影响体育锻炼的个体因素（性别、年龄、婚姻、村居类型、政治面貌、社会阶层、健康、工作时间）及相关宏观因素（区域人均GDP、年份虚拟变量、区域虚拟变量）纳入回归模型中，采用logit回归模型以个体是否参加体育锻炼为因变量，计算出个体参加体育锻炼的条件概率（倾向得分）。②检验匹配结果的平衡性，以及匹配后参加体育锻炼组和不参加体育锻炼组的拟合程度。③根据匹配后的样本计算出参加体育锻炼组与不参加体育锻炼组的收入差异，即平均处理效应（ATT）。估计体育锻炼收入效应采用的匹配方法包括近邻匹配、半径匹配和核匹配。

4. 稳健性检验方法

①替换自变量。将CLDS2014和CLDS2016个体问卷中的题项，根据变量定义生成新变量体育锻炼时间，并将体育锻炼时间作为自变量，估计体育锻炼时

间支出产生的收入效应。②同时替换自变量和工具变量。将自变量替换为体育锻炼时间，工具变量替换为区域人均体育财政投入。由于我国体育体制长期采用举国体制，改革开放以来我国体育设施建设并未采取市场化策略，均通过国家财政投入建设体育基础设施。截至2013年，我国体育场地普查结果显示，社会捐赠及其他资本投资体育场地建设的比例较小，主要以财政拨款为主（投资占比55.84%）、单位自筹为辅（投资占比35.88%）（钟华梅，2017）。可见，体育财政投入对区域体育设施建设、体育锻炼的流行程度都产生积极影响。因此，本章将区域人均体育财政投入作为工具变量，以检验体育锻炼产生收入效应的稳健性。③采用分位数回归进行稳健性检验。分位数回归由Koenker等（1978）提出，分位数回归不易受极端值影响，是由于分位数回归的最小化目标函数是使用残差绝对值的加权平均，因此，采用分位数回归估计体育锻炼收入效应则估计结果较为稳健。使用10%、25%、50%、75%、90%分位数进行回归，以判断体育锻炼收入效应的稳健性。④基于CGSS2017数据的稳健性检验。为了进一步说明全民健身确实具有个体经济价值，本章还使用CGSS2017调查数据来检验体育锻炼的收入效应。根据研究设计，选取相同控制变量（由于CGSS2017为截面数据，故无年份变量），采用OLS回归和PSM方法检验参加体育锻炼能否为个体带来显著的收入回报（由于CGSS2017调查问卷未找到有效工具变量故未采用工具变量法进行估计）。

5. 机制检验

为验证体育锻炼产生收入效应的机制，采用中介效应模型检验健康资本、心理资本、社会资本是否为体育锻炼产生收入效应的机制。采用Baron和Kenny（1986）提出的逐步检验法和温忠麟等（2004）的中介效应方法来检验体育锻炼经济价值的生成机制。计量模型公式如下：

$$Ln\text{income}_i=\alpha+\beta_1\text{exercise}_i+\delta\text{control}_i+\varepsilon_1 \quad (6\text{-}3)$$

$$M_i=\alpha+\beta_2\text{exercise}_i+\delta\text{control}_i+\varepsilon_2 \quad (6\text{-}4)$$

$$Ln\text{income}_i=\alpha+\beta_3\text{exercise}_i+\theta M_i+\delta\text{control}_i+\varepsilon_3 \quad (6\text{-}5)$$

式中，$Lnincome_i$和$exercise_i$与公式（6-1）相同，M_i为中介变量，包括健康水平、幸福感、社会阶层、社会信任、社会支持等变量。$control_i$为一系列控制变量，包括性别、婚姻、村居类型、政治面貌、教育年限、工作经验、工作经验平方、人均GDP等。

根据中介效应检验方法，β_1为体育锻炼影响个体收入的总效应，β_3为体育锻炼影响个体收入的直接效应，$\beta_2\times\theta$为体育锻炼影响个体收入的间接效应，若β_3不显著，则为完全中介，若β_3显著且小于β_1则为部分中介。系数间关系为：$\beta_1=\beta_3+\beta_2\times\theta$。根据中介效应检验模型，用于检验中介机制是否成立的方法包括依次检验法、Sobel法和Bootstrap法。三种检验方法中Bootstrap法的检验力高于Sobel法，Sobel法的检验力高于依次检验法（马万超 等，2018），因此，下文在依次回归的基础上采用Bootstrap法检验体育锻炼收入效应的生成机制。

第三节　实证结果分析与讨论

一、体育锻炼的收入效应估计：OLS与IV

表6-2报告了基于OLS回归和工具变量法（IV）的体育锻炼收入效应估计结果，第（1）和第（2）列分别为OLS回归不加入控制变量和加入控制变量时，参加体育锻炼的收入效应估计结果，第（4）列为采用行政区体育设施作为工具变量时参加体育锻炼的收入效应估计结果。在OLS回归中，模型显著性p值均为0.000，不加入控制变量时模型R^2为0.033，加入控制变量后模型R^2为0.390，说明加入控制变量后所有变量对个体月收入的解释力度达到39%。同时，对回归方程中自变量间是否存在多重共线性进行诊断，结果显示，所有自变量中除了工作经验与工作经验平方项外，其他影响个体月收入的自变量方差膨胀因子（VIF）值都小于5，小于经验值10，说明影响月收入的自变量间不存在多重共线性。采用工具变量法估计参加体育锻炼的收入效应时，DWH检验的F值为4.63，p值为0.0314，在5%置信区间拒绝了参加体育锻炼产生收入效应不存在内生性的原假设，说明存在内生性问题。在2SLS工具变量法估计第一阶段行政区体育设施对体育锻炼影响的回归中，F值为118.261，大于经验值10，说明行政区体育设施是一个有效的工具变量，且不存在弱工具变量问题。

表6-2 体育锻炼的收入效应估计：OLS和IV估计

指标	OLS		IV	
	月收入		第一阶段	第二阶段
			体育锻炼	月收入
	（1）	（2）	（3）	（4）
体育锻炼（参加=1）	0.527***	0.089***		0.610**
	（0.527）	（0.015）		（0.248）
性别（男性=1）		0.391***	−0.029***	0.407***
		（0.013）	（0.005）	（0.015）
婚姻（在婚=1）		0.280***	−0.050***	0.307***
		（0.20）	（0.009）	（0.024）
村居类型（城市=1）		0.425***	0.106***	0.368***
		（0.014）	（0.007）	（0.030）
政治面貌（党员=1）		0.213***	0.097***	0.162***
		（0.019）	（0.011）	（0.031）
教育年限		0.042***	0.021***	0.031***
		（0.002）	（0.001）	（0.006）
每周工作时间		0.128***	−0.011***	0.133***
		（0.010）	（0.003）	（0.010）
工作经验		0.009***	0.001	0.009***
		（0.002）	（0.001）	（0.002）
工作经验平方		0.000***	0.000*	0.000***
		（0.000）	（0.000）	（0.000）
人均GDP		0.322***	0.029***	0.303***
		（0.013）	（0.005）	（0.016）
年份虚拟变量		0.057***	0.105***	0.002
		（0.012）	（0.005）	（0.029）
区域虚拟变量		0.149***	0.003	0.145***
		（0.008）	（0.003）	（0.009）
工具变量：行政区			0.058***	
体育设施（有=1）			（0.005）	
constant	7.170***	2.144***	−0.448***	2.413***
	（0.009）	（0.141）	（0.058）	（0.192）

（续表）

指标	OLS		IV	
	月收入		第一阶段	第二阶段
			体育锻炼	月收入
	（1）	（2）	（3）	（4）
pseudo R^2	0.033	0.390	0.122	0.362
prob>F	0.000	0.000	0.000	0.000
一阶段回归F值			118.264	
DWH检验F值			4.6317［0.0314］	
观测变量	24702	24702	24702	24702

注：***、**、*分别表示在1%、5%、10%置信区间显著，（ ）内为稳健标准误，［ ］内为DWH检验的p值。

本章实证解析全民健身促进体育产业高质量发展的间接机制，从个体参加体育锻炼的收入效应进行实证分析。表6-2第（1）列中，在不考虑其他影响因素的情况下，参加体育锻炼能使个体月收入上升52.7%，且在1%置信区间具有显著性；第（2）列在纳入影响个体月收入的教育年限、工作经验、工作经验平方、工作时间，以及个体社会人口特征变量、宏观经济变量后，参加体育锻炼使个体月收入上升8.9%，在1%置信区间具有显著性。说明在控制其他影响个体月收入的因素后，参加体育锻炼对个体月收入的影响减小，但仍然对个体月收入产生显著正向影响；第（4）列采用行政区体育设施作为工具变量，在克服遗漏变量和反向因果关系导致的内生性问题后，参加体育锻炼能使个体月收入上升61%，且在1%置信区间具有显著性。工具变量法估计结果显示，参加体育锻炼带来的月收入溢价是OLS回归估计结果的6倍多，表明OLS估计可能存在较大偏误。综上可知，无论是采用OLS估计还是IV估计，参加体育锻炼都能为个体带来显著的收入回报。

从控制变量对月收入影响的回归结果可知，无论是OLS估计还是IV估计，控制变量都对个体收入产生影响。男性月收入高于女性，这与当前男性收入水平普遍高于女性的社会现象一致。在婚个体月收入高于不在婚个体，在婚个体年龄较大、工作经验多，使其收入高于不在婚个体。城市个体月收入高于农村个体，表明我国城乡呈现出的二元分割现象依然存在。党员月收入高于非党员，党员作为一种政治身份，在一定条件下对个体收入产生影响。教育作为重要人力资本，教育年限越高则个体月收入水平也越高。工作经验作为一项重要人力资本储备，工作经验越多则月收入也越高，充分体现出工作技能的经济价值。同时，工作投入的时间越多则带来的月收入也越高，说明时间是具有经济价值的。地区经济发展水平对个体月收入也具有积极影响。控制变量的估计结果与以往相关研究一致，表明模型估计结果可靠。

二、体育锻炼的收入效应估计：PSM

根据上文研究设计，为解决样本选择性偏差问题导致的估计结果偏差，采用倾向得分匹配（PSM）法估计参加体育锻炼对个体月收入的影响。具体步骤包括：①以体育锻炼为因变量，纳入影响个体参加体育锻炼的性别、年龄、婚姻、村居类型、政治面貌、教育程度、健康水平、工作时间等因素。同时，将人均GDP、年份虚拟变量和区域虚拟变量也纳入模型。采用logit回归估计参加体育锻炼的倾向得分，logit回归结果见表6–3。②分别采用近邻匹配（1对2）、半径匹配（半径0.01）、核匹配三种匹配方法进行倾向得分匹配，图6–3呈现了匹配前后处理组（参加体育锻炼）和控制组（不参加体育锻炼）倾向得分核密度图，表6–4呈现了采用近邻匹配时解释变量的平衡性检验结果，近邻匹配、半径匹配、核匹配三种匹配方法的平衡性假定检验结果见表6–5。③根据匹配前后的平衡性检验结果及拟合度检验，计算出参加体育锻炼的平均处理效应（ATT）。

倾向得分值的logit回归结果显示（表6–3），估计倾向得分值的相关个体特征变量、社会经济变量都对个体参加体育锻炼产生影响，男性个体、在婚个体参加体育锻炼的概率显著低于女性个体、不在婚个体，年龄越大则个体参加体育锻炼的概率越高，年龄对体育锻炼产生正向影响。居住在城市的个体参加体育锻炼的概率显著高于居住在农村的个体。与非党员相比，党员参加体育锻炼的概率更高。教育程度越高、社会阶层越高和健康水平越高的个体，其参加体育锻炼的概率也越高。区域人均GDP越高则个体参加体育锻炼的概率也越高。除性别外，第一阶段logit回归结果与第五章个体体育锻炼参与决策的估计结果相同，再次说明倾向得分值估计模型及变量选择的合理性。

表6–3　预测倾向得分值的logit回归结果

指标	体育锻炼		
	回归系数	标准误	*z*
性别	–0.084**	0.033	–2.510
年龄	0.012***	0.002	7.590

（续表）

指标	体育锻炼		
	回归系数	标准误	z
婚姻	−0.277***	0.048	−5.750
村居类型	0.553***	0.039	14.040
政治面貌	0.359***	0.052	6.950
教育程度	0.481***	0.020	24.380
社会阶层	0.099***	0.020	5.050
健康水平	0.053***	0.019	2.780
工作时间	−0.053**	0.023	−2.270
人均GDP	0.230***	0.035	6.600
年份虚拟变量	0.700***	0.033	21.260
区域虚拟变量	0.064***	0.023	2.830
constant	−6.816***	0.386	−17.670

注：***、**分别表示在1%、5%水平上显著。

图6-3为匹配前和匹配后处理组（参加体育锻炼）与控制组（不参加体育锻炼）倾向得分值的核密度分布。从中可知，在匹配前，参加体育锻炼组和不参加体育锻炼组在倾向得分值上差异较大，在匹配后，参加体育锻炼组和不参加体育锻炼组在倾向得分值上差异显著减小，表明倾向匹配显著缩小了参加体育锻炼组和不参加体育锻炼组之间的偏差，匹配后参加体育锻炼组与不参加体育锻炼组拟合程度更佳。

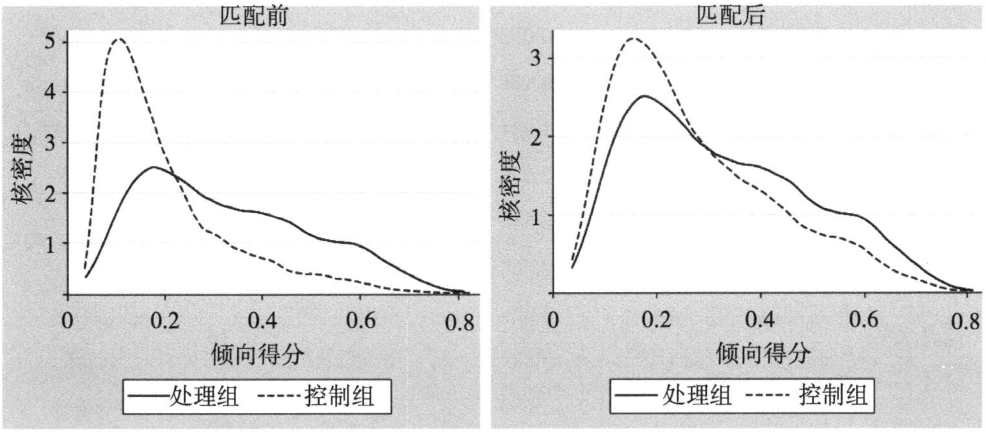

图6-3 匹配前和匹配后倾向得分拟合值的核密度分布

表6-4为与个体月收入相关的解释变量的平衡性检验结果，在匹配前，不同性别个体体育锻炼参与率不存在显著性差异，而其余变量在匹配前体育锻炼参与率都存在显著性差异。首先，匹配前后所有变量偏误比都降低至5%以下。其次，匹配前后性别都不存在显著差异，而影响月收入的其他解释变量的偏误比比例都显著下降，工作时间的偏误比下降比例为82.2%，是偏误比降低比例最低的变量，而其余变量的偏误比降低比例均超过90%。同时，匹配后对参加体育锻炼组和不参加体育锻炼组进行t检验，结果显示，各变量t统计量均不存在显著性差异，拒绝匹配后变量间存在差异的原假设。说明倾向得分匹配法降低了参加体育锻炼组和不参加体育锻炼组样本间存在的差异，匹配后参加体育锻炼组和不参加体育锻炼组的样本特征（解释变量）不存在系统差异，消除了样本选择性偏差所导致的估计偏误。

表6-4 解释变量的平衡性检验（近邻匹配）

指标	匹配前后	参加锻炼	不参加锻炼	偏误比/%	偏误比降低比例/%	差异性t统计量
性别	匹配前	0.562	0.556	1.2	-43.80	0.760
	匹配后	0.562	0.554	1.7		0.880
年龄	匹配前	43.541	45.973	-19.600	92.40	-12.910***
	匹配后	43.541	43.355	1.5		0.800
婚姻	匹配前	0.831	0.892	-17.700	94.50	-12.340***
	匹配后	0.831	0.828	1.0		0.480
村居类型	匹配前	0.561	0.289	57.300	98.20	38.750***
	匹配后	0.561	0.566	-1.000		-0.530
政治面貌	匹配前	0.176	0.073	31.500	92.30	23.190***
	匹配后	0.176	0.168	2.4		1.110
教育程度	匹配前	2.672	1.934	70.000	99.10	47.910***
	匹配后	2.672	2.678	-0.600		-0.300
社会阶层	匹配前	2.659	2.514	17.000	94.00	11.190***
	匹配后	2.659	2.668	-1.000		-0.550
健康水平	匹配前	3.845	3.672	18.700	96.30	12.150***
	匹配后	3.845	3.839	0.7		0.380
工作时间	匹配前	3.652	3.630	3.1	82.20	2.000**
	匹配后	3.652	3.656	-0.600		-0.310

（续表）

指标	匹配前后	参加锻炼	不参加锻炼	偏误比/%	偏误比降低比例/%	差异性t统计量
人均GDP	匹配前	11.023	10.805	36.900	97.60	24.410***
	匹配后	11.023	11.018	0.9		0.480
年份虚拟变量	匹配前	1.585	1.443	28.800	98.80	18.970***
	匹配后	1.585	1.583	0.4		0.190
区域虚拟变量	匹配前	2.253	2.118	15.700	96.50	10.350***
	匹配后	2.253	2.248	0.5		0.290

注：***表示在1%水平上显著。本表为近邻匹配平衡性检验结果，半径匹配和核匹配结果未展示。

表6-5呈现近邻匹配、半径匹配和核匹配三种匹配方法的匹配平衡性假定检验结果。整体上看，三种匹配方法匹配后Peudo R^2、LR统计量、偏差均值（MeanBias）、*B*值和*R*值都显著下降。在匹配前似然比检验在1%置信区间被拒绝，而在匹配后未被拒绝。从*B*值看，三种匹配方法*B*值在匹配前都大于25%，但在匹配后都明显降低且远低于25%。从*R*值看，三种匹配方法匹配后*R*值都位于［0.5，2］的区间。说明三种匹配方法都显著降低处理组和控制组间匹配变量存在的差异，降低样本选择性偏差，满足平衡性假定。

表6-5　匹配平衡性假定检验结果

匹配方法	Sample	Pseudo R^2	LR chi2	p>chi2	MeanBias	MedBias	B	R
近邻匹配	匹配前	0.113	3005.450	0.000	26.500	19.200	86.5*	1.210
	匹配后	0.000	4.210	0.979	1	0.9	3.9	0.980
半径匹配	匹配前	0.113	3005.450	0.000	26.500	19.200	86.5*	1.210
	匹配后	0.000	2.750	0.997	0.7	0.7	3.1	0.970
核匹配	匹配前	0.113	3005.450	0.000	26.500	19.200	86.5*	1.210
	匹配后	0.000	4.660	0.968	1.2	1.1	4.1	1.130

注：*表示*B*>25%，Routside［0.5，2］。

表6-6报告了采用近邻匹配、半径匹配、核匹配三种匹配方法的估计结果，近邻匹配、半径匹配、核匹配的平均处理效应分别为8.2%、7%和8.4%，且都在1%置信区间显著。通过倾向得分匹配法消除参加体育锻炼组和不参加体育锻炼组间可观测因素导致的选择性偏差后，参加体育锻炼仍能使个体月收入增加8%左右。说明参加体育锻炼确实能够为个体带来显著的收入回报，即体育锻炼具有显著个体经济价值，第一个研究假设得到验证。

表6-6 体育锻炼的收入效应估计：倾向得分匹配（PSM）

匹配方法	参加 体育锻炼	不参加 体育锻炼	ATT	标准误	*T*值
近邻匹配[a]	7.696	7.614	0.082***	0.023	3.55
半径匹配[b]	7.696	7.626	0.070***	0.020	3.54
核匹配	7.696	7.612	0.084***	0.020	4.26

注：a：近邻匹配采用有放回1对2匹配；b：半径匹配的半径设置为0.01；三种匹配方法成功匹配样本量为24696个；***表示在1%水平上显著，即*T*值大于2.58。

三、稳健性检验

1. 替换因变量和工具变量

根据稳健性检验方法，体育锻炼时间支出也能客观反映个体参加体育锻炼状况，且从经济学视角看，体育锻炼时间存在成本价格，则个体体育锻炼总经济价值由时间成本价格和收入增长效应组成。若研究结果显示个体锻炼时间支出对个体月收入产生正向影响，则表明个体参加体育锻炼的时间支出具有更高经济价值。将体育锻炼时间作为解释变量，将人均体育财政投入作为工具变量，重新估计体育锻炼时间支出对月收入的影响（表6-7）。表6-7中第（2）列是将解释变量替换为体育锻炼时间的工具变量法（IV）估计结果，第（4）列是将解释变量和工具变量分别替换为体育锻炼时间和人均体育财政投入的估计结果。第（2）列和第（4）列结果显示，体育锻炼时间每增加1%，个体月收入分别增加0.117%和0.855%，且回归系数分别在5%和1%置信区间具有显著性。说明体育锻炼时间对个体月收入产生显著的正向影响，体育锻炼时间支出具有显著的个体经济价值。

表6-7　稳健性检验：替换自变量和工具变量

指标	第一阶段 体育锻炼时间 （1）	第二阶段 月收入 （2）	第一阶段 体育锻炼时间 （3）	第二阶段 月收入 （4）
体育锻炼时间		0.117** （0.048）		0.855*** （0.201）
性别（男性=1）	−0.166*** （0.028）	0.409*** （0.015）	−0.172*** （0.028）	0.535*** （0.044）
婚姻（在婚=1）	−0.285*** （0.048）	0.309*** （0.025）	−0.289*** （0.048）	0.524*** （0.074）
村居类型（城市=1）	0.569*** （0.036）	0.366*** （0.031）	0.574*** （0.036）	−0.061 （0.123）
政治面貌（党员=1）	0.530*** （0.056）	0.159*** （0.032）	0.526*** （0.056）	−0.229* （0.117）
教育年限	0.110*** （0.005）	0.030*** （0.006）	0.114*** （0.005）	−0.054** （0.023）
每周工作时间	−0.063*** （0.017）	0.134*** （0.010）	−0.060*** （0.017）	0.175*** （0.021）
工作经验	0.012*** （0.004）	0.008*** （0.002）	0.012*** （0.004）	−0.001 （0.004）
工作经验平方	0.000 （0.000）	0.000*** （0.000）	0.000 （0.000）	0.000*** （0.000）
人均GDP	0.144*** （0.029）	0.304*** （0.016）	0.114*** （0.032）	0.167*** （0.046）
年份虚拟变量	0.560*** （0.027）	0.001 （0.029）	0.554*** （0.027）	−0.412*** （0.117）
区域虚拟变量	0.005 （0.018）	0.147*** （0.009）	0.048** （0.019）	0.129*** （0.018）
工具变量：行政区体育设施（有=1）	0.300*** （0.028）			
工具变量：人均体育财政投入			0.114*** （0.024）	

（续表）

指标	第一阶段 体育锻炼时间 （1）	第二阶段 月收入 （2）	第一阶段 体育锻炼时间 （3）	第二阶段 月收入 （4）
constant	−2.408*** （0.308）	2.422*** （0.195）	−2.631*** （0.307）	4.461*** （0.632）
pseudo R^2	0.116	0.360		
prob>F	0.000	0.000	0.000	0.000
一阶段回归F值	112.027		21.773	
DWH检验F值	4.6744［0.0306］		77.5913［0.0000］	
观测变量	24702	24702	24702	24702

注：***、**、*分别表示在1%、5%、10%置信区间显著，（ ）内为稳健标准误，［ ］内为DWH检验的p值。

2. 不同估计方法：分位数回归

分位数回归能更好地解释参加体育锻炼对月收入的影响，且估计结果不受极端值影响。前文实证结果表明，参加体育锻炼对个体月收入产生显著正向影响，但参加体育锻炼产生的收入效应在不同收入水平个体间可能存在差异。作为稳健性检验，本部分考察了月收入在10%、25%、50%、75%、90%分位数点时，参加体育锻炼对个体月收入产生的影响。表6–8分位数回归结果显示，在10%、25%、50%、75%、90%分位数点上，体育锻炼对月收入的回归系数均为正值，且在1%置信区间具有显著性。表明参加体育锻炼能够为个体带来显著收入回报，结果保持稳健。同时，月收入在75%分位数和90%分位数时，参加体育锻炼产生的收入效应大于月收入在50%、25%和10%分位数，月收入在50%分位数时参加体育锻炼的收入效应最低，表明参加体育锻炼对高收入群体的经济价值更大，对中等收入群体经济价值最小。若高收入群体积极参加体育锻炼则从体育锻炼中获得收入回报更高，可能会进一步拉大高收入群体与中低收入群体收入差距，导致收入不平等。

表6-8　稳健性检验：分位数回归

指标	月收入				
	q10	q25	q50	q75	q90
体育锻炼（参加=1）	0.080***	0.086***	0.071***	0.090***	0.135***
	（0.019）	（0.010）	（0.011）	（0.010）	（0.007）
性别（男性=1）	0.447***	0.400***	0.377***	0.358***	0.316***
	（0.018）	（0.011）	（0.010）	（0.010）	（0.017）
婚姻（在婚=1）	0.367***	0.256***	0.208***	0.222***	0.248***
	（0.058）	（0.017）	（0.008）	（0.009）	（0.012）
村居类型（城市=1）	0.689***	0.473***	0.323***	0.251***	0.254***
	（0.024）	（0.028）	（0.015）	（0.014）	（0.027）
政治面貌（党员=1）	0.221***	0.231***	0.196***	0.150***	0.099***
	（0.016）	（0.041）	（0.009）	（0.016）	（0.020）
教育年限	0.061***	0.056***	0.051***	0.041***	0.034***
	（0.004）	（0.001）	（0.001）	（0.002）	（0.001）
每周工作时间	0.232***	0.178***	0.123***	0.061***	0.025**
	（0.008）	（0.007）	（0.009）	（0.010）	（0.012）
工作经验	0.009***	0.013***	0.016***	0.014***	0.011***
	（0.003）	（0.002）	（0.002）	（0.003）	（0.003）
工作经验平方	0.000***	−0.001***	−0.001***	0.000***	0.000***
	（0.000）	（0.000）	（0.000）	（0.000）	（0.000）
人均GDP	0.363***	0.357***	0.332***	0.306***	0.302***
	（0.034）	（0.014）	（0.009）	（0.014）	（0.047）
年份虚拟变量	0.029***	0.057***	0.086***	0.098***	0.079***
	（0.016）	（0.019）	（0.014）	（0.025）	（0028）
区域虚拟变量	0.223***	0.188***	0.125***	0.075***	0.064**
	（0.023）	（0.018）	（0.010）	（0.009）	（0.025）
constant	−0.275	0.828***	2.046***	3.266***	4.049***
	（0.351）	（0.097）	（0.062）	（0.154）	（0.503）
pseudo R^2	0.2767	0.2866	0.2396	0.1851	0.1455
观测变量	24702				

注：***、**分别表示在1%、5%水平上显著，（ ）内为bootstrap标准误。

3. 不同调查样本：基于CGSS2017数据的稳健性检验

不同调查方式可能会出现不同研究结果，为检验研究结果的稳健性，使用2017年中国综合社会调查（CGSS2017）数据进行稳健性检验。由于CGSS2017数据变量中未找到有效工具变量，故采用OLS回归和倾向得分匹配法估计参加体育锻炼的收入效应。CGSS2017调查数据在选取相同的自变量、因变量、控制变量并剔除无效样本后，获得有效样本9540个。在控制影响月收入的变量后，OLS估计结果显示，参加体育锻炼使个体月收入增加15.9%，且在1%置信区间显著（表6-9）。同时，近邻匹配、半径匹配、核匹配的估计结果显示，参加体育锻炼使个体月收入分别增加11.9%、9.4%和11.1%，略高于CLDS的估计结果。利用CGSS2017调查数据的估计结果表明，体育锻炼具有显著的个体经济价值，参加体育锻炼能为个体带来显著的收入回报，这一结论是可靠的。

表6-9 稳健性检验：基于CGSS2017调查数据的估计

指标	月收入				
	OLS		PSM		
			近邻匹配	半径匹配	核匹配
体育锻炼（参加=1）	0.723*** （0.026）	0.159*** （0.021）	0.119*** （0.035）	0.094*** （0.030）	0.111*** （0.030）
性别（男性=1）		0.263*** （0.020）			
婚姻（在婚=1）		0.209*** （0.026）			
村居类型（城市=1）		0.718*** （0.027）			
政治面貌（党员=1）		0.242*** （0.028）			
教育年限		0.068*** （0.003）			
每周工作时间		0.064*** （0.007）			
工作经验		−0.011*** （0.002）			

（续表）

指标	月收入				
	OLS		PSM		
			近邻匹配	半径匹配	核匹配
工作经验平方		0.000			
		（0.000）			
人均GDP		0.572***			
		（0.031）			
区域虚拟变量		0.111***			
		（0.018）			
constant	7.149***	-0.385***			
	（0.019）	（0.317）			
pseudo R^2	0.073	0.490			
prob>F	0.000	0.000			
T值			3.45	3.09	3.71
匹配成功样本			9525	9524	9525
观测变量			9540		

注：***表示在1%水平上显著，（ ）内为稳健标准误。

四、体育锻炼收入效应的生成机制分析

根据研究设计，使用Bootstrap法进行健康资本、心理资本及社会资本的中介效应检验，以探讨体育锻炼产生收入效应的机制。表6-10为中介效应的检验结果。

参加体育锻炼提高个体月收入的总效应为0.089（β_1）。在健康人力资本方面，参加体育锻炼通过提高健康水平带来收入回报的间接效应为0.006（$\beta_2\times\theta$），间接效应占总效应的比重为6.74%，且95%置信区间上下限值为［0.003，0.010］，置信区间数值不包括0。说明参加体育锻炼是通过提高个体健康水平进而为个体带来收入回报，即参加体育锻炼是通过增加个体健康资本为个体带来收入回报，第二个研究假设得到验证。在个体幸福感方面，参加体育锻炼通过提高个体幸福感带来收入回报的间接效应为0.016（$\beta_2\times\theta$），且95%置信区间上下限值为［0.013，0.020］，置信区间数值不包括0。说明参加体育

锻炼是通过提高幸福感进而为个体带来收入回报，第三个研究假设得到验证。在社会资本方面，参加体育锻炼通过提升个体社会阶层和增加社会支持进而带来收入回报的间接效应分别为0.013（$\beta_2\times\theta$）和0.001（$\beta_2\times\theta$），且95%置信区间上下限值均不包括0，说明参加体育锻炼是通过提高社会阶层和获得社会支持进而为个体带来收入回报。同时，参加体育锻炼对社会信任产生影响，但社会信任在参加体育锻炼影响个体月收入中的间接效应值为0.000（$\beta_2\times\theta$），且95%置信区间上下限值包括0，表明社会信任中介作用不成立，第四个研究假设得到部分验证。即参加体育锻炼可以通过提升社会阶层和获得社会支持来增加个体社会资本进而为个体带来收入回报，但参加体育锻炼提高个体社会信任并不会产生收入效应。

表6-10　体育锻炼收入效应的生成机制：Bootstrap法中介效应检验

中介变量		系数	Bootstrap标准误	95%置信区间		中介程度
				下限	上限	
体育锻炼→健康水平→个体收入	间接效应	0.006	0.002	0.003	0.010	6.74%
	直接效应	0.083	0.015	0.054	0.112	
体育锻炼→幸福感→个体收入	间接效应	0.016	0.002	0.013	0.020	17.98%
	直接效应	0.073	0.015	0.044	0.102	
体育锻炼→社会阶层→个体收入	间接效应	0.013	0.002	0.009	0.017	14.61%
	直接效应	0.076	0.015	0.047	0.107	
体育锻炼→社会信任→个体收入	间接效应	0.000	0.000	−0.000	0.001	—
	直接效应	0.089	0.014	0.061	0.117	
体育锻炼→社会支持→个体收入	间接效应	0.001	0.001	0.000	0.002	1.12%
	直接效应	0.088	0.015	0.058	0.118	

注：Bootstrap再抽样次数为1000。总效应（β_1）=间接效应（$\beta_2\times\theta$）+直接效应（β_3），中介程度=间接效应（$\beta_2\times\theta$）/总效应（β_1）。

五、体育锻炼收入效应的异质性分析

为进一步了解不同特征群体参加体育锻炼产生收入效应的差异，深入了解体育锻炼个体经济价值的群体异质性，保障不同群体健身权益，促进社会均衡发展、充分发展。从个体的性别、婚姻、村居类型、教育程度、区域、年龄六个方面探讨体育锻炼收入效应的异质性。

1. 性别、婚姻及城乡异质性

从表6-11可知，在性别方面，参加体育锻炼对男性月收入产生正向影响，且这一系数在1%置信区间显著。参加体育锻炼对女性月收入产生负向影响，但这一影响不具有显著性。在婚姻方面，参加体育锻炼对在婚个体和不在婚个体月收入都产生正向影响，且对不在婚个体月收入影响强于在婚个体，回归系数均在10%置信区间显著。从村居类型看，参加体育锻炼对农村个体月收入不存在影响，但参加体育锻炼对城市个体月收入产生正向影响，且在1%置信区间显著。上述结果表明，参加体育锻炼产生收入效应主要存在于男性个体和城市个体，参加体育锻炼对在婚和不在婚个体的收入都存在影响，不在婚个体参加体育锻炼带来的收入效应高于在婚个体。

表6-11　体育锻炼收入效应的性别、婚姻及村居类型异质性

指标	月收入（IV）					
	女性 （1）	男性 （2）	不在婚 （3）	在婚 （4）	农村 （5）	城市 （6）
体育锻炼（参加=1）	−0.024 （0.418）	1.067*** （0.312）	2.553* （1.310）	0.433* （0.254）	0.336 （0.367）	0.778** （0.303）
性别（男性=1）			0.109* （0.061）	0.441*** （0.017）	0.476*** （0.022）	0.313*** （0.018）
婚姻（在婚=1）	0.160*** （0.037）	0.418*** （0.033）			0.373*** （0.034）	0.211*** （0.034）
村居类型（城市=1）	0.483*** （0.046）	0.274*** （0.041）	0.248** （0.101）	0.384*** （0.033）		
政治面貌（党员=1）	0.260*** （0.054）	0.104*** （0.040）	0.046 （0.124）	0.175*** （0.033）	0.195*** （0.048）	0.077** （0.034）
教育年限	0.047*** （0.010）	0.015* （0.008）	−0.002 （0.037）	0.030*** （0.006）	0.016** （0.007）	0.055*** （0.010）
每周工作时间	0.141*** （0.015）	0.120*** （0.014）	0.076 （0.051）	0.131*** （0.011）	0.151*** （0.011）	0.068*** （0.022）
工作经验	0.006* （0.003）	0.017*** （0.003）	0.031*** （0.007）	0.005** （0.002）	−0.002 （0.003）	0.018*** （0.004）

（续表）

指标	月收入（IV）					
	女性	男性	不在婚	在婚	农村	城市
	（1）	（2）	（3）	（4）	（5）	（6）
工作经验平方	0.000***	−0.001***	−0.001***	0.000***	0.000***	0.000***
	（0.000）	（0.000）	（0.000）	（0.000）	（0.000）	（0.000）
人均GDP	0.346***	0.276***	0.220***	0.317***	0.306***	0.303***
	（0.027）	（0.020）	（0.063）	（0.017）	（0.024）	（0.020）
年份虚拟变量	0.061	−0.039	−0.187	0.010	0.023	0.012
	（0.046）	（0.037）	（0.193）	（0.028）	（0.039）	（0.041）
区域虚拟变量	0.143***	0.140***	0.018	0.151***	0.210***	0.041***
	（0.013）	（0.013）	（0.071）	（0.009）	（0.012）	（0.014）
constant	1.898***	3.171***	3.900***	2.651***	2.438***	2.837***
	（0.343）	（0.245）	（1.052）	（0.212）	（0.257）	（0.266）
pseudo R^2	0.376	0.260		0.375	0.288	0.123
prob>F	0.000	0.000	0.000	0.000	0.000	0.000
一阶段回归F值	44.073	74.951	6.409	115.263	74.407	40.707
观测值	10925	13777	3014	21688	16027	8675

注：***、**、*分别表示在1%、5%、10%置信区间显著，（ ）内为稳健标准误。

男性作为参加全民健身的主要群体，参加体育锻炼有利于其获取健康资本及社会资本，进而为其带来劳动力市场回报，而女性个体参加体育锻炼的目的可能在于维持身材或者休闲，故难以产生收入效应。不在婚个体多为青年人群，其正处于事业发展上升期，亟须健康资本和社会资本来维持其劳动力市场发展，而在婚群体年龄较大，其在劳动力市场的收益已相对稳定，致使不在婚个体参加体育锻炼产生的收入效应高于在婚个体；参加体育锻炼仅对城市个体的劳动力市场收入回报产生积极影响，主要原因是城市个体主要从事脑力劳动，亟须通过参加体育锻炼提升个体的健康资本和社会资本，进而实现人力资本增值。农村个体主要从事体力劳动其体育锻炼需求相对较少，且参加体育锻炼为农村个体带来健康资本和社会资本增值的效果有限。

2. 教育异质性

上文分析显示，不同受教育水平个体的体育锻炼参与率存在差异，因此，不同受教育水平个体参加体育锻炼所带来的收入回报可能也存在差异。从表6-12可知，小学及以下学历个体参加体育锻炼对其月收入产生负向影响，但在统计水平上不存在显著性。初中学历和大学及以上学历个体参加体育锻炼对其月收入产生正向影响，但在统计水平上也不存在显著性。但参加体育锻炼对高中（普高、职高、中专、技校）学历个体月收入产生正向影响，且在1%置信区间具有显著性，即参加体育锻炼对高中学历个体月收入产生显著正向影响。参加体育锻炼为中等教育程度个体带来收入溢价，而对初中及以下学历个体和大学及以上学历个体的收入不存在影响。

参加体育锻炼仅对高中学历个体的收入产生影响，究其原因，可能是低学历个体主要从事低技能水平的体力劳动，体力劳动带来的健康收益与参加体育锻炼所带来的健康收益具有替代效应。作为高学历个体，其参加体育锻炼的比例高于低学历和中等学历个体，但由于高学历个体的人力资本较为丰富，主要从事与脑力活动相关的职业，导致体育锻炼为其带来的劳动力市场收益甚微。但高中学历个体从事非体力劳动工作，在教育人力资本不具备优势的情况下，若通过参加体育锻炼能增加其健康资本、心理资本和社会资本储备，一定程度上可弥补高中学历个体在教育人力资本上的不足，增加其劳动市场收益。

表6-12　体育锻炼收入效应的教育异质性

指标	月收入（IV）			
	小学及以下	初中	高中	大学及以上
体育锻炼	-0.153	0.477	1.805***	0.800
（参加=1）	（0.514）	（0.341）	（0.642）	（0.534）
性别	0.434***	0.533***	0.394***	0.235***
（男性=1）	（0.024）	（0.025）	（0.045）	（0.034）
婚姻	0.339***	0.270***	0.203***	0.244***
（在婚=1）	（0.046）	（0.041）	（0.057）	（0.072）
村居类型	0.495***	0.315***	0.133	0.173***
（城市=1）	（0.051）	（0.040）	（0.092）	（0.049）
政治面貌	0.203**	0.119**	0.023	0.077*
（党员=1）	（0.080）	（0.057）	（0.086）	（0.047）
每周工作时间	0.152***	0.125***	0.160***	0.028
	（0.015）	（0.016）	（0.037）	（0.034）

（续表）

指标	月收入（IV）			
	小学及以下	初中	高中	大学及以上
工作经验	0.004	0.033***	0.023***	0.040***
	（0.006）	（0.004）	（0.007）	（0.007）
工作经验平方	0.000***	−0.001***	−0.001***	−0.001***
	（0.000）	（0.000）	（0.000）	（0.000）
人均GDP	0.340***	0.241***	0.308***	0.383***
	（0.033）	（0.024）	（0.041）	（0.041）
年份虚拟变量	0.058	0.005	−0.162*	0.066
	（0.049）	（0.040）	（0.092）	（0.080）
区域虚拟变量	0.227***	0.171***	0.023	−0.008
	（0.016）	（0.015）	（0.027）	（0.036）
constant	1.921***	3.074***	2.809***	2.715***
	（0.340）	（0.257）	（0.427）	（0.423）
pseudo R^2	0.242	0.200		0.004
prob>F	0.000	0.000	0.000	0.000
一阶段回归F值	45.629	61.408	16.097	12.129
观测值	8808	8354	3896	3644

注：***、**、*分别表示在1%、5%、10%置信区间显著，（ ）内为稳健标准误。

3. 区域异质性

城乡差异和区域差异是我国社会经济发展不均衡现象的主要体现，农村和中西部地区经济发展水平相对落后。从区域异质性视角分析参加体育锻炼带来的收入效应，为推动全民健身区域均衡发展提供研究依据。从表6-13可以看出，参加体育锻炼对西部个体月收入产生正向影响，对中部个体月收入产生负向影响，但在统计水平上均不存在显著性。参加体育锻炼对东部个体月收入产生正向影响，且在1%置信区间具有显著性，说明参加体育锻炼为东部地区居民带来显著的劳动力市场收入回报，但对中西部地区居民劳动力市场收入并不存在影响。究其原因，我国东部地区整体经济发展水平较高，处于经济发达地区的个体，参加体育锻炼为其带来健康资本和社会资本增值，进一步提高其经济收益。而中西部地区个体主要从事劳动密集型职业，体育锻炼参与率较低，使得体育锻炼难以成为其获取更高劳动力市场收益的手段。

表6-13　体育锻炼收入效应的区域异质性

指标	月收入（IV）		
	西部	中部	东部
体育锻炼	0.069	–0.068	3.343***
（参加=1）	（0.390）	（0.398）	（1.115）
性别	0.370***	0.445***	0.417***
（男性=1）	（0.029）	（0.033）	（0.035）
婚姻	0.253***	0.315***	0.466***
（在婚=1）	（0.040）	（0.053）	（0.086）
村居类型	0.619***	0.540***	0.006
（城市=1）	（0.058）	（0.071）	（0.105）
政治面貌	0.259***	0.158**	–0.106
（党员=1）	（0.043）	（0.067）	（0.125）
教育年限	0.049***	0.026**	–0.035
	（0.008）	（0.011）	（0.027）
每周工作时间	0.127***	0.084***	0.211***
	（0.018）	（0.019）	（0.029）
工作经验	0.008**	0.004	0.015***
	（0.004）	（0.004）	（0.004）
工作经验平方	0.000***	0.000***	–0.001***
	（0.000）	（0.000）	（0.000）
人均GDP	0.269***	0.173***	0.238***
	（0.026）	（0.028）	（0.079）
年份虚拟变量	–0.029	0.105**	–0.342**
	（0.032）	（0.047）	（0.154）
constant	2.857***	4.400***	3.646***
	（0.294）	（0.327）	（0.976）
pseudo R^2	0.360	0.364	
prob>F	0.000	0.000	0.000
一阶段回归F值	50.349	46.453	13.043
观测值	7679	5673	11350

注：***、**分别表示在1%、5%水平上显著，（ ）内为稳健标准误。

4. 年龄异质性

不同年龄个体体育锻炼的参与率存在差异，可能会导致不同年龄个体参加体育锻炼获取的经济价值也存在差异。从表6-14可以看出，参加体育锻炼对青年[①]个体月收入产生正向影响，但在统计水平上不存在显著性；参加体育锻炼对中年个体月收入产生正向影响，且在10%置信区间具有显著性；参加体育锻炼对老年个体月收入产生负向影响，但在统计水平上不存在显著性。上述结果表明，体育锻炼产生收入效应仅存在于中年个体中，而参加体育锻炼不能为青年和老年个体带来劳动力市场收入回报。究其原因，青年个体处于学业、事业发展巅峰期，收入溢价主要来源于其教育人力资本及专业技术技能，中年个体事业相对较为稳定，但健康水平逐渐下降，健康资本损耗较为严重，通过参加体育锻炼增进健康，进而提高工作效率，从劳动力市场获得更高回报。老年个体均处于退休状态，其收入主要以退休金为主，相对稳定。

表6-14　体育锻炼收入效应的年龄异质性

指标	月收入（IV）		
	青年	中年	老年
体育锻炼	0.468	0.796*	–0.070
（参加=1）	（0.340）	（0.424）	（0.732）
性别	0.390***	0.505***	0.361***
（男性=1）	（0.017）	（0.032）	（0.054）
婚姻	0.216***	0.300***	0.289***
（在婚=1）	（0.031）	（0.044）	（0.075）
村居类型	0.232***	0.353***	0.787***
（城市=1）	（0.027）	（0.070）	（0.123）
政治面貌	0.070*	0.162***	0.304***
（党员=1）	（0.038）	（0.054）	（0.098）
教育年限	0.071***	0.012	–0.004
	（0.010）	（0.010）	（0.013）

①青年为45岁以下个体，中年为46～59岁个体，老年为60岁及以上个体。

指标	月收入（IV）		
	青年	中年	老年
每周工作时间	0.133***	0.134***	0.133***
	（0.016）	（0.017）	（0.024）
工作经验	0.030***	−0.106***	−0.110***
	（0.005）	（0.022）	（0.039）
工作经验平方	−0.001***	0.001***	0.001*
	（0.000）	（0.000）	（0.000）
人均GDP	0.295***	0.288***	0.373***
	（0.022）	（0.024）	（0.052）
年份虚拟变量	0.026	−0.008	0.082
	（0.042）	（0.044）	（0.089）
区域虚拟变量	0.130***	0.156***	0.171***
	（0.014）	（0.014）	（0.029）
constant	1.999***	4.929***	5.009***
	（0.287）	（0.411）	（1.180）
pseudo R^2	0.296	0.278	0.250
prob>F	0.000	0.000	0.000
一阶段回归F值	50.581	44.727	17.646
观测值	11309	9805	3588

注：***、*分别表示在1%、10%水平上显著，（ ）内为稳健标准误。

六、经常参加体育锻炼的收入效应估计

全民健身作为个体养成健康生活方式的重要手段，体育锻炼强度、时间和频率的不同可能也会使体育锻炼产生收入效应存在差异，对个体的劳动市场回报产生影响。Lechner和Sari（2015）的研究结果显示，个体运动强度从不运动到适量运动不存在收入效应，从中等强度运动到积极锻炼具有收入效应。同时，全国全民健身状况调查以及各项全民健身政策等都将经常参加体育锻炼作为评价全民健身活动开展状况的重要指标。说明随着体育锻炼时间、频率和强度增加，个体从劳动力市场获得收入回报可能也会发生变化，且经常参加体育

锻炼也是衡量全民健身发展状况的重要评价指标。上文已经证实，参加体育锻炼具有收入效应，因此，利用CLDS和CGSS2017调查数据，进一步估计个体经常参加体育锻炼是否仍具有收入效应。由于CLDS和CGSS2017并未调查体育锻炼强度，因此将经常参加体育锻炼定义为每周3次及以上且每次30分钟及以上，为二分类变量。

从表6-15估计可知，CLDS数据中OLS回归和工具变量法的估计结果都显示经常参加体育锻炼能使个体月收入分别上升7.5%和89.8%，且都在1%置信区间显著；CGSS2017数据中OLS回归的估计结果也显示经常参加体育锻炼能使个体月收入上升14%。采用倾向得分匹配法（PSM）对CLDS和CGSS2017数据进行重新估计，从表6-16可知，无论是近邻匹配、半径匹配还是核匹配，经常参加体育锻炼都对个体月收入产生显著正向影响。上述结果表明，经常参加体育锻炼能为个体带来显著收入回报，即参加体育锻炼的频率和时间增加能为个体带来显著收入回报。经常参加体育锻炼仍具有显著个体经济价值，但是否锻炼强度越高经济价值越大还需进一步深入探索。

表6-15　经常参加体育锻炼的收入效应估计：OLS和IV估计

指标	月收入		
	CLDS		CGSS2017
	OLS	IV	OLS
经常参加体育锻炼（经常参加=1）	0.075***	0.898**	0.140***
	（0.017）	（0.371）	（0.021）
性别（男性=1）	0.391***	0.420***	0.260***
	（0.013）	（0.019）	（0.020）
婚姻（在婚=1）	0.278***	0.308***	0.210***
	（0.020）	（0.025）	（0.026）
村居类型（城市=1）	0.428***	0.362***	0.726***
	（0.014）	（0.033）	（0.027）
政治面貌（党员=1）	0.216***	0.158***	0.247***
	（0.019）	（0.033）	（0.028）
教育年限	0.043***	0.029***	0.069***
	（0.002）	（0.007）	（0.003）
每周工作时间	0.128***	0.135***	0.064***
	（0.010）	（0.010）	（0.007）

（续表）

指标	月收入		
	CLDS		CGSS2017
	OLS	IV	OLS
工作经验	0.009***	0.005*	−0.012***
	（0.002）	（0.003）	（0.002）
工作经验平方	0.000***	0.000***	0.000
	（0.000）	（0.000）	（0.000）
人均GDP	0.324***	0.308***	0.578***
	（0.013）	（0.015）	（0.031）
年份虚拟变量	0.061***	−0.004	
	（0.012）	（0.031）	
区域虚拟变量	0.149***	0.149***	0.111***
	（0.008）	（0.009）	（0.018）
constant	2.126***	2.442***	−0.421
	（0.141）	（0.204）	（0.317）
pseudo R^2	0.390	0.334	0.489
prob>F	0.000	0.000	0.000
一阶段回归F值		70.119	
DWH检验F值		5.32［0.0211］	
观测变量	24702	24702	9540

注：***、**、*分别表示在1%、5%、10%水平上显著，（）内为稳健标准误，［］内为DWH检验的p值。

表6–16　经常参加体育锻炼的收入效应估计：倾向得分匹配（PSM）

匹配方法		经常参加体育锻炼	不经常参加体育锻炼	ATT	标准误	T值
CLDS	近邻匹配[a]	7.646	7.603	0.043*	0.024	1.79
	半径匹配[b]	7.645	7.592	0.053**	0.022	2.45
	核匹配	7.646	7.569	0.077***	0.022	3.55
CGSS2017	近邻匹配[a]	7.792	7.724	0.068**	0.032	2.14
	半径匹配[b]	7.791	7.716	0.075***	0.029	2.59
	核匹配	7.792	7.702	0.090***	0.029	3.11

注：a：CLDS近邻匹配采用有放回1对4匹配，CGSS2017采用1对2匹配；b：半径匹配的半径设置为0.01；*表示在10%水平上显著（$1.64<T<1.96$），**表示在5%水平上显著（$1.96<T<2.58$）***表示在1%水平上显著（$T>2.58$）。

七、实证结果讨论

1. 全民健身具有社会公平效应

研究发现，参加体育锻炼或经常参加体育锻炼都能为个体带来显著收入回报，对个体而言，参加体育锻炼具有经济价值，这与Lechner（2009）、Kosteas（2012）、程郑权（2020）等的研究结论一致，揭示了参加体育锻炼是获取劳动力市场收入回报的重要渠道。同时，研究还发现，参加体育锻炼通过提高健康资本进而为个体带来收入回报，且参加体育锻炼带来收入回报仅发生在高中学历个体和中年个体。从相关异质性群体参加体育锻炼产生的收入效应来看，参加体育锻炼是具有社会公平效应。高中学历个体教育人力资本不足，中年个体健康资本下降，但通过参加体育锻炼来提高健康资本储备和弥补教育人力资本的不足，可为高中学历个体和中年个体带来劳动力市场收入回报。同时，分位数分析结果显示，参加体育锻炼能显著提高低收入群体的月收入水平。降低收入不平等和健康不平等是我国社会经济发展过程中亟须解决的问题，是推动经济均衡发展、充分发展的有效手段。全民健身作为一项提升全民健康水平的重要战略，微观个体参加体育锻炼通过提高健康人力资本储备降低健康不平等，进而为其在劳动市场带来收入回报，有利于缓解收入不平等问题。具体体现在，高中学历个体通过参加全民健身提高健康水平可弥补因教育人力资本不足而导致的收入不平等，中年个体通过参加全民健身提高健康水平可弥补健康资本储备不足，低收入群体通过参加全民健身可获得劳动力市场的收入回报。因此，全民健身通过促进全民健康可以产生显著的收入效应，是缓解健康不平等、收入不平等和缩小国民收入差距的有效手段，具有一定社会公平效应。开展全民健身、鼓励全民积极参加体育锻炼有利于缩小收入差距，对促进社会均衡发展、充分发展起到重要作用。

2. 全民健身具有幸福效应

参加体育锻炼能提高幸福感，这已经在国内外众多文献中得到证实。Lechner（2009）认为参加体育锻炼改善幸福感似乎是个体收入增长的重要渠道，但并未实证参加体育锻炼是通过提高幸福感来增加收入。本章研究发现，参加体育锻炼可以通过提高个体幸福感进而为个体带来显著的劳动市场收入回报，验证了幸福感提升是参加体育锻炼产生收入效应的重要中介渠道，证实了Lechner（2009）所提出的假设。个体参加体育锻炼促进个体心理健康并产生福利效应，提高个体幸福感会对个体劳动生产率产生积极影响，从而使个体发挥人力资本价值，进而从劳动力市场获得更高收入回报。当前，我国已经步入全面小康社会时期，新时期社会经济发展的矛盾已经发生转变。研究显示，全民健身作为一项国家战略，开展全民健身活动、引导个体积极参加体育锻炼能够提高个体幸福感，进而带来收入回报。从中可知，参加体育锻炼是全民提升幸福感、增加收入的重要渠道，全民健身具有幸福效应，是增加人民福祉、满足美好生活向往的重要战略。应采取措施引导全民积极参加体育锻炼，通过体育锻炼来提升人民幸福感。

3. 全民健身具有发展效应

全民健身可以构建一个社会交往平台，个体参加体育锻炼可以为个体建立社交网络，社交网络的建立可以使个体融入社会促进人的社会化发展。研究显示，参加体育锻炼是通过提升个体社会阶层和获得社会支持进而带来劳动力市场收入回报，参加体育锻炼所建立的社交网络有利于增加个体社会资本，体现在融入社交网络所带来的社会阶层提升和在社会活动中获得社会支持。社会阶层较高且社会网络支持较多的个体，其在劳动力市场能通过社会阶层和社会支持获得相应的社会资本，进而为个体带来劳动力市场收入回报。因此，通过实施全民健身国家战略，引导全民积极参加体育锻炼，发挥体育的融合、社交等功能，可促进人的社会化发展，进而促进人的全面发展，具有发展效应。

第四节　全民健身促进体育产业高质量发展的间接机制

从参加体育锻炼的经济价值生成路径分析，个体参加体育锻炼的间接经济价值体现在参加体育锻炼为个体带来的效用，包括健康资本、心理资本和社会资本增值，最终演化为个体人力资本增值。实证结果表明，个体参加体育锻炼是通过提高健康水平、提高幸福感、提升社会阶层和获得社会支持进而为个体带来收入回报，个体健康资本（健康水平提高）、心理资本（幸福感提高）、社会资本（社会阶层提升、社会支持获取）的增加是体育锻炼为个体带来的无形效用，最终转化为个体在劳动力市场获得的收入回报。

从体育促进发展理论看，个体参加体育锻炼是个体对人力资本的一种投资行为，通过参加体育锻炼提高了个体健康资本、心理资本和社会资本储备，进而实现人力资本增值，为个体带来劳动力市场的收入回报。时间和货币是个体为实现人力资本增值而参加体育锻炼的两种生产要素，依据时间分配理论，时间具有影子价格，个体参加体育锻炼的时间和货币投入都由其工资率决定。因此，收入提高对体育锻炼需求可能存在负向效应或正向效应。但第五章和Muñiz等（2014）的实证研究结果都显示，收入上升显著提高个体参加体育锻炼的概率，表明现阶段我国居民收入提高，显著提升了体育锻炼需求。同时，参加体育锻炼为也个体带来显著收入回报，体现出体育锻炼具有显著的个体经济价值，且体育锻炼个体经济价值的实现依赖于参加体育锻炼为个体带来的健康资本、心理资本和社会资本增值。全民参加体育锻炼是通过发挥体育锻炼的个体经济价值，间接提高了全民体育锻炼需求，进而促进体育产业高质量发展。

综上可知，引导全民积极参加体育锻炼能为个体带来显著收入回报，且参加体育锻炼带来的收入回报来自参加体育锻炼获取的健康资本、心理资本及社会资本增值。同时，居民收入上升也提高了全民体育锻炼需求，形成参加体育锻炼与个体经济收益间的良性循环，即个体参加体育锻炼获得收入回报，收入上升进一步提高个体体育锻炼需求，体育锻炼需求是增加体育消费支出和优化体育消费结构、促进体育产业高质量发展的重要动力。因此，参加体育锻炼产生的个体经济价值是全民健身促进体育产业高质量发展的间接作用机制。全民健身通过发挥体育锻炼的个体经济价值、提高体育锻炼需求进而促进体育产业高质量发展，体现在参加体育锻炼获得人力资本增值进而带来收入回报，收入上升则提高了体育锻炼需求，进而促进体育产业高质量发展。即全民健身促进体育产业高质量发展的间接机制为：参加体育锻炼—人力资本增值（健康资本、心理资本、社会资本）—获得收入回报—提高体育锻炼需求—促进体育产业高质量发展。

第五节　本章小结

全民健身作为推动健康中国和体育强国建设的有效举措，促进全民参加体育锻炼具有显著的经济价值。从微观层面看，全民健身的个体经济价值体现在个体参加体育锻炼产生的收入效应。因此，本章利用CLDS2014、CLDS2016、CGSS2017的调查数据，实证研究参加体育锻炼的收入效应及生成机制，以解析全民健身促进体育产业高质量发展的间接机制，也为改善全民体育认知、促进全民积极参加体育锻炼、提高全民健康水平提供研究依据。

采用OLS、工具变量法（IV）和倾向得分匹配法（PSM）的估计结果表明，参加体育锻炼能为个体带来显著收入回报，替换解释变量和工具变量、采用分位数回归、采用CGSS2017数据进行稳健性检验，检验结果都显示研究结果可靠；中介机制检验结果表明，参加体育锻炼是通过提高健康水平、提高幸福感、提升社会阶层和获得社会支持进而为个体带来收入回报，但参加体育锻炼增进社会信任并不能为个体带来收入回报；异质性分析结果显示，参加体育锻炼产生收入效应主要存在于男性个体、城市个体、高中学历个体、东部地区个体和中年个体，同时，不在婚个体参加体育锻炼产生的收入效应强于在婚个体；进一步分析发现，经常参加体育锻炼也能为个体带来显著收入回报，即增加参加体育锻炼的频率和时间也能为个体带来显著收入回报。

从体育锻炼收入效应来实证解析全民健身促进体育产业高质量发展的间接机制。研究发现，参加体育锻炼能为个体带来显著收入回报，且提高健康水平、提高幸福感、提升社会阶层、获得社会支持是个体参加体育锻炼产生收入回报的重要机制。同时，参加体育锻炼的频率和时间增加也能为个体带来显著的收入回报；但参加体育锻炼带来收入回报主要发生在男性个体、城市个体、高中学历个体、东部地区个体和中年个体。分析认为，全民健身促进体育产业高质量发展的间接机制为：参加体育锻炼—人力资本增值（健康资本、心理资本、社会资本）—获得收入回报—提高体育锻炼需求—促进体育产业高质量发展。

本章的政策启示体现在：从微观层面明晰了体育锻炼具有的个体经济价值及生成机制，表明全民健身是通过发挥体育锻炼的个体经济价值促进体育产业高质量发展。因此，将全民健身上升为国家战略引导全民参加体育锻炼具有社会公平效应、幸福效应和发展效应。亟须通过政策改善全民的体育认知、引导全民参加体育锻炼，以缩小居民收入差距、满足全民健康需求、提高全民幸福感、促进人的全面发展。

第七章
全民健身促进体育产业高质量发展的直接机制
——基于体育锻炼消费效应的实证

全民健身通过体育锻炼发挥市场经济价值，具有体育消费效应，是体育产业实现高质量发展的重要动力之一。2020年国家体育总局公布全国40个体育消费试点城市，全民健身作为扩大体育消费规模和促进体育消费升级的基础，亟须从实证层面明晰全民健身与体育消费之间的关系。从微观个体层面看，全民健身的市场经济价值体现在个体参加体育锻炼产生的一系列体育消费支出。参加体育锻炼并从体育锻炼中获得效用，除了投入时间参加体育锻炼外，还做出了体育消费决策产生体育消费支出，成为推动体育产业高质量发展的消费动力。个体产生体育消费行为的前提是个体从体育锻炼中获取的有形和无形的效用大于个体参加体育锻炼的时间成本和锻炼成本（固定成本和可变成本）之和。因此，本章利用2014年和2018年中国家庭追踪调查（CFPS）数据，实证研究参加体育锻炼和经常参加体育锻炼能否提升个体体育消费支出，以及参加体育锻炼和经常参加体育锻炼对个体体育消费支出的影响是否存在城乡、区域、性别、年龄、教育及收入异质性，以明晰全民健身促进体育产业高质量发展的直接作用机制，为引导全民参加体育锻炼、促进体育产业实现高质量发展提供微观研究依据。

第一节　理论分析及研究假设

在时间分配理论框架下，Humphreys和Ruseski（2011）根据SLOTH模型开发体育锻炼参与决策和时间支出决策的经济理论模型。即在个体效用最大化原则下，讨论个体参加体育锻炼产生时间成本和体育消费支出的关系（锻炼成本：固定成本和可变成本）。当个体做出体育锻炼参与决策并支出相应时间进行体育锻炼时，时间成本是通过个体小时工资率得以体现。但教练费、服务及器材费等可变成本会随着个体做出体育消费决策而增加，会员费、场地租赁费等固定成本（也可能为0）也会随着个体做出体育消费决策而增加。从体育促进发展理论看，个体参加体育锻炼产生体育消费支出（教练费用支出、设备及设施消费支出、旅游消费支出、运动服装消费支出等）是体育锻炼市场经济价值的体现。参加体育锻炼产生的固定成本和可变成本支出作为个体获得人力资本增值的有效投资，当个体参加体育锻炼并从体育消费中获得效用大于总成本时，会增加体育消费支出，产生体育消费效应。因此，参加体育锻炼作为影响个体体育消费支出的关键解释变量，是促进体育消费的重要决定因素。

在实证研究层面，国内外众多研究显示，参加体育锻炼对体育消费支出产生明显溢出效应。众多实证研究分析了参加体育锻炼对体育消费支出的影响，Lamb等（1992）研究显示，体育参与程度越高则每周体育活动总支出及服装设备支出也越高；Taks等（1999）研究显示，体育参与年限越长、体育参与时间支出越多则体育消费支出也越高；Lera-López和Rapún-Gárate（2005、2007）研究显示，体育参与频率越高则体育消费支出也越高；Wicker等（2010）研究结果表明，体育参与时间支出越多、体育参与表现水平越高则体育消费支出越高；Lera-López等（2012）研究显示，参与职业体育赛事频率和参加业余体育赛事频率对体育赛事消费支出具有显著的正向影响；李骁天等（2017）研究显示，参加体育锻炼频率越高则中低及以上体育消费支出越高；徐开娟等（2019）研究显示，青少年每周参与2～3次校外体育锻炼则实物型体育消费支出显著高于不参与或很少参与体育锻炼的青少年，青少年校外每周参与体育锻炼天数越多则服务型体育消费支出也越高。同时，也有学者将体育消费划分为两阶段行为决策过程，第一阶段决策是个体决定是否要进行体育消费，第二阶段决策是个体决定支付多少钱进行体育消费。研究结果也表明，参加体育锻炼则体育消费支出会显著增加（Scheerder et al.，2011；Thibaut et al.，2014）。

综上分析可知，参加体育锻炼或体育锻炼频率越高则体育消费支出也会越高。同时，随着我国消费结构升级及居民个人收入的增长，体育锻炼需求不断增长，使体育服务型消费需求不断增多，如健身会员费、教练费、场地租赁费及观赛费等服务型体育消费支出显著增加。同时，从相关调查数据可知，随着体育锻炼人口增长，我国居民体育消费支出不断增加，且体育消费结构不断优化。上海市调查结果显示，上海市居民经常参加体育锻炼人口占总人口比重从2012年的39.6%增加至2019年的43.7%，使上海居民的体育消费支出不断提高和体育消费结构不断优化，2019年上海居民人均体育消费支出达2849元，其中服务型体育消费支出（含体育旅游和其他服务）占体育消费总支出的比重达到44.7%（上海市体育局，2020）。因此，从时间分配理论、体育促进发展理论及相关实证研究结果可知，体育锻炼具有显著的体育消费效应，且参加体育锻炼时间越长、频率越高则体育消费支出也会越高。基于此，提出如下研究假设。

研究假设1：参加体育锻炼能显著提升个体体育消费支出。

研究假设2：经常参加体育锻炼能显著提升个体体育消费支出。

研究假设3：与参加体育锻炼的个体相比，经常参加体育锻炼的个体体育消费支出更高。

第二节　数据来源、变量选取及实证方法

一、数据来源

由于中国劳动力动态调查并未调查个体及家庭的体育消费支出状况，无法满足研究需要，因此，本章采用中国家庭追踪调查[①]（CFPS）数据进行实证研究。基于研究目的及选取变量，由于CFPS2012和CFPS2016相关数据未能满足实证分析需要，同时本章主要从体育锻炼的消费效应来实证研究体育锻炼市场经济价值，且2014年为全民健身上升为国家战略的节点（46号文件颁布时间为2014年10月，CFPS2014追踪调查已结束），故以全民健身上升国家战略前的CFPS2014调查样本和全民健身上升为国家战略后的CFPS2018调查样本为研究对象；宏观层面控制变量（人均GDP、人均消费支出）的数据主要来源于国家统计局官方网站，包括各省、市、自治区的人均GDP和人均消费支出数据。

将宏观层面调查数据根据各省的国际标码与个体调查数据进行匹配，匹配变量包括人均GDP和人均消费支出；将家庭层面调查数据根据家庭样本编码与个体调查数据匹配，来自家庭经济调查数据的匹配变量包括家庭人均体育消费支出、家庭体育消费支出占总支出比重、家庭人均纯收入、家庭规模。在匹配

①中国家庭追踪调查（CFPS）是一项旨在通过追踪收集个体、家庭、社区三个层次的数据，为中国社会、经济、人口、教育和健康变迁提供研究数据。调查涵盖25个省、市、自治区，至今已进行4轮追踪调查。

宏观数据和家庭经济调查数据的基础上进行数据清洗，清洗后CFPS2014获得有效样本17199个，CFPS2018获得有效样本23582个，将CFPS2014横截面数据与CFPS2018横截面数据进行纵向匹配，共获得研究样本40781个。相关调查题项详见附录3。

二、变量选取及描述性统计

1. 变量选取

本章从体育锻炼的体育消费效应研究全民健身促进体育产业高质量发展的直接机制，因此，研究的因变量为体育消费支出，核心自变量为参加体育锻炼和经常参加体育锻炼，并纳入影响个体体育消费支出的社会人口特征、个体经济因素、家庭因素、宏观经济因素作为控制变量。相关变量测度见表7-1。

表7-1　变量描述性统计（*N*=40781）

变量名	变量定义	均值	标准差	最小值	最大值
因变量					
体育消费支出	家庭体育消费支出/家庭人口规模（元）+1，并取对数	0.760	1.975	0	10.884
家庭体育消费支出比重	家庭体育消费支出/家庭总支出	0.008	0.062	0	3.333
体育消费决策	消费=1，不消费=0	0.137	0.344	0	1
自变量					
体育锻炼	参加=1，不参加=0	0.400	0.490	0	1
经常参加体育锻炼	经常参加=1，未经常参加=0	0.283	0.450	0	1
体育锻炼时间	每周参加体育锻炼时间（分钟）+1，并取对数	2.271	2.851	0	7.832
控制变量					
性别	男=1，女=0	0.537	0.499	0	1
年龄	岁	44.974	14.327	16	96
村居类型	城市=1，农村=0	0.467	0.499	0	1
政治面貌	中共党员=1，其他=0	0.015	0.120	0	1

（续表）

变量名	变量定义	均值	标准差	最小值	最大值
控制变量					
教育程度	小学及以下=1，初中=2，高中=3，大学=4，研究及以上=5	1.963	1.046	1	5
健康水平	非常健康=5，健康=4，一般=3，比较不健康=2，非常不健康=1	3.068	1.206	1	5
生活幸福感	幸福得分	7.462	2.167	0	10
社会地位	下层=1，中下层=2，中层=3，中上层=4，上层=5	3.026	1.034	1	5
个体收入	年总收入（元）+1，并取对数	4.841	5.086	0	13.641
婚姻	在婚=1，不在婚=0	0.845	0.362	0	1
家庭规模	家庭成员数量	4.294	1.998	1	21
家庭收入	家庭人均纯收入（元）+1，并取对数	9.412	1.132	0	15.549
人均GDP	人均GDP（元）取对数	10.552	0.685	7.920	11.939
人均消费支出	人均消费支出（元）取对数	9.698	0.344	9.138	10.677
区域虚拟变量	西部=1，中部=2，东部=3	2.107	0.837	1	3
年份虚拟变量	2014年=1，2018年=2	1.578	0.494	1	2

注：家庭体育消费支出比重的样本量为39646个。

因变量：由于中国家庭追踪调查中并未调查个体层面的体育消费支出状况，仅调查了家庭层面保健消费支出状况，因此，将家庭保健消费支出，除以家庭人员数，获得家庭人均体育消费支出金额，以此来衡量个体体育消费水平，并将家庭人均体育消费支出与个体调查数据进行匹配，获得个体体育消费支出金额，将个体体育消费支出金额加1并进行对数化处理。同时，将家庭保健消费支出除以家庭总支出，获得家庭体育消费支出占总支出的比重，用来衡量家庭体育消费水平，并将其作为因变量进行稳健性检验。为消除体育消费存在的选择性偏差，将体育消费决策也作为因变量，采用Heckman两阶段模型进行稳健性检验。将未产生体育消费支出定义为“0”，即未做出体育消费决策，产生体育消费支出的个体定义为“1”，即做出体育消费决策。体育消费支出的调查题项来源于家庭经济调查问卷，题项为“过去12个月，您家的保健费用支出是多少？”该题项主要调查家庭参加健身锻炼、购买健身锻炼的器材及相关保健品的支出情况。

自变量：是否参加体育锻炼和是否经常参加体育锻炼。根据前文关于全民健身概念的界定，以及全民健身调查中将每周参加1次体育锻炼人口归为参加体育锻炼人口，将每周参加3次及以上、30分钟及以上和中等强度及以上人群归为经常参加体育锻炼人口。由于个体问卷中并未调查体育锻炼强度，难以测度个体体育锻炼强度，因此，本章自变量为是否参加体育锻炼（每周参加体育锻炼次数至少为1次）和是否经常参加体育锻炼（每周参加体育锻炼次数3次及以上且每次30分钟及以上）。用以研究参加体育锻炼对体育消费支出的影响。测度参加体育锻炼和经常参加体育锻炼的题项来源于个体问卷，题项为“过去一周，您锻炼了几次？”和“过去一周，您总共锻炼了多长时间？”

控制变量：前期相关研究显示，体育消费支出也受微观和宏观因素共同影响。因此，实证中选取个体社会人口特征、个体经济因素、家庭因素作为微观层面的控制变量，选取宏观层面的省份经济发展水平和消费水平作为控制变量。其中社会人口特征包括性别、年龄、村居类型、政治面貌、教育程度、健康水平、生活幸福感，个体经济因素包括个体社会地位和个体收入，家庭因素包括婚姻、家庭规模和家庭收入，宏观经济因素包括省份人均GDP和人均消费支出。同时，还将区域虚拟变量和年份虚拟变量也作为控制变量纳入回归方程。

2. 我国居民体育消费现状

从家庭层面看，在CFPS2018所调查的14241个家庭样本中，仅有2284个家庭产生体育消费支出，占比仅为16.04%。在2284个进行体育消费的家庭中（图7-1），家庭年体育消费支出在1000元以下的有869个家庭，家庭年体育消费支出在1000～5000元的有1164个家庭，家庭年体育消费支出超过5000元的有251个家庭；在CFPS2014所调查的13946个家庭样本中，仅有1674个家庭产生体育消费支出，占比仅为12.00%。在1674个进行体育消费的家庭中，家庭年体育消费支出在1000元以下的有832个家庭，家庭年体育消费支出在1000～5000元的有716个家庭，家庭年体育消费支出超过5000元的有126个家庭。表明我国家庭体育消费支出仍然较少，体育并未成为家庭消费的必需品，但从2014年和2018年调查数据可以看出，进行体育消费的家庭数量明显增加，且家庭体育消费支出也在上升。

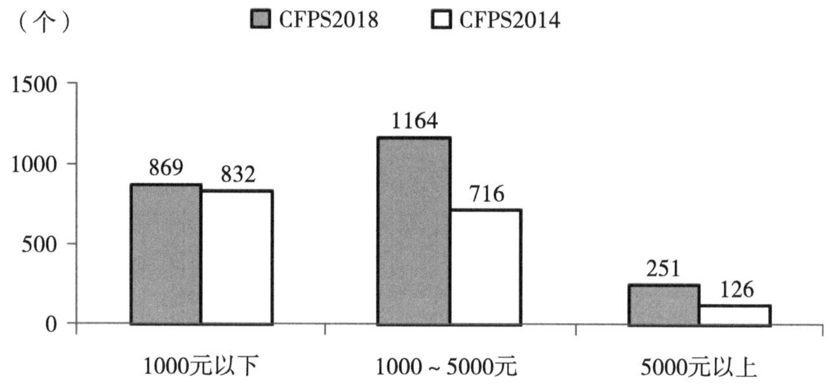

图7-1　不同体育消费支出水平的家庭数量

相关调查结果表明，2014年我国有过体育消费的人口占总人口的比重仅为39.9%，且人均体育消费支出为936元（国家体育总局，2015）。但在40781个样本中，产生体育消费支出的样本仅为5578个，且体育消费支出的均值仅为95元；从参加体育锻炼情况看，有16312个样本参加体育锻炼，占比为40%；经常参加体育锻炼的样本为11522个，占比为28.25%。从图7-2可以看出，参加体育锻炼个体平均体育消费支出为145.88元，不参加体育锻炼个体平均体育消费支出为61.09元；经常参加体育锻炼个体平均体育消费支出144.49元，未经常参加体育锻炼个体平均体育消费支出75.52元。均值差异性检验发现参加体育锻炼个体体育消费支出显著高于不参加体育锻炼个体（$p<0.01$），经常参加体育锻炼个体体育消费支出也显著高于未经常参加体育锻炼个体（$p<0.01$），表明个体参加体育锻炼和经常参加体育锻炼则其体育消费支出分别高于不参加体育锻炼和未经常参加体育锻炼的个体。从图7-3也可以看出，多数被调查样本并未产生体育消费支出，但参加体育锻炼和经常参加体育锻炼的样本其体育消费支出为0的样本量较少，同时参加体育锻炼和经常参加体育锻炼的样本其体育消费支出分别高于不参加体育锻炼和未经常参加体育锻炼的样本，说明参加体育锻炼存在一定体育消费效应。

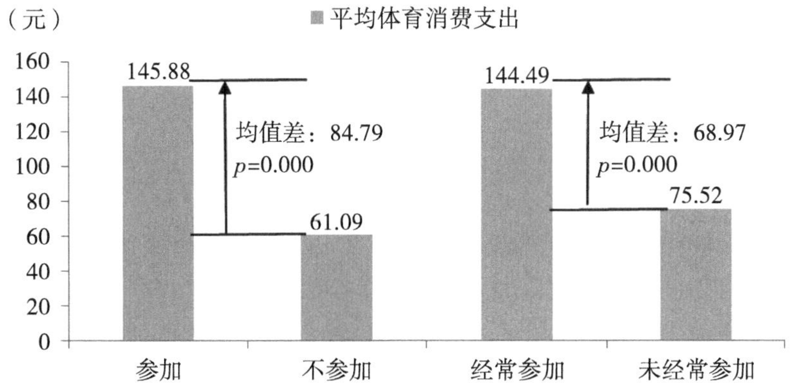

图7-2　我国居民体育消费支出状况比较图

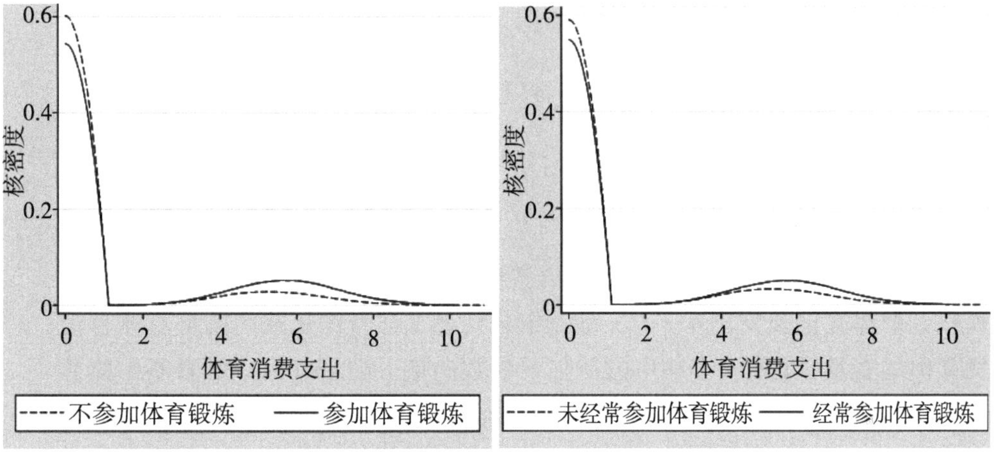

图7-3　个体体育消费支出的核密度估计图

上述结果表明，我国家庭体育消费支出严重不足，体育消费需求尚未成为家庭消费必要需求，但家庭成员参加体育锻炼或经常参加体育锻炼则其体育消费支出会随之增加。因此，在我国体育消费需求尚未成为家庭必要消费需求的背景下，通过开展全民健身活动提高全民体育锻炼意识，有利于引导全民积极参加体育锻炼进而促进体育消费，全民健身将成为推动我国体育产业实现高质量发展的重要驱动力。

三、计量分析方法

1. Tobit模型

假设将个体消费支出分为体育消费支出和其他消费支出，根据效用最大化原则推导体育消费支出的计量模型：

$$maxU=(y,\ z) \tag{7-1}$$

其中，$y+z\leqslant x$，$y\geqslant 0$，$x\geqslant 0$。y为个体体育消费支出，z为个体其他消费支出，x为个体总消费支出。

个体不可能把所有的钱都花在体育消费上，体育消费支出y只有0和非0两种状态，因变量体育消费支出为大于或等于0，若采用OLS进行回归，会导致估计结果有偏差。从图7-3可以看出，多数个体并未进行体育消费，体育消费支出为0。因此，可以采用归并回归模型（Tobit）进行计量分析。

Tobit模型的标准公式为：

$$y_i^*=\beta x_i+\varepsilon_i \tag{7-2}$$

其中，$\varepsilon_i \sim N(0,\ \sigma^2)$，$i=0，1，2\cdots n$

$$y_i=\begin{cases} y_i^* & if\ y_i>0 \\ 0 & if\ y_i\leqslant 0 \end{cases} \tag{7-3}$$

式中，y_i^*代表个人或家庭体育消费支出水平的潜在内生变量，y_i是实际观察到的体育消费支出水平。x_i是一组包括参加体育锻炼在内的解释体育消费支出的变量，β是一个相应的待估计参数向量。当$y_i\leqslant 0$时，观察不到体育消费支出为负值，只能观察到为0的情况。因此，y_i都以0为截尾。

标准Tobit模型使用最大似然（ML）方法估计，该估计的对数似然函数为：

$$LL=\sum_0 ln\left[1-\Phi\left(\frac{\beta x_i}{\sigma_i}\right)\right]\sum_+ ln\left[\frac{1}{\sigma_i}\gamma\left(\frac{y_i-\beta x_i}{\sigma_i}\right)\right] \tag{7-4}$$

式中，“0”表示零观测样本的总和（$y_i=0$），“+”表示体育消费支出大于0观测样本的总和（$y_i>0$）。公式（7-4）中，Φ是标准正态随机变量的累积分布函数（cdf），而γ是标准正态概率密度函数（pdf）。因此，根据居民体育消费支出的具体特征，借鉴Lera-López等（2012）、Pawlowski和Breuer（2012）、Thibaut等（2017）的研究方法，采用Tobit模型研究参加体育锻炼对体育消费支出的影响，使用Tobit模型时需要检验其正态性和方差同质性。具体计量模型如模型（7-5）和模型（7-6）：

$$\text{expenditure}_i^*=\beta_0+\beta_1\,\text{exercise}_i+\gamma\,\text{control}_i+\mu_i,\ \mu/X\sim N(0,\ \sigma^2) \tag{7-5}$$

$$\text{expenditure}=\begin{cases}\text{expenditure}_i^* & if \quad \text{expenditure}_i>0\\ 0 & if \quad \text{expenditure}_i\leqslant 0\end{cases} \tag{7-6}$$

式中，$expenditure_i$代表体育消费支出，$exercise_i$代表参加体育锻炼或经常参加体育锻炼，$control_i$代表一系列控制变量，包括社会人口特征、个体经济因素、家庭因素、宏观因素等。

2. 稳健性检验方法

采用替换因变量、替换自变量、Heckman两阶段模型和倾向得分匹配法重新估计体育锻炼的体育消费效应，进行稳健性检验。①替换因变量。将家庭体育消费支出占总支出的比重替换为体育消费支出，采用Tobit模型重新估计参加体育锻炼和经常参加体育锻炼能否提高家庭体育消费支出占总支出的比重。②替换自变量。将体育锻炼和经常参加体育锻炼替换为每周体育锻炼时间，并采用Tobit模型重新估计体育锻炼时间支出是否能够提升个体体育消费支出。③Heckman两阶段模型。体育消费是一个双决策过程，第一个决策是个体做出体育消费决策，第二个决策是个体愿意支出多少钱进行体育消费。将样本是否做出体育消费决策作为第一阶段二值选择模型的因变量，采用probit模型计算出样本做出体育消费决策的概率，同时计算出逆米尔斯比率（IMR）。在第二阶段模型中将样本的体育消费支出作为因变量，将逆米尔斯比率（IMR）作为第二阶段影响体育消费支出的一个控制变量进行OLS回归，同时将年份虚拟变量作为排他性约束变量，估计参加体育锻炼和经常参加体育锻炼对个体体育消费支出的影响。④倾向得分匹配法。以参加体育锻炼或经常参加体育锻炼为因变量，将影响个体参加体育锻炼的微观因素（性别、年龄、婚姻、政治面貌、健康、幸福感、社会地位、村居类型、家庭规模、家庭收入）、宏观因素（人均GDP、人均消费支出）及区域虚拟变量和年份虚拟变量纳入模型中，采用logit模型计算出个体参加体育锻炼或经常参加体育锻炼的条件概率，检验匹配结果的平衡性，以及处理组（参加体育锻炼或经常参加体育锻炼）和控制组（不参加体育锻炼或未经常参加体育锻炼）的拟合程度。根据匹配成功的样本量计算出参加体育锻炼组和不参加体育锻炼组间体育消费支出存在的差异，以及经常参加体育锻炼组和未经常参加体育锻炼组间体育消费支出存在的差异，即平均处理效应。

第三节　实证结果分析与讨论

一、体育锻炼的体育消费效应估计

采用Tobit模型实证分析参加体育锻炼和经常参加体育锻炼对体育消费支出的影响（表7-2）。第（1）列和第（2）列分别为未纳入控制变量和纳入控制变量时，参加体育锻炼对体育消费支出影响的估计结果。第（1）列估计结果显示，体育锻炼对体育消费支出的边际效应系数为3.217，且在1%置信区间显著。第（2）列在纳入控制变量后，体育锻炼对体育消费支出的边际效应系数1.685，且在1%置信区间显著，表明参加体育锻炼能显著提升个体体育消费支出。第（3）列和第（4）列分别为未纳入控制变量和纳入控制变量时，经常参加体育锻炼对体育消费支出影响的估计结果。第（3）列估计结果显示，经常参加体育锻炼对体育消费支出的边际效应系数为2.207，且在1%置信区间显著。第（4）列在纳入控制变量后，经常参加体育锻炼对体育消费支出的边际效应系数为1.212，且在1%置信区间显著，表明经常参加体育锻炼能显著提升个体体育消费支出。上述结果表明，参加体育锻炼和经常参加体育锻炼均能显著提升个体体育消费支出，假设1和假设2得到验证。

表7-2　体育锻炼的体育消费效应：Tobit模型估计结果

指标	体育消费支出			
	（1）	（2）	（3）	（4）
体育锻炼（参加=1）	3.217***	1.685***		
	（0.137）	（0.133）		
经常参加体育锻炼			2.207***	1.212***
（经常参加=1）			（0.147）	（0.138）
性别（男性=1）		−0.530***		−0.511***
		（0.132）		（0.132）
年龄		0.022***		0.022***
		（0.006）		（0.006）

（续表）

指标	体育消费支出			
	（1）	（2）	（3）	（4）
村居类型（城市=1）		1.086***		1.128***
		（0.145）		（0.145）
政治面貌（党员=1）		1.022**		1.114**
		（0.433）		（0.434）
教育程度		1.542***		1.621***
		（0.072）		（0.071）
健康水平		−0.244***		−0.239***
		（0.061）		（0.061）
生活幸福感		−0.110***		−0.103***
		（0.033）		（0.034）
社会地位		0.340***		0.357***
		（0.070）		（0.070）
个体收入		0.006		0.006
		（0.015）		（0.015）
婚姻（在婚=1）		0.534***		0.466**
		（0.191）		（0.191）
家庭规模		0.275***		0.271***
		（0.035）		（0.036）
家庭收入		2.421***		2.441***
		（0.102）		（0.102）
人均GDP		0.314*		0.294*
		（0.175）		（0.175）
人均消费支出		2.013***		2.110***
		（0.291）		（0.292）
区域虚拟变量	1.606***	−0.172	1.675***	−0.184
	（0.084）	（0.118）	（0.084）	（0.118）
年份虚拟变量	1.330***	−0.908***	1.534***	−0.845***
	（0.143）	（0.200）	（0.144）	（0.201）
constant	−16.773***	−59.606***	−16.588***	−60.515***
	（0.319）	（2.365）	（0.320）	（2.365）

（续表）

指标	体育消费支出			
	（1）	（2）	（3）	（4）
pseudo R^2	0.018	0.068	0.013	0.066
Log likelihood	-63282.879	-62254.3	-63382.432	-62280.205
prob>F	0.000	0.000	0.000	0.000
观测变量	40781	40781	40781	40781

注：***、**、*分别表示在1%、5%、10%水平上显著，（ ）内为稳健标准误。

经常参加体育锻炼的个体，其体育锻炼时间支出、体育锻炼频率、体育锻炼强度都高于参加体育锻炼个体。参加体育锻炼对体育消费支出的边际效应系数为1.685，经常参加体育锻炼对体育消费支出的边际效应系数为1.212，说明相较于不参加体育锻炼的个体，参加体育锻炼的个体平均体育消费支出提升168.5%；相较于未经常参加体育锻炼的个体，经常参加体育锻炼的个体平均体育消费支出提升121.2%。对比分析可知，参加体育锻炼提升个体体育消费支出的边际效应强于经常参加体育锻炼提升个体体育消费支出的边际效应，即随着参加体育锻炼频率与时间增加，体育锻炼提升体育消费支出的边际效应递减。参加体育锻炼和经常参加体育锻炼均能促进体育消费以扩大体育消费规模，但体育锻炼频率及时间越高，所产生的体育消费效应低于初次参加体育锻炼所产生的体育消费效应，即相较于参加体育锻炼的个体，经常参加体育锻炼的个体的体育消费支出更低，假设3被拒绝。因此，通过全民健身促进体育产业高质量发展，应积极引导“从不参加体育锻炼”的居民参加体育锻炼，通过增加体育人口促进体育消费以扩大体育消费规模。同时，也应该鼓励参加体育锻炼的居民增加锻炼频率和时间，进一步发挥体育锻炼的体育消费效应。

从控制变量对体育消费支出的回归系数可知，与男性相比，女性拉动体育消费的作用更明显，女性可能更加关注健康或身材，会支出更多金钱参加体育锻炼进而维持健康或保持身材；年龄越大则体育消费支出越高，即个体随着年龄增长其体育消费支出也会随之增加；城市个体体育消费支出高于农村个体，城市体育设施相对完善，城市居民健康需求多于农村居民，故城市居民体育消费支出高于农村居民；教育程度越高则体育消费支出也越高，接受教育年限越长则个体的健康意识越强，会投入更多资本参加体育锻炼；健康水平越高和幸福感越高则个体体育消费支出越低，健康和幸福感所带来的效用大于体育锻炼对个体所带来的效用，故健康水平较高和幸福感较高的个体，其体育消费支出也会随之降低；社会经济地位越高则个体体育消费支出也越高，但个体收入越高对体育消费支出并不存在影响。这说明随着社会经济地位提高，个体的体育锻炼兴趣越高则体育消费支出也越高，但我国目前还处于中等收入国家行列，个体收入主要用于满足基本生存需求，体育消费需求并未成为我国家庭的必要消费需求，导致收入增长对体育消费支出不存在影响；在婚个体体育消费支出显著高于不在婚个体，在婚个体家庭成员更多，更加关注自身健康，体育消费支出也随之增加；家庭规模越大、家庭收入越高则体育消费支出也会越高，究其原因，体育活动作为家庭活动的重要方式，家庭规模越大、家庭收入越高则会投入更多资本参加体育锻炼；从宏观层面上看，经济越发达的地区和居民消费水平越高的地区则个体体育消费支出也越高。

二、稳健性检验

1. 不同因变量和自变量

根据稳健性检验方法，将家庭体育消费支出占总支出比重作为因变量，采用Tobit模型进行稳健性检验，从表7–3第（1）、（2）列可知，参加体育锻炼和经常参加体育锻炼使家庭体育消费支出占总支出比重分别提高3.5%和2.5%，且参加体育锻炼提升家庭体育消费支出比重大于经常参加体育锻炼提升家庭体育消费支出比重；同时，将体育锻炼时间支出作为自变量，采用Tobit模型估计体育锻炼时间支出对体育消费支出的影响，表7–3第（3）列估计结果显示，体育锻炼时间支出对体育消费支出产生显著的正向影响，即体育锻炼时间支出每增加1%则体育消费支出平均增加0.28%。将因变量替换为家庭体育消费支出比重，将自变量替换为体育锻炼时间进行稳健性检验，结果表明，参加体育锻炼和经常参加体育锻炼均能显著提升个体体育消费支出，且参加体育锻炼产生的体育消费效应强于经常参加体育锻炼产生的体育消费效应。

表7–3　稳健性检验：替换因变量和自变量（Tobit）

指标	家庭体育消费支出比重		体育消费支出
	（1）	（2）	（3）
体育锻炼（参加=1）	0.035*** （0.004）		
经常参加体育锻炼（经常参加=1）		0.025*** （0.004）	

（续表）

指标	家庭体育消费支出比重		体育消费支出
	（1）	（2）	（3）
体育锻炼时间			0.280***
			（0.023）
性别（男性=1）	−0.011***	−0.010***	−0.534***
	（0.003）	（0.003）	（0.132）
年龄	0.001***	0.001***	0.021***
	（0.000）	（0.000）	（0.006）
村居类型（城市=1）	0.029***	0.030***	1.096***
	（0.004）	（0.004）	（0.145）
政治面貌（党员=1）	0.024**	0.026**	1.043**
	（0.011）	（0.011）	（0.433）
教育程度	0.033***	0.035***	1.559***
	（0.003）	（0.003）	（0.072）
健康水平	−0.003**	−0.003*	−0.246***
	（0.002）	（0.002）	（0.061）
生活幸福感	−0.003***	−0.003***	−0.111***
	（0.001）	（0.001）	（0.033）
社会地位	0.009***	0.009***	0.341***
	（0.002）	（0.002）	（0.070）
个体收入	0.000	0.000	0.007
	（0.000）	（0.000）	（0.015）
婚姻（在婚=1）	0.004	0.003	0.529***
	（0.005）	（0.005）	（0.191）
家庭规模	0.005***	0.005***	0.276***
	（0.001）	（0.001）	（0.035）
家庭收入	0.044***	0.044	2.424***
	（0.004）	（0.004）	（0.102）
人均GDP	0.009**	0.008*	0.313*
	（0.004）	（0.004）	（0.175）
人均消费支出	0.038***	0.040***	2.058***
	（0.008）	（0.008）	（0.291）

（续表）

指标	家庭体育消费支出比重		体育消费支出
	（1）	（2）	（3）
区域虚拟变量	-0.006*	-0.006**	-0.174
	（0.003）	（0.003）	（0.118）
年份虚拟变量	-0.011**	-0.009*	-0.921***
	（0.005）	（0.005）	（0.200）
constant	-1.248***	-1.265***	-59.960***
	（0.094）	（0.094）	（2.364）
pseudo R2	0.165	0.161	0.067
Log likelihood	-36506.939	-36512.460	-62258.364
prob>F	0.000	0.000	0.000
观测变量	39646	39646	40781

注：***、**、*分别表示在1%、5%、10%水平上显著，（ ）内为稳健标准误。

2. 不同估计方法：Heckman两阶段模型和倾向得分匹配法

个体体育消费决策可能存在选择性偏差，即个体即使参加体育锻炼或经常参加体育锻炼，也不一定会做出体育消费决策进行体育消费。如部分老年群体进行体育锻炼时，可能选择自学太极拳或在公园及广场进行锻炼，并未产生体育消费支出。因此，采用Heckman两阶段模型和倾向得分匹配法来克服体育消费决策存在选择性偏差对估计结果造成的影响，使结果更为可靠。

采用Heckman两阶段模型进行估计时，第一阶段probit模型的因变量为是否进行体育消费（体育消费决策），并估计体育消费决策的条件概率和逆米尔斯比率（IMR）。第二阶段以体育消费支出作为因变量，将年份虚拟变量作为排他性约束变量，并加入逆米尔斯比率，采用OLS回归估计体育锻炼的体育消费效应。表7-4估计结果显示，第一阶段IMR分别为2.199和2.372，且都在1%置信区间具有显著性，说明体育消费决策存在选择性偏差。第二阶段估计结果显示，与不参加体育锻炼个体相比，参加体育锻炼能使个体体育消费支出增加42%；与未经常参加体育锻炼个体相比，经常参加体育锻炼能使个体体育消费支出增加35.9%。Heckman两阶段模型估计结果再次证明研究结果的稳健性。

表7-4　稳健性检验：Heckman两步法

指标	体育消费决策（probit）（1）	体育消费支出（OLS）（2）	体育消费决策（probit）（3）	体育消费支出（OLS）（4）
体育锻炼（参加=1）	0.214***	0.420***		
	（0.017）	（0.095）		
经常参加体育锻炼			0.152***	0.359***
（经常参加=1）			（0.018）	（0.079）
性别（男性=1）	−0.067***	−0.158***	−0.064***	−0.163***
	（0.017）	（0.050）	（0.017）	（0.052）
年龄	0.002***	0.013***	0.003***	0.013***
	（0.001）	（0.002）	（0.001）	（0.002）
村居类型（城市=1）	0.127***	0.459***	0.132***	0.486***
	（0.019）	（0.074）	（0.019）	（0.079）
政治面貌（党员=1）	0.136**	0.338**	0.146**	0.380**
	（0.060）	（0.153）	（0.060）	（0.162）
教育程度	0.195***	0.467***	0.205***	0.510***
	（0.010）	（0.079）	（0.009）	（0.089）
健康水平	−0.031***	−0.060**	−0.030***	−0.063**
	（0.008）	（0.024）	（0.008）	（0.025）
生活幸福感	−0.015***	−0.014	−0.014***	−0.015
	（0.004）	（0.012）	（0.004）	（0.013）
社会地位	0.044***	0.063**	0.046***	0.072**
	（0.009）	（0.029）	（0.009）	（0.031）
个体收入	0.001	−0.010**	0.001	−0.010*
	（0.002）	（0.005）	（0.002）	（0.005）
婚姻（在婚=1）	0.079***	−0.026	0.070***	−0.031
	（0.024）	（0.069）	（0.024）	（0.070）
家庭规模	0.041***	−0.075***	0.040***	−0.071***
	（0.004）	（0.021）	（0.004）	（0.022）
家庭收入	0.297***	0.849***	0.299***	0.894***
	（0.011）	（0.123）	（0.011）	（0.133）

（续表）

指标	体育消费决策（probit）（1）	体育消费支出（OLS）（2）	体育消费决策（probit）（3）	体育消费支出（OLS）（4）
人均GDP	0.039*	0.009	0.036	0.009
	（0.023）	（0.046）	（0.023）	（0.048）
人均消费支出	0.261***	0.701***	0.272***	0.758***
	（0.038）	（0.125）	（0.038）	（0.135）
区域虚拟变量	−0.024	0.009	−0.026	0.004
	（0.016）	（0.036）	（0.016）	（0.037）
年份虚拟变量	−0.123***		−0.115***	
	（0.026）		（0.026）	
constant	−7.504***	−14.864***	−7.598***	−16.175***
	（0.323）	（3.124）	（0.323）	（3.379）
IMR	2.199***		2.372***	
	（0.511）		（0.547）	
Wald	478.250		440.660	
prob>chi2	0.0000		0.0000	
observation	40781	5578	40781	5578

注：（ ）内为标准误，***、**、*分别表示在1%、5%、10%水平上显著；排他性约束变量为年度虚拟变量。

采用倾向得分匹配法进行估计时，第一阶段的因变量为是否参加体育锻炼和是否经常参加体育锻炼，自变量为性别、年龄、婚姻、政治面貌、教育程度、健康水平、生活幸福感、社会地位、个体收入、村居类型、家庭规模、家庭收入、人均GDP、人均消费支出，同时纳入区域虚拟变量和年份虚拟变量，估计第一阶段倾向得分值。通过平衡性检验及平衡性假定检验，并采用近邻匹配、半径匹配、核匹配3种匹配方法进行估计（表7-5）。估计结果显示，参加体育锻炼或经常参加体育锻炼均能显著提升个体体育消费支出，且参加体育锻炼产生的体育消费效应强于经常参加体育锻炼产生的体育消费效应。

表7-5 稳健性检验：倾向得分匹配（PSM）

指标	匹配方法	处理组	控制组	ATT	标准误	T值
体育锻炼	近邻匹配[a]	1.078	0.778	0.300***	0.030	10.160
	半径匹配[b]	1.078	0.798	0.280***	0.022	12.520
	核匹配[c]	1.078	0.778	0.300***	0.022	13.520
经常参加体育锻炼	近邻匹配[d]	1.040	0.818	0.221***	0.033	6.720
	半径匹配[e]	1.039	0.844	0.195***	0.025	7.850
	核匹配[f]	1.040	0.834	0.206***	0.025	8.320

注：近邻匹配采用有放回1对1匹配；半径匹配的半径设置为0.01；a：匹配成功40774；b：匹配成功40774；c：匹配成功40774；d：匹配成功40778；e：匹配成功40777；f：匹配成功40778；***表示在1%水平上显著，即T值大于2.58。

三、体育锻炼体育消费效应的异质性分析

为进一步分析不同群体参加体育锻炼产生体育消费效应的差异，深入了解参加体育锻炼促进体育消费的群体异质性，从城乡、区域、性别、年龄、教育、收入6个方面分析体育锻炼产生体育消费效应的群体异质性，以引导不同群体积极参加体育锻炼，提高体育消费动力，进而推动体育产业实现高质量发展。

1. 城乡异质性

表7-6报告了居住在农村个体和居住在城市个体参加体育锻和经常参加体育锻炼对体育消费支出影响的Tobit模型估计结果。从中可知，农村个体参加体育锻炼和经常参加体育锻炼对体育消费支出的边际效应系数分别为1.769和1.196，且在1%置信区间具有显著性；城市个体参加体育锻炼和经常参加体育锻炼对体育消费支出的边际效应系数分别为1.618和1.200，也在1%置信区间具有显著性。上述结果表明，参加体育锻炼和经常参加体育锻炼均能显著提升城乡居民的体育消费支出，但农村居民参加体育锻炼产生的体育消费效应强于城市居民参加体育锻炼产生的体育消费效应，经常参加体育锻炼对城乡居民体育消费的拉动作用无明显差异。

表7-6　体育锻炼消费效应的城乡异质性

指标	体育消费支出			
	农村	城市	农村	城市
体育锻炼（参加=1）	1.769***	1.618***		
	（0.224）	（0.166）		
经常参加体育锻炼			1.196***	1.200***
（经常参加=1）			（0.242）	（0.171）
性别（男性=1）	−0.393*	−0.602***	−0.390*	−0.573***
	（0.225）	（0.163）	（0.225）	（0.163）
年龄	0.007	0.034***	0.008	0.034***
	（0.010）	（0.008）	（0.010）	（0.008）
政治面貌（党员=1）	1.065	0.899	1.126	1.000**
	（0.876）	（0.494）	（0.877）	（0.496）
教育程度	1.162***	1.662***	1.249***	1.735***
	（0.132）	（0.089）	（0.131）	（0.088）
健康水平	−0.296***	−0.197**	−0.292***	−0.190**
	（0.096）	（0.079）	（0.096）	（0.080）
生活幸福感	−0.137***	−0.082*	−0.127**	−0.077*
	（0.052）	（0.044）	（0.053）	（0.044）
社会地位	0.272**	0.397***	0.289***	0.414***
	（0.111）	（0.091）	（0.111）	（0.091）
个体收入	0.052**	−0.022	0.051**	−0.021
	（0.025）	（0.018）	（0.025）	（0.018）
婚姻（在婚=1）	0.947***	0.249	0.866**	0.191
	（0.340）	（0.233）	（0.340）	（0.233）
家庭规模	0.333***	0.260***	0.330***	0.256***
	（0.053）	（0.050）	（0.053）	（0.050）
家庭收入	2.046***	2.736***	2.063***	2.762***
	（0.156）	（0.138）	（0.157）	（0.139）
人均GDP	0.492*	0.251	0.450	0.249
	（0.293）	（0.219）	（0.450）	（0.219）
人均消费支出	3.569***	1.130***	3.725***	1.193***
	（0.595）	（0.343）	（0.597）	（0.344）

（续表）

指标	体育消费支出			
	农村	城市	农村	城市
区域虚拟变量	−0.562***	0.109	−0.582***	0.104
	（0.190）	（0.156）	（0.190）	（0.156）
年份虚拟变量	−1.238***	−0.867***	−1.126***	−0.841***
	（0.344）	（0.252）	（0.345）	（0.253）
constant	−71.793***	−53.352***	−73.073***	−54.083***
	（4.926）	（2.736）	（4.942）	（2.734）
pseudo R2	0.037	0.063	0.035	0.062
prob>F	0.000	0.000	0.000	0.000
观测变量	21748	19033	21748	19033

注：***、**、*分别表示在1%、5%、10%水平上显著，（ ）内为稳健标准误。

长期以来，我国城乡体育事业发展存在二元分割，农村公共体育投入明显低于城市，造成体育事业发展的城乡差异。同时，农村居民整体消费水平及体育消费意识明显低于城市居民，导致城乡居民体育消费支出存在明显差异（$p<0.01$），统计结果显示，农村个体平均体育消费支出仅为35.420元，城市个体平均体育消费支出达到163.100元。但从居民参与全民健身视角来看，虽然城乡居民参加全民健身对体育消费都具有拉动作用，但农村居民从不参加体育锻炼到参加体育锻炼对体育消费的拉动作用更强，因此补齐农村全民健身事业发展短板，引导农村居民积极参加体育锻炼，将使农村居民体育消费支出成为促进体育消费增长的重要动力。

2. 区域异质性

表7-7报告了不同区域个体参加体育锻炼和经常参加体育锻炼对体育消费支出影响的Tobit模型估计结果。从中可知，位于西部、中部、东部个体参加体育锻炼对体育消费支出的边际效应系数分别为1.735、2.395和1.303，位于西部、中部、东部个体经常参加体育锻炼对体育消费支出的边际效应系数分别为0.918、1.681和1.115，且都在1%置信区间具有显著性。分区域估计结果表明，参加体育锻炼和经常参加体育锻炼均能显著提升东部、中部、西部地区居民的体育消费支出，但中部地区居民参加体育锻炼和经常参加体育锻炼产生的体育消费效应分别强于东部和西部地区居民。

表7-7　体育锻炼消费效应的区域异质性

指标	体育消费支出					
	西部	中部	东部	西部	中部	东部
体育锻炼	1.735***	2.395***	1.303***			
（参加=1）	（0.281）	（0.258）	（0.184）			
经常参加体育锻炼				0.918***	1.681***	1.115***
（经常参加=1）				（0.296）	（0.269）	（0.193）
性别（男性=1）	−0.487*	−0.743***	−0.481***	−0.463	−0.703***	−0.476***
	（0.283）	（0.258）	（0.181）	（0.283）	（0.258）	（0.182）
年龄	0.031**	0.010	0.025***	0.033***	0.012	0.024***
	（0.012）	（0.012）	（0.009）	（0.012）	（0.012）	（0.009）
村居类型（城市=1）	1.611***	0.206	1.423***	1.657***	0.254	1.456***
	（0.294）	（0.285）	（0.210）	（0.295）	（0.284）	（0.210）
政治面貌（党员=1）	0.930	1.316	0.872	1.049	1.375*	0.945
	（0.891）	（0.834）	（0.619）	（0.901）	（0.834）	（0.618）
教育程度	1.619***	1.518***	1.461***	1.717***	1.641***	1.513***
	（0.154）	（0.140）	（0.099）	（0.152）	（0.139）	（0.098）
健康水平	0.134	−0.179	−0.481***	0.139	−0.184	−0.477***
	（0.126）	（0.117）	（0.084）	（0.126）	（0.118）	（0.085）
生活幸福感	−0.152**	−0.062	−0.095**	−0.142**	−0.052	−0.091*
	（0.065）	（0.066）	（0.048）	（0.066）	（0.066）	（0.048）
社会地位	0.186	0.540***	0.297***	0.205	0.568***	0.307***
	（0.139）	（0.140）	（0.098）	（0.140）	（0.140）	（0.098）
个体收入	0.046	0.018	−0.014	0.047	0.020	−0.015
	（0.032）	（0.029）	（0.020）	（0.032）	（0.029）	（0.020）
婚姻（在婚=1）	1.015**	0.485	0.295	0.950**	0.374	0.254
	（0.400）	（0.387）	（0.262）	（0.400）	（0.389）	（0.262）
家庭规模	−0.041	0.277***	0.422***	−0.048	0.272***	0.418***
	（0.077）	（0.067）	（0.050）	（0.077）	（0.068）	（0.050）
家庭收入	1.616***	2.757***	2.753***	1.647***	2.771***	2.768***
	（0.212）	（0.168）	（0.125）	（0.214）	（0.169）	（0.126）
人均GDP	0.461	−0.474	0.655***	0.314	−0.483	0.650***
	（0.534）	（0.4420）	（0.229）	（0.535）	（0.444）	（0.229）

（续表）

指标	体育消费支出					
	西部	中部	东部	西部	中部	东部
人均消费支出	-2.581	0.297	1.754***	-1.874	0.295	1.819***
	（2.084）	（1.552）	（0.336）	（2.081）	（1.561）	（0.336）
年份虚拟变量	0.818	-0.038	-1.116***	0.843	0.104	-1.089***
	（0.626）	（0.671）	（0.257）	（0.629）	（0.675）	（0.258）
constant	-13.893	-40.551***	-63.345***	-19.393	-40.747***	-63.980***
	（15.794）	（14.825）	（3.003）	（15.776）	（14.917）	（3.001）
pseudo R2	0.052	0.055	0.074	0.050	0.052	0.074
prob>F	0.000	0.000	0.000	0.000	0.000	0.000
观测变量	12340	11752	16689	12340	11752	16689

注：***、**、*分别表示在1%、5%、10%水平上显著，（ ）内为稳健标准误。

我国全民健身事业发展存在区域差异，东部地区全民健身基础设施和全民健身参与率都高于中西部地区。从样本分析可知，东部地区个体平均体育消费支出为136.590元，中部地区个体平均体育消费支出为88.490元，西部地区个体平均体育消费支出为44.980元，不同区域间个体体育消费支出存在显著差异（$p<0.01$）。我国东部地区居民的收入水平较高，且体育锻炼参与率也较高，体育消费支出逐渐成为东部地区居民的必需消费，而西部地区居民收入水平相对较低，且体育消费尚未成为其必需消费。但实证结果显示，中部地区发展全民健身对体育消费的拉动作用最强，究其原因，随着我国发展战略的不断推进，如中原经济区、长江经济带等战略的实施，挖掘中部地区体育资源，刺激居民参加体育锻炼，使中部地区成为体育消费增长潜力最大的区域。

3. 性别异质性

表7-8报告了不同性别个体参加体育锻炼和经常参加体育锻炼对体育消费支出影响的Tobit模型估计结果。结果显示，女性参加体育锻炼和经常参加体育锻炼对体育消费支出的边际效应系数分别为1.630和1.088，男性参加体育锻炼和经常参加体育锻炼对体育消费支出的边际效应系数分别为1.755和1.327，且都在1%置信区间具有显著性。不同性别的估计结果表明，无论是男性还是女性，参加体育锻炼和经常参加体育锻炼均显著提升了体育消费支出，但男性参加体育锻炼和经常参加体育锻炼产生的体育消费效应分别都强于女性。

表7-8　体育锻炼消费效应的性别异质性

指标	体育消费支出			
	女性	男性	女性	男性
体育锻炼（参加=1）	1.630***	1.755***		
	（0.191）	（0.184）		
经常参加体育锻炼（经常参加=1）			1.088***	1.327***
			（0.204）	（0.189）
年龄	0.032***	0.011	0.034***	0.011
	（0.009）	（0.008）	（0.009）	（0.008）
村居类型（城市=1）	1.022***	0.299***	1.056***	0.298***
	（0.212）	（0.049）	（0.212）	（0.049）
政治面貌（党员=1）	1.690**	0.642	1.724**	0.772
	（0.685）	（0.560）	（0.686）	（0.562）
教育程度	1.627***	1.456***	1.704***	1.543***
	（0.109）	（0.097）	（0.108）	（0.096）
健康水平	−0.281***	−0.214**	−0.270***	−0.213**
	（0.088）	（0.084）	（0.088）	（0.084）
生活幸福感	−0.149***	−0.085*	−0.139***	−0.079*
	（0.047）	（0.047）	（0.047）	（0.047）
社会地位	0.256**	0.425***	0.273***	0.441***
	（0.099）	（0.098）	（0.099）	（0.098）
个体收入	0.017	−0.007	0.017	−0.006
	（0.022）	（0.020）	（0.022）	（0.020）
婚姻（在婚=1）	0.282	0.804***	0.234	0.727***
	（0.272）	（0.271）	（0.272）	（0.271）
家庭规模	0.243***	1.131***	0.235***	1.179***
	（0.051）	（0.200）	（0.051）	（0.200）
家庭收入	2.513***	2.350***	2.525***	2.377***
	（0.147）	（0.141）	（0.148）	（0.141）
人均GDP	0.468*	0.190	0.439*	0.176
	（0.256）	（0.239）	（0.257）	（0.240）
人均消费支出	1.443***	2.481***	1.564***	2.560***
	（0.425）	（0.399）	（0.426）	（0.400）

（续表）

指标	体育消费支出			
	女性	男性	女性	男性
区域虚拟变量	−0.087	−0.251	−0.098	−0.267
	（0.168）	（0.165）	（0.168）	（0.166）
年份虚拟变量	−1.172***	−0.681**	−1.095***	−0.629**
	（0.288）	（0.297）	（0.288）	（0.280）
constant	−55.842***	−63.139***	−56.923***	−63.910***
	（3.445）	（3.251）	（3.446）	（3.251）
pseudo R2	0.070	0.066	0.069	0.064
prob>F	0.000	0.000	0.000	0.000
观测变量	18865	21916	18865	21916

注：***、**、*分别表示在1%、5%、10%水平上显著，（ ）内为稳健标准误。

从样本分析可知，男性人均体育消费支出为97.000元，女性为93.290元，且男性与女性的体育消费支出并不存在差异（p>0.1）。但男性作为我国全民健身的主要参与者，其参加体育锻炼的概率高于女性，同时男性参加体育锻炼的强度及频率等方面均高于女性，导致男性参加体育锻炼或经常参加体育锻炼对体育消费的拉动作用强于女性。因此，男性作为全民健身促进体育消费的核心群体，引导男性个体积极参加体育锻炼，增加男性个体参加体育锻炼的频率，将对我国体育消费有积极的拉动作用。

4. 年龄异质性

表7–9报告了不同年龄[①]个体参加体育锻炼和经常参加体育锻炼对体育消费支出影响的Tobit模型估计结果。从估计结果可知，参加体育锻炼和经常参加体育锻炼对个体体育消费支出都产生显著的正向影响，即边际效应系数都在1%置信区间具有显著性；纵向比较估计的边际效应系数可知，参加体育锻炼和经常参加体育锻炼对中年个体体育消费支出的影响分别强于青年和老年个体。由此表明全民健身促进体育消费增长的重要潜力来源中年群体。

①青年为45岁以下个体，中年为46～59岁个体，老年为60岁及以上个体。

表7-9　体育锻炼消费效应的年龄异质性

指标	体育消费支出					
	青年	中年	老年	青年	中年	老年
体育锻炼	1.541***	2.124***	1.680***			
（参加=1）	（0.174）	（0.249）	（0.356）			
经常参加体育锻炼				1.069***	1.516***	1.473***
（经常参加=1）				（0.188）	（0.255）	（0.357）
性别（男性=1）	−0.461***	−0.550**	−0.515	−0.412**	−0.585**	−0.530
	（0.172）	（0.251）	（0.370）	（0.172）	（0.252）	（0.370）
年龄	0.015	−0.022	0.052	0.016	−0.024	0.051
	（0.015）	（0.030）	（0.036）	（0.015）	（0.030）	（0.036）
村居类型（城市=1）	0.802***	1.093***	1.561***	0.836***	1.175***	1.565***
	（0.196）	（0.272）	（0.372）	（0.196）	（0.273）	（0.373）
政治面貌（党员=1）	1.082**	0.733	−0.698	1.139**	0.958	−0.507
	（0.475）	（1.049）	（2.171）	（0.476）	（1.056）	（2.159）
教育程度	1.552***	1.551***	1.160***	1.634***	1.649***	1.192***
	（0.093）	（0.140）	（0.242）	（0.092）	（0.139）	（0.242）
健康水平	−0.307***	−0.197*	−0.175	−0.300***	−0.189*	−0.179
	（0.087）	（0.106）	（0.146）	（0.088）	（0.106）	（0.146）
生活幸福感	−0.168***	−0.046	−0.112	−0.159***	−0.044	−0.108
	（0.046）	（0.060）	（0.085）	（0.046）	（0.060）	（0.085）
社会地位	0.375***	0.347***	0.259	0.390***	0.364***	0.276*
	（0.100）	（0.124）	（0.167）	（0.100）	（0.124）	（0.167）
个体收入	−0.003	0.038	−0.030	−0.003	0.041	−0.030
	（0.019）	（0.027）	（0.048）	（0.019）	（0.027）	（0.048）
婚姻（在婚=1）	1.036***	−0.351	0.354	0.953***	−0.321	0.320
	（0.246）	（0.503）	（0.542）	（0.246）	（0.504）	（0.543）
家庭规模	0.125**	0.442***	0.422***	0.122**	0.434***	0.421***
	（0.051）	（0.070）	（0.078）	（0.051）	（0.070）	（0.078）
家庭收入	2.365***	2.520***	2.422***	2.381***	2.537***	2.449***
	（0.143）	（0.213）	（0.197）	（0.144）	（0.214）	（0.198）
人均GDP	−0.157	0.898***	0.777	−0.163	0.851***	0.746
	（0.224）	（0.324）	（0.529）	（0.225）	（0.325）	（0.531）

（续表）

指标	体育消费支出					
	青年	中年	老年	青年	中年	老年
人均消费支出	1.624***	2.229***	2.704***	1.728***	2.346***	2.740***
	（0.374）	（0.559）	（0.842）	（0.375）	（0.561）	（0.842）
区域虚拟变量	0.188	−0.637***	−0.361	0.168	−0.636	−0.366
	（0.159）	（0.220）	（0.292）	（0.160）	（0.220）	（0.292）
年份虚拟变量	−0.214	−2.063***	−1.167**	−0.176	−1.944***	−1.109**
	（0.264）	（0.371）	（0.549）	（0.265）	（0.371）	（0.550）
constant	−50.259***	−65.485***	−72.879***	−51.369***	−66.286***	−73.000***
	（3.117）	（4.671）	（6.565）	（3.118）	（4.688）	（6.553）
pseudo R2	0.073	0.062	0.056	0.071	0.060	0.055
prob>F	0.000	0.000	0.000	0.000	0.000	0.000
观测变量	19514	13913	7354	19514	13913	7354

注：***、**、*分别表示在1%、5%、10%水平上显著，（ ）内为稳健标准误。

上文估计结果显示，随着年龄的增长，体育消费支出也会随之增加，但不同年龄群体间的体育消费支出不存在显著性差异（$p>0.1$），青年个体平均体育消费支出为103.660元，中年个体平均体育消费支出为88.340元，老年个体平均体育消费支出为84.670元。虽然不同年龄个体体育消费支出不存在差异，但参加全民健身对中年个体体育消费的拉动作用强于青年个体和老年个体。中年群体作为事业、家庭相对稳定的个体，成为我国体育消费的主导力量，健康资本对其而言至关重要。中年群体为提高健康水平会投入更多的资本参加体育锻炼，以维持或增加健康资本存量。青年群体处于事业、家庭发展期，老年群体处于退休期，体育锻炼的资本投入则相对较少。

5. 教育异质性

表7-10和表7-11分别报告了不同受教育水平个体参加体育锻炼和经常参加体育锻炼对体育消费支出影响的Tobit模型估计结果。从中可知，不同教育程度个体参加体育锻炼和经常参加体育锻炼对体育消费支出都具有显著的正向影响。但从纵向比较结果可知，参加体育锻炼产生的体育消费效应从强到弱分别为初中学历个体、高中学历个体、大学及以上学历个体、小学及以下学历个体；经常参加体育锻炼产生的体育消费效应从强到弱分别为初中学历个体、大

学及以上学历个体、高中学历个体、小学及以下学历个体。由此表明全民健身促进体育消费增长的重要潜力来源于中等学历及以上个体。

表7-10　体育锻炼消费效应的教育异质性（体育锻炼）

指标	体育消费支出			
	小学及以下	初中	高中	大学及以上
体育锻炼（参加=1）	1.362***	2.567***	1.608***	1.367***
	（0.272）	（0.265）	（1.608）	（0.241）
性别（男性=1）	−0.410	−0.190	−0.524*	−0.815***
	（0.268）	（0.274）	（0.306）	（0.230）
年龄	0.035***	0.010	−0.014	0.026*
	（0.011）	（0.012）	（0.014）	（0.014）
村居类型（城市=1）	0.901***	0.907***	1.109***	1.569***
	（0.280）	（0.275）	（0.343）	（0.339）
政治面貌（党员=1）	1.130	0.291	1.340	0.872*
	（1.705）	（1.307）	（0.969）	（0.495）
健康水平	−0.161	−0.276**	−0.349**	−0.242*
	（0.106）	（0.125）	（0.149）	（0.125）
生活幸福感	−0.099*	−0.117*	−0.048	−0.156**
	（0.059）	（0.067）	（0.082）	（0.073）
社会地位	0.331***	0.251*	0.438**	0.374**
	（0.124）	（0.139）	（0.170）	（0.150）
个体收入	0.008	0.003	−0.008	0.008
	（0.032）	（0.028）	（0.032）	（0.031）
婚姻（在婚=1）	−0.124	0.189	1.367***	1.087***
	（0.409）	（0.435）	（0.443）	（0.306）
家庭规模	0.379***	0.509***	0.066	0.098
	（0.062）	（0.068）	（0.086）	（0.077）
家庭收入	2.070***	2.444***	2.863***	2.920***
	（0.186）	（0.217）	（0.198）	（0.169）
人均GDP	0.790**	−0.044	0.597	−0.119
	（0.356）	（0.362）	（0.391）	（0.315）

（续表）

指标	体育消费支出			
	小学及以下	初中	高中	大学及以上
人均消费支出	2.964***	2.513***	2.104***	0.491
	（0.682）	（0.623）	（0.622）	（0.469）
区域虚拟变量	−0.309	−0.257	−0.059	0.191
	（0.223）	（0.240）	（0.290）	（0.224）
年份虚拟变量	−1.417***	−0.559	−1.736***	−0.278
	（0.403）	（0.400）	（0.451）	（0.382）
constant	−70.179***	−59.689***	−61.030***	−39.035***
	（5.437）	（5.040）	（5.250）	（3.861）
pseudo R2	0.031	0.035	0.045	0.046
prob>F	0.000	0.000	0.000	0.000
观测变量	17704	12009	5916	5062

注：***、**、*分别表示在1%、5%、10%水平上显著，（ ）内为稳健标准误。

表7-11　体育锻炼消费效应的教育异质性（经常参加体育锻炼）

指标	体育消费支出			
	小学及以下	初中	高中	大学及以上
经常参加体育锻炼	0.740**	1.937***	1.120***	1.245***
（经常参加=1）	（0.295）	（0.283）	（0.314）	（0.242）
性别（男性=1）	−0.411	−0.183	−0.510*	−0.760***
	（0.268）	（0.275）	（0.307）	（0.230）
年龄	0.037***	0.010	−0.015	0.023
	（0.011）	（0.012）	（0.014）	（0.014）
村居类型（城市=1）	0.936***	0.993***	1.145***	1.590***
	（0.280）	（0.276）	（0.344）	（0.339）
政治面貌（党员=1）	1.281	0.539	1.367	0.942*
	（1.707）	（1.315）	（0.968）	（0.497）
健康水平	−0.150	−0.278**	−0.349**	−0.244*
	（0.106）	（0.126）	（0.149）	（0.126）
生活幸福感	−0.091	−0.106	−0.039	−0.155**
	（0.059）	（0.067）	（0.082）	（0.073）

（续表）

指标	体育消费支出			
	小学及以下	初中	高中	大学及以上
社会地位	0.347***	0.277**	0.456***	0.375**
	（0.124）	（0.139）	（0.170）	（0.149）
个体收入	0.007	0.004	−0.004	0.010
	（0.032）	（0.028）	（0.032）	（0.031）
婚姻（在婚=1）	−0.155	0.074	1.337***	1.041***
	（0.410）	（0.436）	（0.443）	（0.307）
家庭规模	0.373***	0.510***	0.062	0.091
	（0.062）	（0.068）	（0.086）	（0.077）
家庭收入	2.087***	2.472***	2.908***	2.937***
	（0.187）	（0.219）	（0.199）	（0.170）
人均GDP	0.748**	−0.090	0.616	−0.114
	（0.357）	（0.364）	（0.393）	（0.315）
人均消费支出	3.061***	2.695***	2.119***	0.584
	（0.683）	（0.625）	（0.625）	（0.469）
区域虚拟变量	−0.312	−0.287	−0.071	0.186
	（0.224）	（0.241）	（0.291）	（0.223）
年份虚拟变量	−1.320***	−0.440	−1.700***	−0.288
	（0.404）	（0.402）	（0.452）	（0.382）
constant	−70.921***	−60.985***	−61.506***	−39.688***
	（5.436）	（5.048）	（5.267）	（3.862）
pseudo R2	0.030	0.032	0.044	0.046
prob>F	0.000	0.000	0.000	0.000
观测变量	17704	12009	5916	5062

注：***、**、*分别表示在1%、5%、10%水平上显著，（ ）内为稳健标准误。

从受教育程度看，个体受教育水平越高，其体育锻炼意识也会越高，体育消费水平也会越高。在40781个研究样本中，不同教育程度个体体育消费支出存在显著的差异（$p<0.01$），小学及以下学历个体平均体育消费支出为34.550元，初中学历个体平均体育消费支出为66.490元，高中学历个体平均体育消费支出为157.470元，大学及以上学历个体平均体育消费支出为301.640元。但参

加体育锻炼对体育消费的拉动作用并不会随着学历的提高而提高。实证结果显示，参加体育锻炼和经常参加体育锻炼均能显著提升不同学历水平个体的体育消费支出，但初中学历个体参加体育锻炼和经常参加体育锻炼对体育消费的拉动作用更强。体育消费需求已经成为全民健康需求的重要引申需求，但由于初中学历个体在健康资本和教育资本方面存在不足，更需要通过参加体育锻炼来弥补教育人力资本、健康人力资本及社会资本方面存在的短板。因此，初中学历个体参加体育锻炼或经常参加体育锻炼产生的体育消费效应更强，也能从体育锻炼中获得更多的回报。高学历个体由于教育人力资本高，其参加体育锻炼主要以促进健康为主，且其时间成本价格较高，导致其投入较少时间和货币参加体育锻炼。低学历个体由于其各方面资本存量均不足，体育锻炼参与率也较低，经济成本等因素制约其难以投入更多的资本参加体育锻炼和进行体育消费。

6. 收入异质性

表7-12和表7-13分别报告了不同收入群体参加体育锻炼和经常参加体育锻炼对体育消费支出影响的Tobit模型估计结果。从中可知，参加体育锻炼和经常参加体育锻炼对不同收入群体的体育消费支出均产生显著的正向影响，且都在1%置信区间具有显著性。从纵向比较结果可知，参加体育锻炼对年收入在1万元及以下个体体育消费支出的影响最大，对年收入6万元以上个体体育消费支出的影响最小，且随着收入的增长，参加体育锻炼对体育消费支出的影响逐渐降低；但经常参加体育锻炼对年收入在1万元及以下群体和年收入在6万元以上群体的体育消费支出影响几乎相同，但对年收入在1万～6万元群体体育消费的拉动作用逐渐降低。由此表明全民健身促进体育消费的主要潜力来源于低收入群体和高收入群体。

表7-12　体育锻炼消费效应的收入异质性（体育锻炼）

指标	体育消费支出			
	1万元及以下	1万～3万元	3万～6万元	6万元以上
体育锻炼（参加=1）	1.895***	1.673***	1.562***	1.309***
	（0.199）	（0.310）	（0.282）	（0.348）
性别（男性=1）	–0.379*	–0.390	–0.826***	–1.211***
	（0.198）	（0.316）	（0.301）	（0.364）
年龄	0.016*	0.020	0.022	0.042**
	（0.008）	（0.016）	（0.015）	（0.020）

（续表）

指标	体育消费支出			
	1万元及以下	1万～3万元	3万～6万元	6万元以上
村居类型（城市=1）	1.395***	0.660*	0.963***	0.746
	（0.208）	（0.336）	（0.327）	（0.479）
政治面貌（党员=1）	0.975	0.748	0.859	1.278
	（0.861）	（0.998）	（0.721）	（0.893）
教育程度	1.377***	1.597***	1.563***	1.147***
	（0.118）	（0.166）	（0.146）	（0.196）
健康水平	−0.271***	−0.069	−0.435***	−0.038
	（0.086）	（0.145）	（0.139）	（0.178）
生活幸福感	−0.084*	−0.225***	0.029	−0.262***
	（0.047）	（0.076）	（0.080）	（0.105）
社会地位	0.358***	0.392**	0.073	0.342
	（0.098）	（0.164）	（0.162）	（0.217）
个体收入	0.019	−0.636	0.038	0.585
	（0.034）	（0.521）	（0.745）	（0.450）
婚姻（在婚=1）	0.235	0.658	0.863**	1.160**
	（0.304）	（0.437）	（0.408）	（0.484）
家庭规模	0.388***	0.240***	0.197**	0.009
	（0.048）	（0.084）	（0.086）	（0.115）
家庭收入	2.254***	2.702***	2.773***	2.468***
	（0.139）	（0.226）	（0.243）	（0.306）
人均GDP	0.344	0.594	0.095	−0.394
	（0.274）	（0.387）	（0.370）	（0.489）
人均消费支出	2.771***	1.857***	0.854	1.115*
	（0.521）	（0.666）	（0.570）	（0.661）
区域虚拟变量	−0.192	−0.367	0.032	0.382
	（0.169）	（0.289）	（0.272）	（0.346）
年份虚拟变量	−1.232***	−0.968**	−0.439	−0.475
	（0.301）	（0.451）	（0.435）	（0.651）
constant	−66.051***	−57.389***	−49.925***	−47.320***
	（4.039）	（70.509）	（8.705）	（6.480）

（续表）

指标	体育消费支出			
	1万元及以下	1万～3万元	3万～6万元	6万元以上
pseudo R2	0.055	0.041	0.050	0.056
prob>F	0.000	0.000	0.000	0.000
观测变量	24437	7998	6236	2110

注：***、**、*分别表示在1%、5%、10%水平上显著，（ ）内为稳健标准误。

表7-13　体育锻炼消费效应的收入异质性（经常参加体育锻炼）

指标	体育消费支出			
	1万元及以下	1万～3万元	3万～6万元	6万元以上
经常参加体育锻炼	1.369***	1.258***	0.919***	1.370***
（经常参加=1）	（0.210）	（0.329）	（0.293）	（0.347）
性别（男性=1）	−0.370*	−0.374	−0.795***	−1.200***
	（0.199）	（0.316）	（0.301）	（0.363）
年龄	0.016*	0.019	0.024	0.036*
	（0.008）	（0.016）	（0.015）	（0.202）
村居类型（城市=1）	1.441***	0.701**	1.025***	0.730
	（0.208）	（0.336）	（0.327）	（0.480）
政治面貌（党员=1）	1.139	0.763	0.959	1.256
	（0.864）	（1.002）	（0.720）	（0.901）
教育程度	1.455***	1.675***	1.659***	1.194***
	（0.118）	（0.164）	（0.144）	（0.195）
健康水平	−0.269***	−0.067	−0.419***	−0.051
	（0.086）	（0.145）	（0.140）	（0.179）
生活幸福感	−0.075	−0.217***	0.030	−0.273**
	（0.047）	（0.076）	（0.080）	（0.105）
社会地位	0.382***	0.396**	0.085	0.349
	（0.098）	（0.163）	（0.162）	（0.218）
个体收入	0.021	−0.617	0.136	0.611
	（0.034）	（0.522）	（0.744）	（0.450）
婚姻（在婚=1）	0.169	0.615	0.763*	1.146**
	（0.304）	（0.437）	（0.410）	（0.483）

（续表）

指标	体育消费支出			
	1万元及以下	1万～3万元	3万～6万元	6万元以上
家庭规模	0.385***	0.233***	0.190**	0.015
	（0.048）	（0.084）	（0.086）	（0.115）
家庭收入	2.279***	2.694***	2.787***	2.510***
	（0.140）	（0.227）	（0.243）	（0.309）
人均GDP	0.309	0.562	0.101	−0.360
	（0.275）	（0.387）	（0.371）	（0.488）
人均消费支出	2.862***	2.006***	0.883	1.209*
	（0.522）	（0.667）	（0.570）	（0.663）
区域虚拟变量	−0.193	−0.394	0.025	0.350
	（0.169）	（0.288）	（0.273）	（0.346）
年份虚拟变量	−1.129***	−0.922**	−0.399	−0.550
	（0.302）	（0.451）	（0.436）	（0.649）
constant	−66.876***	−58.469***	−51.539***	−48.725***
	（4.041）	（7.505）	（8.686）	（6.478）
pseudo R2	0.053	0.040	0.048	0.056
prob>F	0.000	0.000	0.000	0.000
观测变量	24437	7998	6236	2110

注：***、**、*分别表示在1%、5%、10%水平上显著，（）内为稳健标准误。

低收入群体的消费约束较多，主要以生活必需品消费为主，体育消费并非生活必需消费，其体育消费支出与高收入群体间存在显著性差异（$p<0.01$），样本统计数据显示，年收入1万元及以下个体平均体育消费支出为61.000元，年收入1万～3万元个体平均体育消费支出为81.290元，年收入3万～6万元个体平均体育消费支出为143.490元，年收入6万元以上个体平均体育消费支出为397.550元。上文总样本估计结果显示，体育消费并未成为居民的必需消费，且收入对体育消费支出不存在影响，但参加体育锻炼对不同收入群体的体育消费支出均存在显著性影响。从全民健身需求视角分析，不同收入群体都存在体育锻炼需求，且随着收入的增长，时间成本价格增加，使体育锻炼需求随之下降。因此，低收入群体一旦作出体育锻炼参与决策，对体育消费拉动作用更强。同时，随着体育锻炼频率及时间的增加，个体体育消费支出也会随之出现

快速增长，导致低收入群体经常参加体育锻炼对体育消费的拉动作用更强。

四、实证结果讨论

1. 全民健身具有体育消费效应

实证结果显示，参加体育锻炼和经常参加体育锻炼均能显著提升个体体育消费支出，且参加体育锻炼提升体育消费支出的边际效应强于经常参加体育锻炼提升体育消费支出的边际效应，这表明全民健身具有显著的市场经济价值。从微观层面看，个体只要参加体育锻炼就会促进体育消费，但随着体育锻炼频率与时间的增加，体育锻炼提升体育消费支出的边际效应递减。当个体通过参加体育锻炼从非体育人口转变为体育人口时，其对体育消费的拉动作用较强。当个体从体育人口转变为经常性体育参与人口时，其对体育消费的拉动作用相对较弱。当前，我国参加体育锻炼的人口比重较低，制约全民健身难以促进体育消费增长，进而阻碍体育产业高质量发展。调查结果显示，2014年我国经常参加体育锻炼人口（包括青少年）占总人口的比重仅为33.9%（国家体育总局，2015）；2019年浙江省仅有3147万居民每周参加体育锻炼1次及以上，而每周经常参加体育锻炼的人口占总人口的比重仅为41.8%（浙江省体育局，2020）；2019年上海市居民经常参加体育锻炼的人口占常住人口比重仅为43.7%，人均体育消费支出达到2849元（上海市体育局，2020）。因此，发展全民健身事业，通过引导居民“从不锻炼”到“有规律参加锻炼”来增加体育人口，可发挥体育锻炼的市场经济价值，进而促进体育消费，是推动体育产业高质量发展的有效举措。

2. 促进全民健身城乡及区域均衡发展可释放体育消费潜力

实证结果表明，城乡和不同区域个体参加体育锻炼均能促进体育消费，且农村个体参加体育锻炼对体育消费的拉动作用强于城市，中部地区个体参加体育锻炼对体育消费的拉动作用强于东部和西部地区。但当前我国全民健身事业发展存在着明显的城乡和区域差异，城市和东部发达地区全民健身的公共服务投入及场地设施分别优于农村和中西部地区。第四章分析结果也显示，我国全民健身体育场地不仅存在数量不足和区域分布不均等问题，还存在市场化水平较低的问题。从微观层面可知，全民健身资源城乡分布及区域分布不均将会制约个体参加体育锻炼，进而影响体育消费支出。由此可知，深挖体育消费潜力亟须培育农村体育人口和中西部地区体育人口，引导农村居民及中西部地区居民积极参加体育锻炼，将有效刺激体育消费、推动体育产业实现高质量发展。因此，要促进全民健身在城乡和区域的均衡发展、充分发展，在微观层面要促进全民参加体育锻炼，提高体育消费需求，打通全民健身促进体育产业发展的通路。

3. 体育产业高质量发展的消费动力源于异质性群体的体育锻炼需求增长

不同性别、年龄、教育程度及收入的群体参加体育锻炼和经常参加体育锻炼均能显著提升其体育消费支出，且男性个体、中年个体、初中学历个体、低收入个体参加体育锻炼产生的体育消费效应更强。这说明全民健身促进体育消费的主要动力源于男性个体、中年个体、初中学历个体和低收入个体积极参加体育锻炼。同时，男性个体、高学历个体、高收入个体体育锻炼参与率更高，年龄和参与体育锻炼参与率呈“U型”关系。男性体育锻炼参与率越高，则对体育消费拉动作用越强，初中学历个体参加体育锻炼对体育消费的拉动作用强于低学历和高学历个体，中年个体和低收入个体参加体育锻炼拉动体育消费的作用更强。因此，全民健身促进体育产业高质量发展，亟须引导男性个体、中年个体、初中学历个体和低收入个体积极参加体育锻炼，以充分释放异质性群体体育锻炼需求增长所具有的体育消费效应，从而形成推动体育产业高质量发展的消费动力。

第四节　全民健身促进体育产业高质量发展的直接机制

从参加体育锻炼经济价值的生成路径分析，个体参加体育锻炼的市场经济价值体现在参加体育锻炼产生的体育消费支出，通过扩大体育消费规模和促进体育消费升级，形成推动体育产业实现高质量发展的消费动力。

体育消费支出（锻炼成本）是参加体育锻炼获得个体效用的生产要素之一。体育消费需求作为体育锻炼需求的引申需求，体育锻炼需求的增长有效提升了体育消费需求，体育消费需求增长具有显著的市场经济价值，可以扩大体育消费规模和促进体育消费升级，成为推动体育产业实现高质量发展的重要动力。从时间分配理论分析，个体从体育锻炼中获得总效用（人力资本增值）大于时间成本和锻炼成本时，可导致体育锻炼需求的增长，而体育消费支出作为满足个体体育锻炼需求的重要投入和必要支出，也实现了快速增长。体育消费支出的增长优化了体育消费结构，体现在个体参加体育锻炼所必需的教练服务、场地服务、运动器材、运动服饰等互为互补品，互补品的商品属性使体育消费支出结构不断优化，促进体育消费升级。本章实证结果显示，参加体育锻炼和经常参加体育锻炼均能显著提升个体体育消费支出，表明体育锻炼具有体育消费效应，具有显著的市场经济价值，能扩大体育消费规模。

体育人口、运动习惯、健身活动与组织等是体育消费升级的根基（刘扶民，2020），因此全民参加体育锻炼可有效优化体育消费结构、促进体育消费升级。从相关调查数据可知，2019年山东省居民体育锻炼参与程度不断提升、参与类型不断增加，从未参加体育锻炼的居民仅占7.4%，带动山东省服务型体育消费支出占比达到45.36%（山东省体育局，2021）；2018年和2019年上海市经常参加体育锻炼人口比例分别为42.8%、43.7%，有效地优化了上海市体育消费结构，使2018年和2019年上海市服务型体育消费支出比重分别达到40.9%、44.7%（上海市体育局，2020）；2019年金华市经常参加体育锻炼人口比例达到42.6%，带动2020年金华市参与型体育消费规模达到92.68亿元，占体育消费总规模的43.5%（金华市体育局，2021）。同时相关研究显示，参与业余铁人三项能显著提升服务型（竞赛支出）和实物型（设备支出）体育消费支出，且提升服务型体育消费支出的作用更强（Wicker et al.，2013），青少年参加体育锻炼则服务型体育消费支出更高（徐开娟等，2020）。因此，参加体育锻炼可以优化体育消费支出结构，进而促进体育消费升级。

综上可知，推动全民健身事业发展，引导全民积极参加体育锻炼，不仅可以增加体育消费支出、优化体育消费结构，还有利于扩大体育消费规模、促进体育消费升级，形成推动体育产业实现高质量发展的消费动力。因此，参加体育锻炼产生的市场经济价值是全民健身促进体育产业高质量发展的直接作用机制。全民健身通过发挥体育锻炼的市场经济价值直接促进体育产业实现高质量发展，这体现在全民健身通过促进全民参加体育锻炼增加体育消费支出和优化体育消费结构，进而推动体育产业实现高质量发展。即全民健身促进体育产业高质量发展的直接机制为：参加体育锻炼—增加体育消费支出和优化体育消费结构—促进体育产业高质量发展。

第五节　本章小结

本章基于时间分配理论和体育促进发展理论，从体育锻炼消费效应来实证研究全民健身促进体育产业高质量发展的直接机制，实证中将体育锻炼作为影响个体体育消费支出的重要因素，并纳入个体社会人口特征、个体经济因素、家庭因素、宏观经济因素作为控制变量，利用2014年中国家庭追踪调查（CFPS2014）和2018年中国家庭追踪调查（CFPS2018）的横截面数据，采用Tobit模型实证研究参加体育锻炼和经常参加体育锻炼对体育消费支出的影响，以明晰参加体育锻炼是否具有体育消费效应，进而促进体育产业高质量发展。

研究结果表明，参加体育锻炼和经常参加体育锻炼均能显著提升个体体育消费支出，但参加体育锻炼提升体育消费支出的边际效应强于经常参加体育锻炼提升体育消费支出的边际效应，即随着参加体育锻炼频率与时间的增加，体育锻炼提升体育消费支出的边际效应递减。采用替换因变量、替换自变量、Heckman两阶段模型、倾向得分匹配法等进行稳健性检验，结果表明这一结论是可靠的。异质性检验结果显示，农村个体参加体育锻炼产生的体育消费效应强于城市个体，但农村个体和城市个体经常参加体育锻炼产生的体育消费效应不存在明显差异；中部地区个体参加体育锻炼和经常参加体育锻炼产生的体育消费效应更明显；男性个体、中年个体、初中学历个体和低收入个体参加体育锻炼和经常参加体育锻炼产生的体育消费效应更明显。

从体育锻炼消费效应来实证解析全民健身促进体育产业高质量发展的直接机制。研究发现，参加体育锻炼和经常参加体育锻炼均能显著提升个体体育消费支出，但随着参加体育锻炼的频率和时间增加，体育锻炼提升个体体育消费支出的边际效应则递减；农村个体、中部地区个体、男性个体、中年个体、初中学历个体、低收入个体参加体育锻炼提升体育消费支出的边际效应更明显；分析认为全民健身促进体育产业高质量发展的直接机制为：参加体育锻炼—增加体育消费支出和优化体育消费结构—促进体育产业高质量发展。

本章的主要政策启示体现在体育锻炼产生体育消费效应主要来源个体从非体育人口向体育人口转变所释放出的体育消费潜力，体育锻炼参与频率及时间的增加也有效地促进了体育消费，但随着体育锻炼参与频率和时间增加则会使体育消费的边际效应递减。因此，应从政策上促进全民健身现有需求升级，巩固现有“锻炼人口”经常性参加体育锻炼以促进体育消费升级。同时，还需培育全民健身新需求，引导“从不锻炼人口”向“锻炼人口”转变，形成更为强劲的体育消费动力，促进体育产业高质量发展。

第八章
全民健身促进体育产业高质量发展的作用机制构建与政策建议

全民健身的发展基础薄弱会使体育产业发展的基础不牢和动力不足，因此，夯实全民健身基础是推动体育产业实现高质量发展的有效举措。为明晰全民健身促进体育产业高质量发展的作用机制，本研究从微观个体参加体育锻炼的行为决策和经济价值的生成路径出发，从个体体育锻炼参与决策和时间支出的影响因素来实证研究参加全民健身的影响因素，从体育锻炼收入效应来实证解析全民健身促进体育产业高质量发展的间接机制，从体育锻炼消费效应来实证解析全民健身促进体育产业高质量发展的直接机制。本章根据上文的实证研究结果，在微观层面构建了全民健身促进体育产业高质量发展的作用机制，并提出全民健身促进体育产业高质量发展的政策建议。

第一节　全民健身促进体育产业高质量发展的作用机制构建

在推进全民健身国家战略实施的过程中，促进全民参加体育锻炼是全民健身战略的重点目标，而体育锻炼需求是引导个体作出体育锻炼参与决策并支出时间参加体育锻炼的先决动机。研究显示，我国居民在参加全民健身活动过程中，作出体育锻炼参与决策和体育锻炼时间支出受微观和宏观因素的共同制约。

首先，从居民收入与时间分配上看，我国居民体育锻炼需求受收入、工作时间及家务劳动时间制约。实证结果显示，个体作出体育锻炼参与决策受其工资收入、工作时间及家务劳动时间的影响，工资收入越高则个体参加体育锻炼的概率也越高，但并不影响个体体育锻炼时间支出；工作时间的增加明显降低了个体参加体育锻炼的概率和时间支出，家务劳动时间的增加显著提高了个体参加体育锻炼的概率和时间支出。从经济学视角看，个体工作时间（工资率）对全民健身参与需求存在替代效应，而家务劳动时间对全民健身需求具有互补效应。

其次，从个体社会人口特征、家庭因素上看，不同特征群体的体育锻炼需求是存在差异的，男性居民、城市居民、高学历居民、高健康水平居民的体育锻炼需求较高，体现在男性居民、城市居民、高学历居民、高健康水平居民参加体育锻炼的概率和参加体育锻炼时间支出更高。同时，不同年龄居民的体育锻炼需求也存在差异，青年群体和老年群体体育锻炼参与概率更高，而中年群体体育锻炼参与概率较低，不同年龄群体体育锻炼参与概率呈现出明显的“U型”特征。家庭因素制约着我国居民参加体育锻炼，体现在婚姻、家庭规模和家庭收入对体育锻炼需求会产生影响。家庭作为最小的社会组织，个体一旦结婚组建家庭，家庭规模随之扩大，导致婚姻和家庭规模对居民体育锻炼需求产生负向影响，这体现在在婚和家庭规模增大降低了体育锻炼参与概率和体育锻炼时间支出。家庭收入作为个体产生体育锻炼需求的经济资本，家庭收入越高，个体拥有更多的资本用于支付参加体育锻炼产生的一切锻炼成本（固定成本和可变成本），进而促进个体参加体育锻炼，并支出一定的体育锻炼时间，这体现在家庭收入增加可提高个体参加体育锻炼的概率和时间支出。

最后，在宏观因素上，体育场地设施、区域经济发展水平、区域体育财政投入以及锻炼环境等都对体育锻炼需求产生一定的影响。综合而言，宏观因素对体育锻炼需求的影响体现在体育场地设施对体育锻炼需求的影响。实证结果显示，行政区域内有体育设施则居民体育锻炼参与概率更高，且体育锻炼时间支出也更多。体育设施作为影响居民参加体育锻炼的重要因素，在“十四五”时期，完善体育场地设施成为全民健身补短板的重点任务。区域经济发展水平越高，则体育事业的财政投入也随之增加，将进一步推进体育场地设施建设，从供给侧为全民参加体育锻炼提供锻炼场所。因此，区域经济发展水平和区域体育财政投入对体育锻炼需求会产生影响，体现在人均GDP越高、人均体育财政投入越高则居民体育锻炼参与概率也越高。环境因素对体育锻炼需求的影响体现在室内体育场地设施不足对体育锻炼需求造成的影响。近年来，我国遭遇雾霾天气影响，尤其是北方地区，空气质量下降明显。但由于我国室内体育场地设施相对不足，而参加户外运动需要暴露在$PM_{2.5}$浓度较高的环境中，造成体育锻炼促进健康的收益低于空气污染损害健康的耗损，使体育锻炼需求减少，体现在$PM_{2.5}$指数上升，居民体育锻炼参与概率下降和体育锻炼时间支出减少。综上可知，要促进全民健身提高体育锻炼需求、推动体育产业高质量发展，需进一步完善体育场地设施，具体应加大体育场地设施建设的财政投入和建设一批利用率高的室内体育场地设施。

上述分析表明，在全民健身国家战略下，微观个体的体育锻炼需求受收入与时间、社会人口特征、家庭因素及相关宏观因素的共同约束。

但在收入与时间、社会人口特征、家庭因素及相关宏观因素的约束下，当个体从参加体育锻炼中获得的效用大于个体参加体育锻炼的时间成本及锻炼成本（固定成本和可变成本）时，个体会作出体育锻炼参与决策，并支出时间参加体育锻炼，则参加体育锻炼会产生两方面的经济价值。从体育锻炼中获得健康资本、心理资本、社会资本并形成人力资本增值，为其带来劳动力市场的收入回报，体现出体育锻炼具有的个体经济价值。研究发现，参加体育锻炼能为个体带来显著的收入回报，且提高健康水平、提高幸福感、提升社会阶层、获得社会支持是个体参加体育锻炼产生收入回报的重要机制。同时，收入上升进一步提高了体育锻炼需求，夯实了体育产业高质量发展的全民健身基础，表明体育锻炼具有的个体经济价值是全民健身促进体育产业高质量发展的间接作用渠道。研究还发现，参加体育锻炼和经常参加体育锻炼均能显著提升个体体育消费支出，即个体作出决策参加体育锻炼，则体育消费支出（包括服务型体育消费支出和实物型体育消费支）不断增加和体育消费结构不断优化，进而繁荣体育消费市场，扩大体育消费规模，形成推动体育产业实现高质量发展的消费动力，表明体育锻炼的市场经济价值是全民健身促进体育产业高质量发展的直接作用渠道。

因此，基于上文研究结果，构建了全民健身促进体育产业高质量发展的微观机制（图8-1）。从微观层面看，全民健身促进体育产业高质量发展的微观机制包括以下两方面：①间接机制。“参加体育锻炼—人力资本增值（健康资本、心理资本、社会资本）—获得收入回报—提高体育锻炼需求—促进体育产业高质量发展”。②直接机制。“参加体育锻炼—增加体育消费支出和优化体育消费结构—促进体育产业高质量发展”。综上可知，全民健身是通过发挥体育锻炼的个体经济价值提高体育锻炼需求，以及发挥体育锻炼的市场经济价值增加体育消费支出和优化体育消费结构，进而促进体育产业高质量发展。即体育锻炼具有的收入效应和体育消费效应是全民健身促进体育产业高质量发展的重要作用机制。

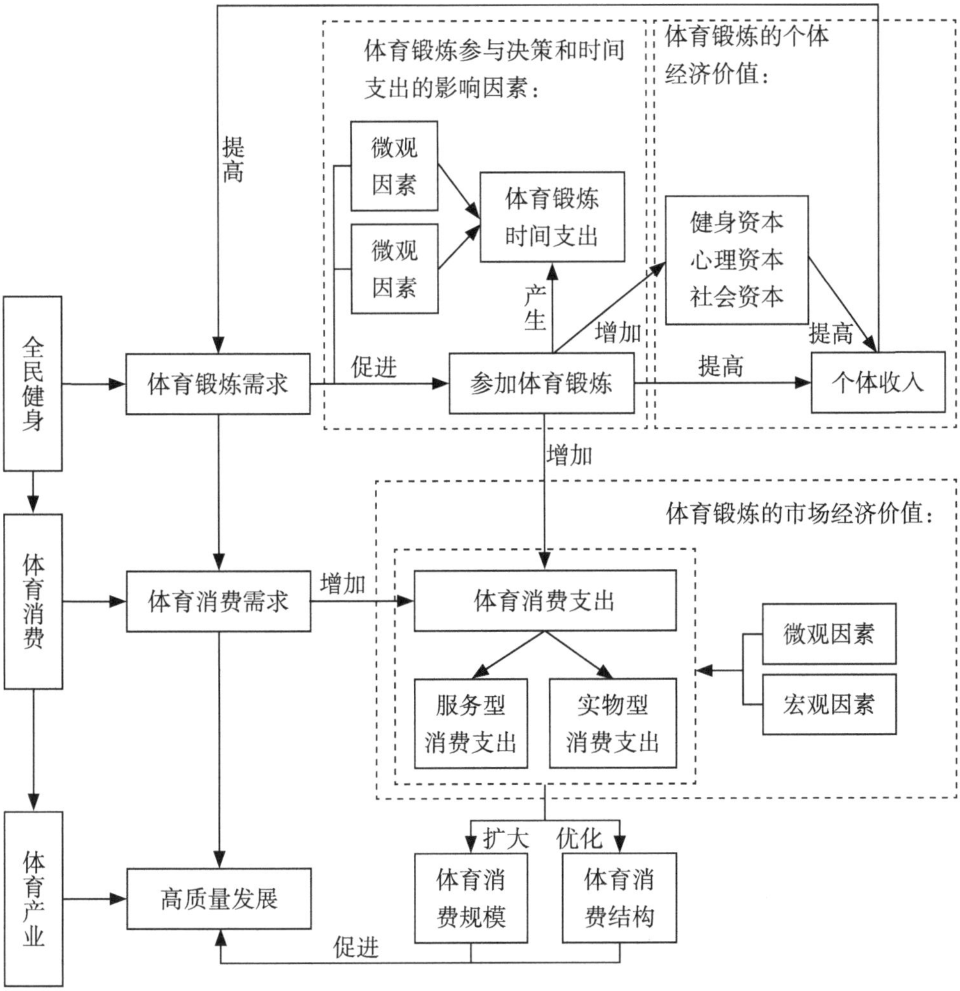

图8-1　全民健身促进体育产业高质量发展的作用机制图

第二节　全民健身促进体育产业高质量发展的政策建议

《关于促进全民健身和体育消费推动体育产业高质量发展的意见》和《体育强国建设纲要》是"十四五"时期推动体育强国建设的重要政策工具。全民健身作为体育产业实现动力变革的重要推动力，主要来源全民积极参加体育锻炼产生的个体经济价值和市场经济价值。从宏观层面看，全民健身在参与人口、消费、健身主体、公共服务资源、公共服务财政投入、体育组织及体制机制等方面存在诸多问题，制约着体育产业发展。从微观层面看，工作时间、家庭因素、体育设施、环境因素等也影响着全民参加体育锻炼，使体育消费需求不足。因此，全民健身促进体育产业高质量发展亟须引导全民积极参加体育锻炼，发挥体育锻炼的个体经济价值和市场经济价值。鉴于全民健身在体育产业高质量发展中的基础性作用，基于研究结论，认为应从以下几个方面夯实全民健身基础，以促进体育产业实现高质量发展。

一、挖掘全民健身潜在需求，精准建立高水平全民健身公共服务体系

在宏观层面，我国全民健身需求侧存在全民健身人口比例较小、群体分布差异大、全民健身消费支出较少且结构不合理、全民健身主体健身意识相对淡薄等问题。微观层面的实证检验结果显示，全民健身需求存在群体差异，同时收入和时间分配、家庭因素、体育场地设施、体育财政投入等因素均对个体作出体育锻炼参与决策和体育锻炼时间支出产生影响。因此，制定全民健身促进体育产业高质量发展的政策，应有效识别并挖掘异质性群体潜在的体育锻炼需求，以不同群体潜在需求为导向，精准建立高水平全民健身公共服务体系，实现全民健身服务供给和需求的有效对接。

1. 有效识别异质性群体体育锻炼需求，精准布局建设全民健身场地设施

研究结果显示，行政区有体育设施则个体参加体育锻炼的概率和体育锻炼时间支出均显著增加，行政区体育设施对集体运动时间支出也产生显著的正向影响，说明要满足全民健身需求亟须精准地建设体育场地设施。在现实中，我国全民健身场地设施总体不足，且存在场地资源配置和布局结构不合理的情况，场地资源供给以行政区划配置为主，同时还存在城乡之间、区域之间全民健身场地供给差距大等问题，其体现在东部地区全民健身场地供给水平、供给效率等优于中西部地区，农村全民健身场地设施存在服务水平偏低和设施可及性较差、短缺与闲置等问题。因此，精准布局全民健身场地设施建设，是破解全民健身场地设施供需矛盾的有效策略。首先，应针对不同群体的全民健身参与需求，精准建设全民健身场地设施。针对老年群体、职工群体、青少年群体、女性群体、低收入群体、农村群体等的体育锻炼需求，应精准化建设一批多功能、利用率高、项目布局合理的全民健身场地设施。针对不同群体体育锻

炼需求差异，应精准完善工作区、社区、学校等区域的体育设施布局。还应根据实际需求布局和建设城乡体育设施、区域体育设施，以实现体育设施建设均衡化，保障不同群体的全民健身权益。其次，应引入市场化机制，精准建设全民健身体育场地设施，以提高全民健身服务供给质量，满足不同群体多样化、多层次的全民健身参与需求，进而实现全民健身服务需求与全民健身资源供给的有效对接。最后，精准化建设全民健身场地应充分考虑环境因素。针对北方雾霾、南方多雨等环境因素，应精准布局和建设一批室内场地设施，如建设气膜馆、进行旧厂房改造和城市边角改造等来满足室内健身需求。

2. 以多层次体育锻炼需求为导向，精准建立多层次的全民健身公共服务体系

研究结果表明，男性个体、城市个体、高学历个体、高健康水平个体参加体育锻炼的概率和时间支出分别高于女性个体、农村个体、低学历个体和低健康水平个体。同时，不同群体参加全民健身获得的收入效应和产生的体育消费效应也存在差异。因此，为补齐全民健身发展短板，应通过建立多层次且差异化的全民健身公共服务体系，精准供给全民健身服务，缩小全民健身公共服务供给的不均衡，实现全民健身基本公共体育服务在地区间、城乡间、行业间和不同群体间的均等化供给，以此鼓励不同群体参加全民健身活动和保障全民健身权益，从而增加全民健身有效需求。同时，还需结合全民健身需求特征，提前研究判断人口结构和人口流动趋势，建立市、县、乡镇、村四个层次的全民健身公共服务资源配置体系，依托体系标准精准供给分层化的全民健身公共服务，以满足全民体育锻炼需求。

3. 以人口结构分布为依据，精准分配全民健身财政支出

体育公共服务财政投入的经济效应明显，研究显示，体育财政投入可以提高个体参加体育锻炼的概率及时间支出，对个人运动时间支出和集体运动时间支出均产生显著的正向影响。但当前我国公共体育服务财政存在区域投入不均衡且体育事业财政支出结构不合理等问题（邱鹏 等，2019），体育财政投入占主导地位的是竞技体育，群众体育公共财政投入较少。推动全民健身发展应精准分配全民健身财政投入，宏观层面需根据区域人口结构分布精准供给或差异化供给公共体育服务资金，加强财政管理使体育财政支出真正用于“养事”，避免腐败与浪费（刘望 等，2020）。在具体财政投入策略上，全民健身财政投入应从行政区划配置向常住人口规模配置转变，将全民健身财政精准投入人口规模大且行政区域内无体育场地设施的县级行政区或城乡结合区域，通过完善体育场地设施和举办全民健身活动引导全民积极参加体育锻炼。同时，体育行政部门间应均衡使用体育财政资金，将体育财政资金向全民健身基础设施建设、群众体育活动开展等方面倾斜。

二、支持全民参与健身，提高全民健身的社会经济价值

研究结果显示，参加体育锻炼能为个体带来显著的收入回报，且体育锻炼是通过提高健康水平、提高幸福感、提升社会阶层和获得社会支持进而为个体带来收入回报，尤其是对促进男性个体、城市个体、高中学历个体、东部地区个体和中年个体全面发展的作用更加明显，这说明参加全民健身具有社会公平效应、幸福效应和发展效应，全民健身在促进人的全面发展中具有重要作用。因此，提升全民的体育认知是全民健身政策和体育产业政策应采取的重要政策工具，亟须通过政策支持全民积极参加体育锻炼提高全民健身的社会经济价值。

1. 加强全民健身文化宣传，提高全民主动健康意识

研究显示，参加体育锻炼有利于个体获得健康资本、心理资本和社会资本，进而为个体带来人力资本增值并产生收入效应。所以，应加强全民健身文化宣传，改变全民体育认知，提高全民主动健康意识，促进全民积极参加体育锻炼。在政策上，以提高全民主动健康意识为政策导向，宣传参加全民健身在促进社会经济发展、满足人民美好生活向往、促进人的全面发展等方面所起到的作用，从而引导全民参加体育锻炼。在实践上，一是要积极宣传运动促进健康的作用，为居民解决健康问题提供运动方案。可通过建设健康人群、疾病风险人群、慢性疾病人群、功能受损人群、发展性障碍人群的运动处方库（祝莉等，2020），推广改善全民健身意识，并为不同群体提供运动健身的医疗替代方案，促进居民积极参加体育锻炼以形成有效的全民健身需求；二是要推动全民健身理念和知识融入义务教育教材，推动青少年获得科学健身的基本知识，从小养成经常参加体育锻炼的习惯，培养主动健康的生活方式；三是打造科学健身传播平台，推动体育传统媒体平台和新媒体平台共融共生，以互联网为载体优化资源配置，搭建网络科学健身平台。

2. 强化社区体育发展，补齐全民健身发展短板

在家庭因素中，婚姻及家庭规模都对作出体育锻炼参与决策和时间支出产生显著的负向影响，但家务劳动时间增加提高了体育锻炼参与概率和时间支

出。同时，全民健身可促进人的全面发展，使个体获得健康资本、幸福感和相应的社会资本，是具有传承价值的家庭文化、社区文化。家庭和社区作为全民健身知识传播和全民参与健身的重要微观组织，全民健身政策应采取措施支持发展社区体育并带动家庭体育的发展，通过传播社区体育文化和传承家庭体育文化，培育全民体育锻炼习惯，进而增加全民健身人口基数。具体而言，一是要完善社区体育设施。建立与社区健身需求相适应的体育设施布局，新建社区要严格按照相关规定和要求配建体育设施；二是培育社区体育组织。通过完善社区体育组织登记制度，培育社区各特定群体、各特定运动项目体育组织或运动协会，形成街道（乡镇）体育组织联合会。政府部门通过购买体育服务的方式加大对社区体育组织扶持力度，以引导社区体育组织服务全民健身，促进全民参加体育锻炼；三是推动全民健身公共服务进社区。推动各类专业体育协会进社区以提升全民运动技能，引导全民健身赛事活动进社区以吸引全民参与健身，还需要开展健身知识进社区活动以提升全民健身科学化水平。

3. 提高全民健身标准化水平，引导全民科学参与健身

我国居民的全民健身需求存在群体差异，体现在性别、城乡、年龄等方面。同时，不同群体的全民健身标准也存在差异，亟须推动全民健身标准化，以科学手段引导全年龄人口科学锻炼、合理健身，进而提升全民健身的社会经济价值。在科学健身指导上，改革和完善社会体育指导员制度，修订《社会体育指导员管理办法》，降低社会体育指导员准入标准和调整社会体育指导员晋级规则，以壮大社会体育指导员队伍和提高社会体育指导员质量，科学指导全民健身。同时，还需重点完善不同运动项目的技术方法、内容、竞赛规则等方面的标准，完善体育教育培训的服务对象、内容、方式标准，以及体育教育培训在服务流程和环节、服务规范和职责、预防性措施、考核指标等方面的规范。在硬件设施上，要结合全年龄人口的健身场地需求，建立与物联网、互联网等深度融合的智慧化体育设施标准，修订城市、乡镇体育设施标准等；在健身科学知识方面，要实施《国家体育锻炼标准》和完善《全民健身指南》，普及科学健身知识，设计和推广常见慢性病运动干预项目，开展国民体质健康监测，鼓励医院开设运动康复科室。

三、推动现有需求升级和培育新需求，形成体育消费动力

研究结果显示，微观个体参加体育锻炼和经常参加体育锻炼的体育消费效

应显著，且个体从“从不锻炼”到“参加锻炼”产生的体育消费效应更强，表明随着体育锻炼频率及时间的增加，体育锻炼仍具有体育消费效应，但体育锻炼频率及时间增加所产生的体育消费效应呈边际递减。这说明促进现有全民健身需求升级可有效促进体育消费，同时培育全民健身新需求促进体育消费的边际效应更强。因此，推动体育产业实现高质量发展，应注重促进全民健身的现有需求升级和培育全民健身的新需求，发挥体育人口增长对体育产业高质量发展的推动作用。

1. 精准划分体育锻炼群体，促进全民健身现有需求升级

针对全民健身现有需求，需合理划分体育锻炼群体。随着我国居民收入和消费水平的不断提高，个体体育锻炼需求也呈现出多元化、多层次的趋势，体育锻炼群体细分更为明显。针对以高收入为支撑的体育锻炼群体，应根据高收入产生的时间成本及高收入群体精品化、个性化的体育锻炼需求，精准供给高质量的高端体育产品和服务，以促进现有体育锻炼需求升级。例如，针对高收入群体时间成本高的特点，可供给锻炼效果更好、时间更短的全民健身产品或服务；针对大众化的体育锻炼需求群体，应通过供给全民健身智慧化产品、实施全民健身场地免费或低收费及全民健身指导等，以培育体育锻炼习惯和体育消费习惯，促进现有体育消费需求升级，形成体育产业高质量发展的消费动力。

2. 促进融合发展，培育全民健身新需求

实证结果显示，全民健身新需求促进体育消费的边际效应更强，且农村群体、中部地区群体、男性群体、初中学历群体、中年群体、低收入群体参加体育锻炼产生的体育消费效应更强。要培育全民健身新需求，亟须将“从不锻炼人口”培育成为“锻炼人口”，以增加体育人口比例，形成推动体育产业高质量发展的消费动力。因此，挖掘体育消费潜力亟须推动体教融合、体卫融合、体旅融合，以促进重点人群积极参加体育锻炼。通过体教融合促进青少年参加体育锻炼形成终身体育理念，培育全民健身新需求；通过体卫融合发挥体育的健康促进功能，吸引相关群体通过体育锻炼改善健康，培育全民健身新需求；通过体旅融合将体育作为旅游消费新内容，吸引全民参加体育旅游，培育全民健身新需求；还可采取措施鼓励农村群体、中部群体、男性群体、初中学历群体、中年群体和低收入群体积极参加体育锻炼，以培育全民健身新需求，为体育产业高质量发展提供更为强劲的体育消费动力。

3. 实施全民健身激励，形成体育消费需求动力

实施全民健身激励是有效激发全民参加体育锻炼的内生动力，并形成经常参加体育锻炼的长效机制。实证结果显示，参加体育锻炼和经常参加体育锻炼均能显著提升体育消费支出，因此实施全民健身激励措施不仅能吸引“从不锻炼人口”转变为“锻炼人口”，还有利于巩固“经常性锻炼人口”，形成促进体育消费的全民健身现有需求与新需求合力，进一步推动体育产业实现高质量发展。在运动成绩激励上，体育部门要建立国家体育锻炼标准和运动等级标准激励制度，定期向《国家体育锻炼标准》和运动等级标准的达标群众颁发等级证书；在体育消费激励方面，支持发放体育消费券以吸引全民参加体育锻炼。结合节假日及运动项目特征，精准设计并推出形式多样的体育消费券，简化体育消费券发放和领取流程，降低使用门槛和其他限制，扩大体育消费券的使用区域及运动项目覆盖面，以最大程度激励全民积极参加体育锻炼。

四、实施协同治理机制，破解体制机制障碍

我国全民健身事业在体制机制上存在行政壁垒、市场投入和供给主体单一、多元主体参与率低和参与诉求表达不畅等问题，是制约我国体育产业高质量发展的重要因素。因此，破除全民健身事业发展的体制机制障碍是促进体育产业高质量发展的有效举措。应从体育管理体制机制创新来破除新时期全民健身事业发展的体制机制障碍，转变政府的全民健身管理职能和方式，构建具有高效、扁平且直面群众的全民健身服务管理新机制和新模式（刘国永，2018）。实施全民健身协同治理机制，吸引多元主体参与全民健身治理，才能破除固有体制机制所造成的行政壁垒、市场投入和供给主体单一、多元主体参与率低和参与诉求表达不畅等问题。

1. 简政放权，实施政府购买公共服务机制

政府部门应转变全民健身公共服务的单一投入和供给思路，通过建立职责细化的体育管理机制，明确政府、社会组织和市场是平等的关系，以明晰各个主体的权责（郑娟和郑志强，2017）。国家体育总局等最高体育管理机构应向基层政府简政放权，推动协会及相关体育事业单位企业化改革，增加体育产业发展的市场主体。实施政府部门向社会购买全民健身公共服务机制，政府公

益性全民健身服务通过向市场主体购买的方式来满足公益性全民健身需求。完善体育产业发展的市场体系，构建并形成多元主体参与的全民健身服务供给方式，推动体育产业实现高质量发展。

2. 完善多元主体参与机制，确保全民健身服务供给能满足多样化体育锻炼需求

全民健身参与机制缺失导致我国全民健身服务供给难以契合群众多元化的体育锻炼需求，同时全民健身市场化过程中存在多元主体参与率低的问题，导致难以供给多样化、多层次的全民健身服务。因此，在推动全民健身协同治理过程中，应完善多元主体参与机制。首先，建立全民健身多元主体的需求表达机制，针对需求者（居民）要通过宣传与引导提高全民的需求表达意识，使全民有意识地表达自身的体育锻炼需求。其次，针对体育组织也需要建立其公共体育服务需求的表达机制（吴秀云 等，2020）。另外，要建立完善的民意表达机制，畅通全民健身需求信息的反馈渠道。最后，要利用媒体进行公示与听证，把自上而下的全民健身需求识别与自下而上的全民健身需求传递有效结合，实现全民健身的供需对接（刘望 等，2020）。

3. 建立跨部门合作机制，打通全民健身融合发展的体制障碍

体制机制障碍导致全民健身的健康功能延伸受阻，难以推动全民健身现有需求升级和培育全民健身新需求，制约着体育产业难以实现高质量发展。因此，建立跨部门合作机制是破解体制机制障碍的有效手段。一是要建立体育与医疗卫生部门合作机制。体育部门以“增强体质”作为开展全民健身工作的目标，限制了全民健身健康促进功能的有效延伸。同时，我国医疗卫生系统的供需矛盾及人民群众健康服务需求的增长，都要求全民健身发挥体育的健康促进功能。因此，建立体育和医疗卫生部门的合作机制，将有利于打通全民健身融合发展的体制机制障碍，培育全民健身新需求。而建立全民健身与医疗卫生领域的跨部门协同机制，具体应建立与明确协同关系、跨部门领导机制、跨部门协同监督和激励机制、跨部门信息和资源共享机制（卢文云和陈佩杰，2018）。二是建立体育与教育部门合作机制。体育与教育部门合作机制的建立有利于提高体育公共资源的利用率和推动体教融合。可以利用体育部门全民健身指导的专业性促进学校体育发展，也可以利用教育部门丰富的体育场馆资源弥补全民健身场地资源供给不足的短板，形成互利互补的协同发展关系，为体育产业实现高质量发展打牢基础。三是建立群众体育部门与体育产业部门合作机制。鼓励各地的体育产业部门与群众体育部门建立协同工作机制，同时，在国务院全民健身工作部国际联席会议机制框架中将体育产业工作作为重要内容之一，以促进全民健身与体育产业的互促互融。

第三节 本章小结

本章基于实证研究结果，构建了全民健身促进体育产业高质量发展的作用机制，提出了全民健身促进体育产业高质量发展的精准政策建议。全民健身促进体育产业高质量发展的作用机制包括间接机制和直接机制，间接机制为“参加体育锻炼—人力资本增值（健康资本、心理资本、社会资本）—获得收入回报—提高体育锻炼需求—促进体育产业高质量发展”。直接机制为“参加体育锻炼—增加体育消费支出和优化体育消费结构—促进体育产业高质量发展”。全民健身促进体育产业高质量发展的主要政策建议包括：挖掘全民健身潜在需求，精准建立高水平全民健身公共服务体系；支持全民参与健身，提高全民健身的社会经济价值；推动全民健身现有需求升级和培育全民健身新需求，形成体育消费动力；实施协同治理机制，破解制约体育产业高质量发展的全民健身体制机制障碍。

第九章　研究结论与展望

第一节　研究结论

全民健身促进体育产业高质量发展，是推动体育产业成为国民经济支柱性产业的内在要求，是提升医疗服务供给能力的有效补充，是满足全民健康服务需求的必然选择，是全民形成健康生活方式、提升劳动生产率的有效手段。我国体育产业高质量发展的全民健身需求侧制约因素包括全民健身人口比例较小且群体分布差异大、全民健身消费支出较少且结构不合理、全民健身主体健身意识相对淡薄；体育产业高质量发展的全民健身供给侧制约因素包括全民健身公共服务资源数量不足和区域分布差异大且市场化水平较低、全民健身财政人均投入较少且区域投入不均衡、全民健身组织数量较少且质量较差；体育产业高质量发展的全民健身体制机制制约因素包括管理体制依然存在行政壁垒、服务供给体制存在投入和供给主体单一、市场化机制存在多元主体参与率低、参与机制存在参与诉求表达不畅。因此，本研究基于体育锻炼经济价值的视角，从个体参加体育锻炼的行为决策和经济价值的生成路径出发，旨在明晰全民健身是如何促进体育产业高质量发展的。首先，以Becker的时间分配理论为依据，基于2016年中国劳动力动态调查数据，采用Heckman两阶段模型实证研究哪些因素影响我国居民的体育锻炼参与决策和体育锻炼时间支出，以明晰参加全民健身的影响因素；其次，以体育促进发展理论和人力资本理论为依据，基于2014年和2016年中国劳动力动态调查数据，采用OLS回归、工具变量法（IV）、倾向得分匹配法（PSM）等，从体育锻炼收入效应来实证研究体育锻炼的个体经济价值，明晰全民健身促进体育产业高质量发展的间接机制；最后，以时间分配理论和体育促进发展理论为依据，基于2014年和2018年中国家庭追踪调查数据，采用Tobit模型从体育锻炼消费效应实证研究体育锻炼的市场经济价值，明晰全民健身促进体育产业高质量发展的直接机制。研究的主要结论如下。

（1）从体育锻炼参与决策和时间支出的影响因素研究参加全民健身的影响因素。研究发现，我国男性个体、城市个体、高学历个体、高健康水平个体的体育锻炼参与概率更高、体育锻炼时间支出更多。但年龄与个体体育锻炼参与概率呈“U型”关系，对体育锻炼时间支出不存在影响；家务劳动时间、家庭收入、行政区体育设施、人均体育财政投入对个体体育锻炼参与决策和体育锻炼时间支出具有显著的正向影响；工作时间、婚姻、家庭规模、$PM_{2.5}$指数对个体体育锻炼参与决策和体育锻炼时间支出具有显著的负向影响；个体收入和人均GDP对个体体育锻炼参与决策具有显著的正向影响，但对个体体育锻炼时间支出都不存在影响；AQI指数对个体体育锻炼参与决策不存在影响，但对个体体育锻炼时间支出具有显著的正向影响。

（2）从体育锻炼收入效应实证解析全民健身促进体育产业高质量发展的间接机制。研究发现，参加体育锻炼可以为个体带来显著的收入回报，能够提高健康水平、提高幸福感、提升社会阶层、获得社会支持，是个体参加体育锻炼产生收入回报的重要机制。同时，参加体育锻炼的频率和时间增加也能为个体带来显著的收入回报，但参加体育锻炼带来收入回报主要发生在男性个体、城市个体、高中学历个体、东部地区个体和中年个体。分析认为，全民健身促进体育产业高质量发展的间接机制为：参加体育锻炼—人力资本增值（健康资本、心理资本、社会资本）—获得收入回报—提高体育锻炼需求—促进体育产业高质量发展。

（3）从体育锻炼消费效应实证解析全民健身促进体育产业高质量发展的直接机制。研究发现，参加体育锻炼和经常参加体育锻炼均能显著提升个体体育消费支出，但随着参加体育锻炼的频率和时间增加，体育锻炼提升个体体育消费支出的边际效应则递减；农村个体、中部地区个体、男性个体、中年个体、初中学历个体、低收入个体参加体育锻炼提升体育消费支出的边际效应更明显。分析认为，全民健身促进体育产业高质量发展的直接机制为：参加体育锻炼—增加体育消费支出和优化体育消费结构—促进体育产业高质量发展。

综上可知，全民健身是通过发挥体育锻炼的个体经济价值和市场经济价值，进而推动体育产业实现高质量发展，即体育锻炼具有的收入效应和体育消费效应是全民健身促进体育产业高质量发展的重要作用机制。最后，提出全民健身促进体育产业高质量发展的政策建议：挖掘全民健身潜在需求，精准建立高水平全民健身公共服务体系；支持全民参与健身，提高全民健身的社会经济价值；推动全民健身现有需求升级和培育全民健身新需求，形成体育消费动力；实施协同治理机制，破解制约体育产业高质量发展的全民健身体制机制障碍。

第二节　研究的创新点

国内现有文献中关于全民健身与体育产业发展关系的相关研究较少，主要是通过定性分析全民健身对体育产业发展的促进作用和全民健身与体育产业发展的共生关系、协同关系，缺乏宏观和微观层面的实证研究证据。本研究尝试在微观层面，从体育锻炼经济价值视角研究全民健身促进体育产业高质量发展的作用机制。一方面可以明晰哪些因素决定居民参加全民健身和全民健身是否通过发挥体育锻炼的个体经济价值间接促进体育产业高质量发展；另一方面可以明晰全民健身是否通过发挥体育锻炼的市场经济价值直接促进体育产业高质量发展，可以从全民健身视角精准提出促进体育产业高质量发展的政策建议。因此，本研究的创新点主要包括以下三个方面。

一是研究视角创新。本研究开创性地从微观个体参加体育锻炼生成经济价值的视角实证研究了全民健身是通过发挥体育锻炼经济价值进而促进体育产业高质量发展。国内相关研究主要从宏观层面剖析全民健身与体育产业发展之间的关系，具体逻辑：分析“全民健身—体育消费—体育产业发展”的关系，即参加全民健身促进体育消费进而推动体育产业发展。但本文基于微观视角，利用古典经济理论从体育锻炼经济价值视角，通过实证构建了“全民健身—体育锻炼经济价值—体育产业高质量发展”之间的作用机制，论证了哪些因素决定了我国居民参加全民健身，以及参加全民健身的个体收入效应及体育消费效应，从微观视角佐证了体育锻炼具有的经济价值是全民健身促进体育产业高质量发展的重要作用机制。

二是理论创新。本研究结合体育促进发展理论开创性地提出并验证了微观层面体育锻炼个体经济价值的三种生成机制，丰富了体育经济学理论研究成果。欧美发达国家的相关研究结果显示，参加体育锻炼对个体劳动力市场表现产生了影响，主要体现在参加体育锻炼对就业、收入等存在正向效应，但我国作为发展中国家，缺少相关实证研究来验证这一结论。本研究不仅通过实证研究明晰了体育锻炼具有个体经济价值，同时还基于体育促进发展理论提出并实证检验体育锻炼个体经济价值的三种生成机制，即参加体育锻炼产生收入效应是通过获取健康资本、心理资本（幸福感）和社会资本来实现的，研究成果提供了来自发展中国家的实证经验证据，丰富了体育经济学理论研究成果。

三是方法创新。本研究采用的计量方法克服了实证研究中存在的自选择性偏差、反向因果关系、遗漏变量而导致的估计结果偏误问题，使研究结论更为可靠。采用Heckman两阶段模型及Tobit模型分别研究体育锻炼参与决策和时间支出的影响因素及体育锻炼的体育消费效应，从方法上避免了居民在参加体育锻炼和进行体育消费过程中存在的自选择性偏差问题，且准确区分了体育锻炼参与决策与体育锻炼时间支出的异同，以及体育锻炼对体育消费决策和体育消费支出影响的异同。在实证解析全民健身促进体育产业高质量发展间接机制的过程中，采用工具变量法（IV）、倾向得分匹配法（PSM）等方法实证研究参加体育锻炼的收入效应，从方法上规避了参加体育锻炼与个体收入间存在反向因果关系和存在遗漏变量而导致的内生性问题，以及参加体育锻炼存在自选择性偏差而导致的估计结果偏误问题，得出了更加可靠的研究结论。

第三节　研究不足与展望

本研究从微观视角探索全民健身促进体育产业高质量发展的作用机制，先基于时间分配理论从体育锻炼参与决策和时间支出影响因素实证研究参加全民健身的影响因素，最后结合时间分配理论、体育促进发展理论、人力资本理论，从体育锻炼收入效应实证解析全民健身促进体育产业高质量发展的间接机制，以及从体育锻炼消费效应实证解析全民健身促进体育产业高质量发展的直接机制，获得了部分具有实践指导意义的研究结论。但本研究还存在不足，有待进一步完善。

首先，由于微观体育消费调查数据较少，且进行全国性体育消费抽样调查是一项系统性工程，本研究在财力、人力及物力方面都难以支撑开展全国性体育消费调查。因此，受微观体育消费调查数据缺失的影响，未能实证分析参加体育锻炼对服务型体育消费支出和实物型体育消费支出的影响。本研究虽然从微观层面论证了体育锻炼具有体育消费效应，但参加体育锻炼对服务型和实物型体育消费支出的影响，后续仍需通过开展全国性体育消费调查进行补充研究，以期更精准地引导我国居民参加体育锻炼以促进体育消费，进而推动体育产业实现高质量发展。

其次，我国体育产业统计分类历经了两次修订和完善，并于2019年颁布实施《体育产业统计分类（2019）》，但全国31个省、自治区、直辖市公布的体育及相关产业的统计数据不全，且未能形成有效的时间序列面板数据。同时，全国各省、自治区和直辖市公布全民健身状况统计数据相对较少。因此，未来我国建立体育事业统计工作常态化机制后，可以基于宏观统计数据和微观调查数据，结合宏观和微观层面的计量分析进一步实证解析全民健身促进体育产业高质量发展的作用机制。

参考文献

［1］Ács P Stocker M，et al. Economic and public health benefits：The result of increased regular physical activity［J］. European Journal of Integrative Medicine，2016（8）：8–12.

［2］Baron R M，Kenny D A. The moderator–mediator variable distinction in social psychological research：Conceptual，strategic，and statistical considerations［J］. Journal of Personality and Social Psychology，1986，51（6）：1173–1182.

［3］Barron J M，Ewing B T，Waddell G R. The Effects of high school athletic participation on education and labor market outcomes［J］. The Review of Economics and Statistics，2000，82（3）：409–421.

［4］Bartolomeo G D，Papa S. The effects of physical activity on social interactions：The case of trust and trustworthiness［J］. Journal of Sports Economics，2019，20（1）：50－71.

［5］Beaman L，Herskowitz S，Keleher N，et al. Stay in the game：a randomized controlled trial of a sports and life skills program for vulnerable youth in Liberia［J］. Economic Development and Cultural Change，2020.

［6］Becker G S. A theory of the allocation of time［J］. The Economic Journal，1965（75）：493–517.

［7］Becker G S. Investment in human capital：A theoretical analysis［J］. The Journal of Political Economy，1962，70（5）：9–49.

［8］Becker G S. Human Capital［M］. Illinois：University of Chicago Press，1964.

［9］Becker S，Hring A. Social integration and sport：An analysis of the relationship between physical activity and social integration［J］. Sportwissenschaft，2012，42（4）：261–270.

［10］Bourdieu P，Wacquant L. An invitation to reflexive sociology［M］. Chicago，IL：University of Chicago Press，1992.

[11] Brehm J, Rahn W. Individual-level evidence for the causes and consequences of social capital [J]. American Journal of Political Science, 1997, 41 (3) , 999-1023.

[12] Cabane C, Clark A E. Childhood sporting activities and adult labour-market outcomes [J]. Annals of Economics and Statistics, 2015, 23 (3) : 123-148.

[13] Cabane C. Unemployment duration and sport participation [J]. International Journal of Sport Finance, 2014, 9 (3) : 261-280.

[14] Cadilhac D A, Cumming T B, Sheppard L, et al. The economic benefits of reducing physical inactivity: An australian example [J]. The international journal of behavioral nutrition and physical activity, 2011, 8 (1) : 99-106.

[15] Caspersen C J, Powell K E, Christenson G M. Physical activity, exercise, and physical fitness: Definitions and distinctions for health-related research [J]. Public Health Rep, 1985, 100 (2) : 126-131.

[16] Caudill S B, Long J E. Do former athletes make better managers? Evidence from a partially adaptive grouped-data regression model [J]. Empirical Economics, 2010, 39 (1) : 275-290.

[17] Cawley J. An economic framework for understanding physical activity and eating behaviors [J]. American Journal of Preventive Medicine, 2004, 27 (3-S) : 117-125.

[18] Cheah Y K, Azahadi M, Phang S N, et al. Factors affecting participation decision and amount of physical activity among urban dwellers in Malaysia [J]. Public Health, 2017, 146: 84-91.

[19] Coalter F. The politics of sport-for-development: Limited focus programmes and broad gauge problems? [J]. International Review for the Sociology of Sport, 2010, 45 (3) : 295-314.

[20] Coleman J S. Social capital in the creation of human capital [J]. The American Journal of Sociology, 1988, 94 (Supplement) : 95-120.

[21] Contoyannis P, Jones A M. Socio-economic status, health and lifestyle [J]. Journal of Health Economics, 2004, 23 (5) : 965-995.

[22] Cornelien T, Pfeifer C. Sport und Arbeitseinkommen [J]. Review of

Economics, 2008, 59 (3) : 244–255.

[23] Council of Europe. Recommendation no. r (92) 13 rev of the committee of ministers to member states on the revised European sports charter [EB/OL]. [2001–05–16]. https: // search.coe.int/cm/Pages/result_details.aspx ObjectID=09000016804c9dbb#g- lobalcontainer.

[24] Curtis J, Mcteer W, White P. Do high school athletes earn more pay? Youth sport participation and earnings as an adult [J]. Sociology of Sport Journal, 2003, 20 (1) : 60–76.

[25] Davis, A. Value for money: An economic assessment of investment in walking and cycling [R]. London: Department of Health and Government Office of the South–west, 2010.

[26] Dawson P, Downward P. The relationship between participation in sport and sport volunteering: An economic analysis [J]. International Journal of Sport Finance, 2013, 8 (1) : 75–92.

[27] Delaney L, Keaney E. Sport and Social Capital in the United Kingdom: Statistical Evidence from National and International Survey Data [EB/OL]. [2005–10–13]. http: //www.social–capital.net/docs/file/sport%20and%20 social%20capital.pdf.

[28] Ding D, Kolbe–Alexander T, Nguyen B, et al. The economic burden of physical inactivity: A systematic review and critical appraisal [J]. British Journal of Sports Medicine, 2017, 51 (19) : 1392–1409.

[29] Ding D, Lawson K D, Kolbe–Alexander T L, et al. The economic burden of physical inactivity: A global analysis of major non–communicable diseases [J]. The Lancet, 2016, 388 (10051) : 1311–1324.

[30] Downward P, Dawson P, Mills T C. Sports participation as an investment in (subjective) health: A time series analysis of the life course [J]. Journal of Public Health, 2016, 38 (4) : e504–e510.

[31] Downward P, Dawson P. Is it pleasure or health from leisure that we benefit from most an analysis of well–being alternatives and implications for policy [J]. Social Indicators Research, 2016, 126 (1) : 443–465.

[32] Downward P, Frick B, Humphreys B R, et al. The SAGE handbook of sports economics [M]. SAGE Publish, 2019.

[33] Downward P, Hallmann K, Pawlowski T. Assessing parental impact on the sports participation of children: A socio-economic analysis of the UK [J]. European Journal of Sport Science, 2014, 14 (1): 84-90.

[34] Downward P, Lera-Lopez F, Rasciute S. The zero-inflated ordered probit approach to modelling sports participation [J]. Economic Modelling, 2011, 28 (6): 2469-2477.

[35] Downward P, Pawlowski T, Rasciute S. Does associational behavior raise social capital? A cross-country analysis of trust [J]. Eastern Economic Journal, 2014, 40 (2): 150-165.

[36] Downward P, Rasciute S. 'No man is an island entire of itself.' The hidden effect of peers on physical activity [J]. Social Science & Medicine, 2016, 169: 149-156.

[37] Downward P, Rasciute S. Does sport make you happy? An analysis of the well-being derived from sports participation [J]. International Review of Applied Economics, 2011, 25 (3): 331-348.

[38] Downward P, Rasciute S. Exploring the covariates of sport participation for health: An analysis of males and females in England [J]. Journal of Sports Sciences, 2015, 33 (1): 67-76.

[39] Downward P, Rasciute S. The relative demands for sports and leisure in England [J]. European Sport Management Quarterly, 2010, 10 (2): 189-214.

[40] Downward P, Riordan J. Social interactions and the demand for sport: An economic analysis [J]. Contemporary Economic Policy, 2007, 25 (4): 518-537.

[41] Downward P. Exploring the economic choice to participate in sport: Results from the 2002 general household survey [J]. International Review of Applied Economics, 2007, 21 (5): 633-653.

[42] Eakins J. An examination of the determinants of Irish household sports expenditures and the effects of the economic recession [J]. European Sport Management Quarterly, 2016, 16 (1): 86-105.

[43] Eber N. Sports practice, health, and macroeconomic performances: An wndogenous growth model [J]. Journal of Sports Economics, 2003, 4 (2): 126-144.

[44] Eberth B, Smith M D. Modelling the participation decision and duration of sporting activity in Scotland [J]. Economic Modelling, 2010, 27 (4): 822-834.

[45] Edwards M B. The role of sport in community capacity building: An examination of sport for development research and practice [J]. Sport Management Review, 2015, 18 (1): 6-19.

[46] Eide E R, Ronan N. Is participation in high school athletics an investment or a consumption good evidence from high school and beyond [J]. Economics of Education Review, 2001, 20 (2001): 431-442.

[47] Esteban-Cornejo I, Tejero-Gonzalez C M, Sallis J F, et al. Physical activity and cognition in adolescents: A systematic review [J]. Journal of Science and Medicine in Sport, 2015, 18 (5): 534-539.

[48] Ewing B T. Athletes and work [J]. Economics Letters, 1998, 59 (1): 113-117.

[49] Ewing B T. High school athletics and the wages of black males [J]. Review of Black Political Economy, 1995, 24 (1): 65-78.

[50] Ewing B T. The labor market effects of high school athletic participation: Evidence from wage and fringe benefit differentials [J]. Journal of Sports Economics, 2007, 8 (3): 255-265.

[51] Ewing R, Cervero R. Travel and the built environment: A meta-analysis [J]. Journal of the American Planning Association, 2010, 76 (3): 265-294.

[52] Farrell L, Shields M A. Investigating the economic and demographic determinants of sporting participation in England [J]. Journal of the Royal Statistical Society: Series A (Statistics in Society), 2002, 165 (2): 335-348.

[53] Fedewa A L, Ahn S. The effects of physical activity and physical fitness on children's achievement and cognitive outcomes [J]. Research Quarterly for Exercise and Sport, 2011, 82 (3): 521-535.

[54] Felfe C, Lechner M, Steinmayr A. Sports and child development [J]. PLOS ONE, 2016, 11 (5): e151729.

[55] Frick B, Wicker P. The trickle-down effect: How elite sporting success affects amateur participation in German football [J]. Applied Economics

Letters, 2016, 23 (4): 259-263.

[56] Frisco M L, Muller C, Dodson K. Participation in voluntary youth-serving associations and early adult voting behavior [J]. Social Science Quarterly, 2003, 85 (3): 660-675.

[57] Fuchs B, Osikominu A. Quality leisure time and youth development [R]. CEPR Discussion Paper No. DP11330, 2016.

[58] García J, Lera-López F, Suárez M J. Estimation of a structural model of the determinants of the time spent on physical activity and sport: evidence for Spain [J]. Journal of Sports Economics, 2011, 12 (5): 515-537.

[59] García J, Muiz C, Rodríguez P, et al. Comparative analysis of sports practice by types of activities [J]. International Journal of Sport Finance, 2016, 11 (4): 221-231.

[60] Godoy M R, Triches D. Effects of physical activity on earnings in the Brazilian labor market [J]. EconomiA, 2017, 18 (2): 180-191.

[61] Graham C, Eggers A, Sukhtankar S. Does happiness pay? An exploration based on panel data from Russia [J]. Journal of Economic Behavior and Organization, 2004, 53 (3): 319-342.

[62] Gratton C, Kokolakakis T. The Effects of the Current Economic Conditions on Sport Participation [EB/OL]. [2012-06-23]. https://webarchive.nationalarchives.gov.uk.

[63] Gratton C, Tice A. Sports participation and health [J]. Leisure Studies, 1989, 8 (1): 77-92.

[64] Grossman M. On the concept of health capital and the demand for health [J]. Journal of Political Economy, 1972, 80 (2): 223-255.

[65] Hallmann K, Wicker P, Breuer C, et al. Understanding the importance of sport infrastructure for participation in different sports-findings from multi-level modeling [J]. European Sport Management Quarterly, 2012, 12 (5): 525-544.

[66] Hallmann K, Wicker P. Determinants of sport-related expenditure of golf players and differences between light and heavy spenders [J]. Sport, Business and Management: An International Journal, 2015, 5 (2): 121-138.

[67] Hamer M, O' Donovan G, Murphy M. Physical inactivity and the economic and health burdens due to cardiovascular disease: exercise as medicine [J]. Advances in Experimental Medicine and Biology. 2017, 999: 3–18.

[68] Have M T, Graaf R, Monshouwer K. Physical exercise in adults and mental health status: Findings from the Netherlands mental health survey and incidence study (NEMESIS) [J]. Journal of Psychosomatic Research, 2011, 71 (5): 342–348.

[69] Heckman J J. Sample selection bias as a specification error [J]. Econometrica, 1979, 47 (1): 153–161.

[70] Henderson D J, Olbrecht A, Polachek S W. Do former college athletes earn more at work? [J]. Journal of Human Resources, 2006, 41 (3): 558–577.

[71] Hovemann G, Wicker P. Determinants of sport participation in the European Union [J]. European Journal for Sport and Society, 2009, 6 (1): 51–59.

[72] Huang H, Humphreys B R. Sports participation and happiness: Evidence from US microdata [J]. Journal of Economic Psychology, 2012, 33 (4): 776–793.

[73] Humphreys B R, Mcleod L, Ruseski J E. Physical activity and health outcomes: Evidence from Canada [J]. Health Economics, 2014, 23 (1): 33–54.

[74] Humphreys B R, Ruseski J E. An Economic analysis of participation and time spent in physical activity [J]. Journal of Economic Analysis & Policy, 2011, 11 (1): 1–36.

[75] Humphreys B R, Ruseski J E. Participation in Physical Activity and Government Spending on Parks and Recreation [J]. Contemporary Economic Policy, 2007, 25 (4): 538–552.

[76] Humphreys B R, Ruseski J E. The economic choice of participation and time spent in physical activity and sport in Canada [J]. International Journal of Sport Finance, 2015, 10 (2): 138–159.

[77] Hyytinen A, Lahtonen J. The effect of physical activity on long-term income [J]. Social Science & Medicine, 2013, 96 (8): 129–137.

[78] Kari J T, Tammelin T H, Viinikainen J, et al. Childhood physical activity and adulthood earnings [J]. Medicine & Science in Sports & Exercise, 2016, 48 (7): 1340–1346.

[79] Katzmarzyk P T, Gledhill N, Shephard R J. The economic burden of physical inactivity in Canada [J]. Canadian Medical Association journal, 2000, 163 (11): 1435–1440.

[80] Katzmarzyk P T, Janssen I. The economic costs associated with physical inactivity and obesity in Canada: An Update [J]. Canadian Journal of Applied Physiology, 2004, 29 (1): 90–115.

[81] Kavetsos G. The impact of physical activity on employment [J]. The Journal of Socio-Economics, 2011, 40 (6): 775–779.

[82] Knaus M C, Lechner M, Reimers A K. For better or worse the effects of physical education on child development [J]. Labour Economics, 2020, 67: 101904.

[83] Koenker R W, Bassett G. Regression Quantile [J]. Econometrica, 1978, 46 (1): 33–50.

[84] Kokolakakis T, Castellanos-García P, Lera-López F. Differences in formal and informal sports participation at regional level in England [J]. International Journal of Sport Policy and Politics, 2017, 9 (3): 491–504.

[85] Kosteas V D. The effect of exercise on earnings: Evidence from the NLSY [J]. Journal of Labor Research, 2012, 33 (2): 225–250.

[86] Lamb K L, Asturias L P, Roberts K, et al. Sports participation—How much does it cost [J]. Leisure Studies, 1992, 11 (1): 19–29.

[87] Lechner M, Downward P. Heterogeneous sports participation and labour market outcomes in England [J]. Applied Economics, 2017, 49 (4): 335–348.

[88] Lechner M, Sari N. Labor market effects of sports and exercise: Evidence from Canadian panel data [J]. Labour Economics, 2015, 35: 1–15.

[89] Lechner M. Long-run labour market and health effects of individual sports activities [J]. Journal of Health Economics, 2009, 28 (4): 839–854.

[90] Lee S A, Ju Y J, Lee J E, et al. The relationship between sports facility accessibility and physical activity among Korean adults [J]. BMC Public

Health, 2016, 16 (1) : 1244-1253.

[91] Lees C, Hopkins J. Effect of aerobic exercise on cognition, academic achievement, and psychosocial function in children: a systematic review of randomized control trials [J]. Preventing Chronic Disease, 2013, 10: e174.

[92] Lera-López F, Ollo-López A, Rapún Gárate M. Sports spectatorship in Spain: Attendance and consumption [J]. European Sport management quarterly, 2012, 12 (3) : 265-289.

[93] Lera-López F, Rapún-Gárate M. Sports participation versus consumer expenditure on sport: Different determinants and strategies in sports Management [J]. European Sport Management Quarterly, 2005, 5 (2) : 167-186.

[94] Lera-López F, Rapún-Gárate M. The demand for sport: sport consumption and participation models [J]. Journal of Sport Management, 2007, 21 (1) : 103-122.

[95] Lera-López F, Wicker P, Downward P. Does government spending help to promote healthy behavior in the population Evidence from 27 European countries [J]. Journal of Public Health, 2016, 38 (2) : e5-e12.

[96] Levermore R. Evaluating sport-for-development: approaches and critical issues [J]. Progress in Development Studies, 2011, 11 (4) : 339-53.

[97] Levermore R. Sport-for-Development and the 2010 Football World Cup [J]. Geography Compass, 2011, 5 (12) : 886-897.

[98] Lipscomb S. Secondary school extracurricular involvement and academic achievement: a fixed effects approach [J]. Economics of Education Review, 2007, 26 (4) : 463-472.

[99] Long J E, Caudill S B. The impact of participation in intercollegiate athletics on income and graduation [J]. 1991, 73 (3) : 525-531.

[100] Løyland K, Ringstad V. On the price and income sensitivity of the demand for sports: Has linder' s disease become more serious [J]. Journal of Sports Economics, 2009, 10 (6) : 601-618.

[101] Lyras A, Peachey J W. Integrating sport-for-development theory and praxis [J]. Sport Management Review, 2011, 14 (4) : 311-326.

[102] Makarova E, Herzog W. Sport as a means of immigrant youth integration: An empirical study of sports, intercultural relations, and immigrant youth integration in Switzerland [J]. Sportwissenschaft, 2014, 44 (1) : 1–9.

[103] Mandle J R. Sport and economic development: the case of Bangladesh [R]. Economics Faculty Working Papers, 2012.

[104] Maruyama S, Yin Q. The opportunity cost of exercise: Do higher–earning Australians exercise longer, harder, or both [J]. Health Policy, 2012, 106 (2) : 187–194.

[105] Meltzer D O, Jena A B. The economics of intense exercise [J]. Journal of Health Economics, 2010, 29 (3) : 347–352.

[106] Mincer J. Schooling, Experience, and Earnings [M]. National Bureau of Economic Research, Inc. 1974.

[107] Muñiz C, Rodríguez P, Suárez M J. Sports and cultural habits by gender: An application using count data models [J]. Economic Modelling, 2014, 36 (1) : 288–297.

[108] Muñiz C, Rodríguez P, Suárez M J. The allocation of time to sports and cultural activities: an analysis of individual decisions [J]. International Journal of Sport Finance, 2011, 6 (3) : 245–264.

[109] Mushkin S J. Health as an Investment [J]. Journal of Political Economy, 1962, 70 (5) : 129–157.

[110] Mutter F, Pawlowski T. Role models in sports–Can success in professional sports increase the demand for amateur sport participation [J]. Sport Management Review, 2014, 17 (3) : 324–336.

[111] Mutter F, Pawlowski T. The causal effect of professional sports on amateur sport participation—An instrumental variable approach [J]. International Journal of Sport Finance, 2014, 9 (2) : 172–188.

[112] Pawlowski T, Breuer C. Expenditure elasticities of the demand for leisure services [J]. Applied Economics, 2012, 44 (26) : 3461–3477.

[113] Pawlowski T, Downward P, Rasciute S. Subjective well–being in European countries—On the age–specific impact of physical activity [J]. European Review of Aging and Physical Activity, 2011, 8 (2) : 93–102.

[114] Pawlowski T, Schüttoff U, Downward P, et al. Can sport really help to meet the millennium development goals? Evidence from children in Peru

[J]. Journal of Sports Economics, 2016, 19 (4): 1-24.

[115] Perks T. Does sport foster social capital? The contribution of sport to a lifestyle of community participation [J]. Sociology of Sport Journal, 2007, 24 (4): 378-401.

[116] Pfeifera C, Cornelien T. The impact of participation in sports on educational attainment—New evidence from Germany [J]. Economics of Education Review, 2010, 29 (1): 94-103.

[117] Putnam R. Bowling alone: The collapse and revival of American community [M]. New York: Simon & Schuster, 2000.

[118] Putnam R. Making democracy work: Civic traditions in modern Italy [M]. Princeton, NJ: Princeton University Press, 1993.

[119] Rees D I, Sabia J J. Sports participation and academic performance: Evidence from the National Longitudinal Study of Adolescent Health [J]. Economics of Education Review, 2010, 29 (5): 751-759.

[120] Reimers A K, Wagner M, Alvanides S, et al. Proximity to sports facilities and sports participation for adolescents in germany [J]. PLoS ONE, 2014, 9 (3): e93059.

[121] Resaland G K, Aadland E, Moe V F, et al. Effects of physical activity on schoolchildren's academic performance: The Active Smarter Kids (ASK) cluster-randomized controlled trial [J]. Preventive Medicine, 2016, 91: 322-328.

[122] Rooth D. Work out or out of work—The labor market return to physical fitness and leisure sports activities [J]. Labour Economics, 2011, 18 (3): 399-409.

[123] Rosenbaum P R, Rubin D B. The central role of the propensity score in observational studies for causal effects [J]. Biometrika, 1983, 70 (1): 41-45.

[124] Ruseski J E, Humphreys B R, Hallman K, et al. Sport participation and subjective well-being: Instrumental variable results from german survey data [J]. Journal of Physical Activity and Health, 2014, 11 (2): 396-403.

[125] Ruseski J E, Humphreys B R, Hallmann K, et al. Family structure, time constraints, and sport participation [J]. European Review of Aging

and Physical Activity, 2011, 8 (2): 57-66.

[126] Ruseski J E, Maresova K. Economic freedom, sport policy, and individual participation in physical activity: an international comparison [J]. Contemporary Economic Policy, 2014, 32 (1): 42-55.

[127] Sari N, Lechner M. Long-Run health effects of sports and exercise in Canada [J], Working Paper no, 2015: 150018.

[128] Sarma S, Devlin R A, Gilliland J, et al. The effect of leisure-time physical activity on obesity, diabetes, high bp and heart disease among canadians: Evidence from 20002001 to 20052006 [J]. Health Economics, 2015, 24 (12): 1531-1547.

[129] Sarma S, Zaric G S, Campbell M K, et al. The effect of physical activity on adult obesity: Evidence from the Canadian NPHS panel [J]. Economics & Human Biology, 2014, 14 (7): 1-21.

[130] Scheerder J, Vos S, Taks M. Expenditures on sport apparel: Creating consumer profiles through interval regression modelling [J]. European Sport Management Quarterly, 2011, 11 (3): 251-274.

[131] Schulenkorf N. Sustainable community development through sport and events: A conceptual framework for Sport-for-Development projects [J]. Sport Management Review, 2012, 15 (1): 1-12.

[132] Schultz T W. Investment in human capital [J]. The American Economic Review, 1961, 51 (1): 1-17.

[133] Sch ü ttoff U, Pawlowski T, Downward P, et al. Sports participation and social capital formation during adolescence [J]. Social Science Quarterly, 2018, 99 (2): 683-698.

[134] Scrivens K, Smith C. Four interpretations of social capital: An agenda for measurement [R]. OECD Statistics Working Papers, 2013, 6.

[135] Seippel. Sport and social capital [J]. Acta Sociologica, 2006, 49 (2): 169-183.

[136] Singh A, Uijtdewilligen L, Twisk J W R, et al. Physical activity and performance at school: A systematic review of the literature including a methodological quality assessment [J]. Archives of Pediatrics & Adolescent, 2012, 166 (1): 49-55.

[137] Steinmayr A, Felfe C, Lechner M. The closer the sportier Children's sports activity and their distance to sports facilities [J]. European Review of Aging and Physical Activity, 2011, 8 (2): 67-82.

[138] Stevenson B. Beyond the classroom: Using title IX to measure the return to high school sports [J]. The Review of Economics and Statistics, 2010, 92 (2): 284-301.

[139] Taks M, Renson R, Vanreusel B. Consumer expenses in sport: a marketing tool for sports and sports facility providers [J]. European Journal for Sport Management, 1999, 6 (1): 4-18.

[140] Taks M, Scheerder J. Youth sports participation styles and market segmentation profiles: Evidence and applications [J]. European Sport Management Quarterly, 2006, 6 (2): 85-121.

[141] Theeboom M, Schaillée H, Nols Z. Social capital development among ethnic minorities in mixed and separate sport clubs [J]. International Journal of Sport Policy and Politics, 2012, 4 (1): 1-21.

[142] Thibaut E, Eakins J, Vos S, et al. Time and money expenditure in sports participation: The role of income in consuming the most practiced sports activities in Flanders [J]. Sport Management Review, 2017, 20 (5): 455-467.

[143] Thibaut E, Vos S, Lagae W, et al. Partaking in cycling, at what cost? Determinants of cycling expenses [J]. International Journal of Sport Management and Marketing, 2016, 16 (3/4/5/6): 221.

[144] Thibaut E, Vos S, Scheerder J. Hurdles for sports consumption? The determining factors of household sports expenditures [J]. Sport Management Review, 2014, 17 (4): 444-454.

[145] Ulseth A B. Social integration in modern sport: Commercial fitness centres and voluntary sports clubs [J]. European Sport Management Quarterly, 2004, 4 (2): 95-115.

[146] UNITED NATIONS. Sport for development and peace: towards achieving the millennium development goals [EB/OL]. [2024-09-04]. https://www.sportanddev.org/sites/default/files/downloads/16__sport_for_dev_towards_millenium_goals.pdf.

[147] Vandermeerschen H, Vos S, Scheerder J. Towards level playing fields? A time trend analysis of young people's participation in club-organised sports [J]. International Review for the Sociology of Sport, 2014, 51 (4): 468-484.

[148] Warburton D, Charlesworth S, Ivey A, et al. A systematic review of the evidence for Canada's physical activity guidelines for adults [J]. International Journal of Behavioral Nutrition Physical Activity, 2020, 7 (1): 39-258.

[149] SPORTED. What is sport for development? [EB/OL]. [2024-09-04]. https://sported.org.uk/about-us/what-is-sport-for-development/.

[150] Wicker P, Breuer C, Pawlowski T. Are sports club members big spenders? Findings from sport specific analyses in Germany [J]. Sport Management Review, 2010, 13 (3): 214-224.

[151] Wicker P, Breuer C, Pawlowski T. Promoting sport for all to age-specific target groups: The impact of sport infrastructure [J]. European Sport Management Quarterly, 2009, 9 (2): 103-118.

[152] Wicker P, Frick B. Intensity of physical activity and subjective well-being: an empirical analysis of the WHO recommendations [J]. Journal of Public Health, 2016, 39 (2): e19-e26.

[153] Wicker P, Frick B. The relationship between intensity and duration of physical activity and subjective well-being [J]. European Journal of Public Health, 2015, 25 (5): 868-872.

[154] Wicker P, Hallmann K, Breuer C. Analyzing the impact of sport infrastructure on sport participation using geo-coded data: Evidence from multi-level models [J]. Sport Management Review, 2013, 16 (1): 54-67.

[155] Wicker P, Hallmann K, Breuer C. Micro and macro level determinants of sport participation [J]. Sport, Business and Management: An International Journal, 2012, 2 (1): 51-68.

[156] Wicker P, Hallmann K, Zhang J J. What is influencing consumer expenditure and intention to revisit an investigation of marathon events [J]. Journal of Sport & Tourism, 2012, 17 (3): 165-182.

[157] Wicker P, Prinz J, Weimar D. Big spenders in a booming sport: consumption capital as a key driver of triathletes sport-related expenditure [J].

Managing Leisure, 2013, 18（4）: 286-299.
[158] Witham M D, Donnan P T, Vadiveloo T, et al. Association of day length and weather conditions with PA levels in older community dwelling people, PLOS ONE, 2014（9）: e85331.
[159] World Health Organization. The world health report 2002: reducing risks, promoting healthy life [R]. 2002: 61.
[160] 鲍东东，张华伦，宋伟. 社会资本视角下群众体育社团组织发展路径[J]. 上海体育学院学报，2014，38（4）：31-34.
[161] 贝克尔，梁小民.人力资本：特别是关于教育的理论与经验分析[M]. 北京：北京大学出版社，1987.
[162] 常凤，李国平. 健康中国战略下体育与医疗共生关系的实然与应然[J]. 体育科学，2019，39（6）：13-21.
[163] 车冰清，朱传耿. 新时代体育人口强省建设的综合评价及发展对策研究[J]. 体育学研究，2020（6）：23-32.
[164] 陈华，邹亮畴. 我国实现全民健身公平的必要性及途径[J]. 体育学刊，2013，20（4）：18-21.
[165] 程虹，李丹丹. 一个关于宏观经济增长质量的一般理论——基于微观产品质量的解释[J]. 武汉大学学报（哲学社会科学版），2014（3）：79-86.
[166] 程郑权. 锻炼习惯能带来更高的收入吗[J]. 南方经济，2020（7）：121-140.
[167] 代刚. 体育消费的属性、概念体系及其边界[J]. 首都体育学院学报，2012，24（4）：340-345，349.
[168] 丁正军，战炤磊. 新时代我国体育产业高质量发展的综合动因与对策思路[J]. 学术论坛，2018，41（6）：93-99.
[169] 董新光. 全民健身大视野[M]. 北京：北京体育大学出版社，2003.
[170] 方黎明，郭静. 体育锻炼促进了健康公平吗？——体育锻炼对中国城乡居民抑郁风险的影响[J]. 体育科学，2019，39（10）：65-74.
[171] 方黎明. 体育锻炼对青少年认知能力和学业成绩的影响[J]. 体育科学，2020，40（4）：35-41.
[172] 冯振伟，韩磊磊. 融合·互惠·共生：体育与医疗卫生共生机制及路径探寻[J]. 体育科学，2019，39（1）：35-46.

[173] 付东哲. 社会资本对农户收入的影响研究 [D]. 湖北：中南财经政法大学，2019.

[174] 盖文亮，张振峰. 推进全民健身治理现代化的制度创新 [J]. 西安体育学院学报，2019，36（6）：694-697.

[175] 高亮，王莉华. 体育锻炼与老年人自评健康关系的调查研究 [J]. 武汉体育学院学报，2015，49（8）：64-71.

[176] 高庆勇，彭国强，陈喜杰. 美国体育产业发展的经验及启示 [J]. 体育文化导刊，2019，（9）：84-90，109.

[177] 郭海霞. 论身体资本与身体教育 [D]. 北京：北京体育大学，2011.

[178] 郭修金，陈德旭. 治理视域下社会力量参与全民健身研究 [J]. 南京体育学院学报，2016，30（6）：11-16，67.

[179] 中华人民共和国民政部. 2018年民政事业发展统计公报 [EB/OL]. [2019-08-15]. http://images3.mca.gov.cn/www2017/file/201908/1565920301578.pdf.

[180] 国家体育总局. 2014年国民体质监测公报 [EB/OL]. [2015-11-25]. http://www.sport.gov.cn/n315/n329/c216784/content.html.

[181] 国家体育总局. 2014年全民健身活动状况调查公报 [EB/OL]. [2015-11-16]. http://www.sport.gov.cn/n315/n329/c216783/content.html.

[182] 国家体育总局. 第六次全国体育场地普查数据公报 [EB/OL]. [2014-12-26]. http://www.sport.gov.cn/n315/n9041/n9042/n9143/n9153/c567393/content.html.

[183] 国家体育总局.《全民健身计划纲要》第二期工程（2001—2010年）规划 [Z]. 2001-08-14.

[184] 国家体育总局. 全民健身活动指南 [M]. 北京：北京体育大学出版社，2018：5.

[185] 国家体育总局. 体育发展“十三五”规划 [Z]. 2016-05-05.

[186] 国家体育总局体育经济司. 新中国体育产业工作发展研究 [J]. 体育文化导刊，2019（10）：8-18.

[187] 国家统计局，国家体育总局. 2019年全国体育产业总规模与增加值数据公告 [EB/OL]. [2020-12-31]. http://www.stats.gov.cn/tjsj/zxfb./202012/t20201231_1811943.html.

[188] 国家统计局. 中华人民共和国2020年国民经济和社会发展统计公报 [EB/OL]. [2021-02-28]. http://www.stats.gov.cn/xxgk/sjfb/zxfb2020/

202102/t20210228_1814159.html.
[189] 国家统计局.《体育产业统计分类（2019）》（国家统计局令第26号）[EB/OL].[2019-04-09]. http://www.stats.gov.cn/tjgz/tzgb/201904/t20190409_1658556.html.
[190] 国家统计局.2018年全国时间利用调查公报[EB/OL].[2019-01-25]. http://www.stats.gov.cn/tjsj/zxfb/201901/t20190125_1646796.html.
[191] 国家统计局.我国体育产业蓬勃发展前景广阔——第四次全国经济普查系列报告之十五[EB/OL].[2020-01-20]. http://www.stats.gov.cn/tjsj/zxfb/202001/t20200120_1724133.html.
[192] 国家政府网. 中国公民健康素养——基本知识与技能（2015版）[EB/OL].[2015-12-30]. http://www.nhc.gov.cn/xcs/s3581/201601/e02729e6565a47fea0487a212612705b.shtml.
[193] 国务院. 关于实施健康中国行动的意见[Z]. 2019-07-15.
[194] 国务院. 关于印发全民健身计划纲要的通知[Z]. 1995-06-20.
[195] 国务院. 全民健身计划（2011-2015年）[Z]. 2011-01-15.
[196] 国务院. 全民健身计划（2016-2020年）[Z]. 2016-06-15.
[197] 国务院. 全民健身计划（2021-2025年）[Z]. 2021-08-03.
[198] 国务院办公厅. 关于促进全民健身和体育消费推动体育产业高质量发展的意见[Z]. 2019-09-17.
[199] 韩慧，郑家鲲. 新中国成立70周年我国体育社会组织发展：历程回顾、现实审思与未来走向[J]. 体育科学，2019，39（5）：3-12.
[200] 何立峰. 大力推动高质量发展 积极建设现代化经济体系[J]. 宏观经济管理，2018（7）：4-6.
[201] 胡鹏辉，余富强. 中学生体育锻炼影响因素研究——基于CEPS（2014—2015）数据的多层模型[J]. 体育科学，2019，39（1）：76-83.
[202] 黄安龙. 使用多模型识别技术探索体育锻炼的健康回报效应——基于2012年中国综合社会调查数据的分析[J]. 体育学刊，2017，24（2）：73-79.
[203] 黄海燕，朱启莹. 中国体育消费发展：现状特征与未来展望[J]. 体育科学，2019，39（10）：11-20.
[204] 黄谦，张晓丽，葛小雨. 体育参与促进社会资本生成的路径和方式——基于2014年《中国家庭追踪调查》数据的实证分析[J]. 中国体育科技，2019，55（7）：63-70.

[205] 黄速建，肖红军，王欣. 论国有企业高质量发展［J］. 中国工业经济，2018（10）：19–41.
[206] 金华市体育局. 聚焦国家试点城市，关注体育消费需求—— 2020年度金华市居民体育消费调查结果出炉！［EB/OL］.［2021–07–11］. https://tyj.zj.gov.cn/art/2021/7/11/art_1347214_59021161.html.
[207] 金碚. 关于“高质量发展”的经济学研究［J］. 中国工业经济，2018（4）：5–18.
[208] 中国政府网. 决胜全面建成小康社会夺取新时代中国特色社会主义伟大胜利——在中国共产党第十九次全国代表大会上的报告［EB/OL］.［2017–10–27］. http://www.xinhuanet.com//2017–10/27/c_1121867529.htm.
[209] 雷鸣. 体育锻炼如何提升幸福感——论社会资本的中介作用［J］. 上海体育学院学报，2020，44（4）：23–30.
[210] 雷涛. 全民健身与体育产业协同发展：理论逻辑与实践路径［J］. 西安体育学院学报，2017，34（6）：664–669.
[211] 李根，张琪，蒋宇璇. 新时代背景下中国体育促进可持续发展的机遇、理念与策略行动［J］. 武汉体育学院学报，2020，54（12）：18–25.
[212] 李辉. 我国高质量发展中产品质量的内涵、评价及提升路径［J］. 黑龙江社会科学，2018（4）：37–41.
[213] 李丽，杨小龙. 体育公共服务财政支出区域差距及优化研究［J］. 中国体育科技，2019，55（11）：21–30，72.
[214] 李留东，田林，杜浩楠，等. 美、德、英三国公共体育服务建设经验及启示［J］. 天津体育学院学报，2019，34（6）：466–473.
[215] 李龙. 全民健身与体育产业共生关系的现实观察与发展路径［J］. 中国体育科技，2017，53（2）：93–99.
[216] 李相如，苏明理. 全民健身导论［M］. 北京：高等教育出版社，2008：3.
[217] 李相如. 论全民健身战略的国家发展地位［J］. 南京体育学院学报（社会科学版），2016，30（5）：7–12，24.
[218] 李祥臣，俞梦孙. 主动健康：从理念到模式［J］. 体育科学，2020，40（2）：83–89.
[219] 李骁天，车利，纪元，等. 体育锻炼活动、医疗消费与健康满意度——基于京津冀城市居民体育参与的调查研究［J］. 武汉体育学院学报，2019，53（7）：34–42.

［220］李骁天，向祖兵，郭世豪，等.基于分位数回归的城市居民体育消费研究——以北京市第3次群众体育调查数据为例［J］. 上海体育学院学报，2017，41（3）：54-63.
［221］李燕领，王家宏，邱鹏，等.我国体育事业财政支出：规模、结构与空间效应［J］. 中国体育科技，2018，54（6）：20-28.
［222］李玉周，王婧怡，江崇民.健康中国视域下全民健身促进全民健康的多元价值研究［J］. 西安体育学院学报，2019，36（2）：151-155.
［223］梁进，靳英华，邵淑月，等. 实施全民健身计划的经济学研究［J］. 体育科学，1999（4）：53-56.
［224］林德韧. 2019寒梅傲雪，体育产业期待成为“新支柱”［EB/OL］.［2019-12-19］. http：//www.xinhuanet.com/sports/2019-12/19/c_1125366348.htm.
［225］刘扶民. 贯彻落实《国务院办公厅关于促进全民健身和体育消费　推动体育产业高质量发展的意见》推动体育产业成为国民经济支柱性产业［J］. 体育科学，2019，39（10）：3-10.
［226］刘国永. 对“十三五”时期全民健身事业发展的思考［J］. 北京体育大学学报，2016，39（10）：1-11.
［227］刘国永. 对新时代群众体育发展的若干思考［J］. 体育科学，2018，38（1）：4-8.
［228］刘国永. 实施全民健身战略，推进健康中国建设［J］. 体育科学，2016，36（12）：3-10.
［229］刘晶，陈元欣. 高校体育场馆供给现状、特点及其发展趋势［J］. 武汉体育学院学报，2010，44（10）：24-28.
［230］刘琨. 全民健身与体育产业协同发展的现实困境与政策选择［J］. 西安体育学院学报，2020，37（4）：465-469.
［231］刘米娜. 代际视角下流动人口体育参与对其幸福感的影响研究［J］. 体育与科学，2017，38（2）：40-53，32.
［232］刘米娜. 体育如何让人幸福——体育参与对主观幸福感的影响及其机制研究［J］. 体育与科学，2016，37（6）：27-39.
［233］刘倩楠，刘之光，尹潞，等. 我国成人户外体力活动与$PM_{2.5}$的相关性研究［J］. 中国循环杂志，2018，33（10）：1001-1005.
［234］刘望，王政，谢正阳，等. 新时代我国公共体育服务高质量供给研究［J］. 体育学研究，2020，34（2）：73-80.

[235] 刘伟. 立足高质量发展创新和完善宏观调控［N］. 经济日报，2019-06-06（15）.
[236] 刘志彪. 理解高质量发展：基本特征、支撑要素与当前重点问题［J］. 学术月刊，2018，50（7）：39-45；59.
[237] 卢文云，陈佩杰. 全民健身与全民健康深度融合的内涵、路径与体制机制研究［J］. 体育科学，2018，38（5）：25-39；55.
[238] 卢文云. 改革开放40年我国群众体育发展回顾与前瞻［J］. 上海体育学院学报，2018，42（5）：22-29.
[239] 卢元镇，郭云鹏，费琪，等. 体育产业的基本理论问题研究［J］. 体育学刊，2001（1）：41-44.
[240] 卢元镇. 我国体育人口现状分析——中国群众体育现状调查与研究［M］. 北京：北京体育大学出版社，1998：32.
[241] 马江涛，吴广亮，李树旺，等. 北京居民体育参与影响因素研究［J］. 成都体育学院学报，2016，42（6）：60-66.
[242] 马江涛，于显洋，李树旺，等. 中国居民参与体育锻炼影响因素的序次逻辑回归分析［J］. 成都体育学院学报，2014，40（9）：12-18.
[243] 马书军. 新时代背景下我国体育场馆资源优化研究［J］. 广州体育学院学报，2018，38（2）：35-38.
[244] 马万超，王湘红，李辉. 收入差距对幸福感的影响机制研究［J］. 经济学动态，2018（11）：74-87.
[245] 孟欢，郑玉洁，蒋承. 社会资本与基层就业大学生的个人收入——基于“拜年网”的实证研究［J］. 世界经济文汇，2020（2）：106-120.
[246] 庞晓洁，周世杰. 把提升有效供给能力作为供给侧改革的着力点——基于体育经济学的视角［J］. 河北学刊，2018，38（6）：222-226.
[247] 彭大松. 非实验数据的因果分析——以PSM模型在体育健康回报研究中的应用为例［J］. 统计与信息论坛，2017，32（3）：10-18.
[248] 钱晓艳. 全民健身与体育产业的耦合发展［J］. 西安体育学院学报，2016，33（6）：701-705.
[249] 邱鹏，李燕领，柳畅，等. 我国公共体育服务财政投入研究：规模、结构与效率［J］. 天津体育学院学报，2019，34（2）：105-112.
[250] 任保平，李禹墨. 新时代我国经济从高速增长转向高质量发展的动力转换［J］. 经济与管理评论，2019，35（1）：5-12.

[251] 任保平，魏婕，郭晗. 超越数量：质量经济学的范式与标准研究［M］. 北京：人民出版社，2017：66-67.
[252] 任保平. 新时代中国经济高质量发展的判断标准、决定因素与实现途径［J］. 中国邮政，2018（10）：8-11.
[253] 任波. 社区体育活动与居民社会资本积累［J］. 长春师范学院学报（自然科学版），2013，32（4）：87-88.
[254] 山东省体育局. 2019年山东省体育消费调查报告出炉 人均体育消费2049.8元［EB/OL］.［2021-08-28］. http://ty.shandong.gov.cn/tycy/cyxx/202108/t20210830_3711550.html.
[255] 上海市体育局. 2019年上海市全民健身发展报告［R］. 2020-09-30.
[256] 上海市体育局. 2020年上海市全民健身发展报告［R］. 2021-06-29.
[257] 上海市卫生健康委员会. 不良生活方式排行榜”出炉，你占了几样？［EB/OL］.［2020-04-14］. https://wsjkw.sh.gov.cn/jthl/20200414/67d44b830252466c9b1cf65f13db7a8d.html.
[258] 上海运动与健康产业协同创新中心. 走向健康：体育活动全球经济报告节选（Ⅱ）——全球体育活动概况［R］. 2020-02-15.
[259] 邵桂华，李海杰. 基本公共服务均等化视角下我国体育场地公共体育服务供给水平评价研究［J］. 首都体育学院学报，2020，32（1）：55-62.
[260] 舒宗礼，夏贵霞，王定明. 城镇化进程中我国县域体育场馆供给机制的创新［J］. 体育学刊，2016，23（3）：60-65.
[261] 孙德朝，孙庆祝. 我国基础教育体育课程百年演进历程的身体社会学解析［J］. 首都体育学院学报，2015，27（6）：525-531.
[262] 谭延敏，张铁明，陆盛华，等. 非正式结构体育社团成员社会资本构成及影响因素的实证研究［J］. 成都体育学院学报，2017，43（4）：51-58.
[263] 汤际澜，徐坚，郭权. 全民健身公共体育服务均等化的模式选择和路径探索［J］. 南京体育学院学报（社会科学版），2010，24（5）：80-84.
[264] 汤利军，潘绍伟，王建民，等. 浅析体育对构建和谐社会的作用——从体育功能角度分析［J］. 体育与科学，2008（2）：45-47.
[265] 唐鹏，谢正阳，丁宏. 全民健身国家战略背景下体育产业跨越发展机遇与对策研究［J］. 贵州社会科学，2016（11）：57-61.

[266] 体育词典编委会，1984体育词典编委会. 体育词典 [M]. 上海：上海辞书出版社，1984：15.

[267] 国家体育总局体育经济司. 全国体育场地统计调查数据 [EB/OL]. [2020-01-23]. http：//www.sport.gov.cn/jjs/n5043/c941781/content.html.

[268] 国家体育总局体育经济司.2020年全国体育场地统计调查数据 [EB/OL]. [2021- 06-01]. http：//www.sport.gov.cn/jjs/n5043/c991781/content.html.

[269] 田宝山，田燸甲，郭修金，等. 公共体育服务市场供给的方式选择、角色定位及机制实现 [J]. 山东体育学院学报，2016，32（2）：23-28.

[270] 王晨曦，满江虹. 中国体育产业高质量发展评价指标体系的构建：基于动力变革、效率变革、质量变革 [J]. 首都体育学院学报，2020，32（3）：241-250.

[271] 王莉，孟亚峥，黄亚玲，等. 全民健身公共服务体系构成与标准化研究 [J]. 北京体育大学学报，2015（3）：1-7.

[272] 王乔君，童莹娟. 长三角城市居民体育消费结构研究 [J]. 体育科学，2013，33（10）：52-62.

[273] 魏明涛. 陕西省体育产业与全民健身协调发展研究 [J]. 西安体育学院学报，2019，36（4）：452-456.

[274] 温忠麟，张雷，侯杰泰，等. 中介效应检验程序及其应用 [J]. 心理学报，2004（5）：614-620.

[275] 邬凤. 全民健身运动对我国体育产业发展的推动价值探析 [J]. 体育与科学，2010，31（4）：69-72.

[276] 吴春熠. 疫情下的体育市场：困难与希望并存 [N]. 中国体育报，2020-02-27（7）.

[277] 吴筱珍，刘玉. 上海市政府购买公共体育服务研究 [J]. 淮北师范大学学报（自然科学版），2019，40（3）：74-79.

[278] 吴秀云，赵元吉，刘金. 供给侧结构性改革下公共体育服务供需矛盾及其调和路径 [J]. 体育文化导刊，2020（1）：18-22.

[279] 新华网. 在教育文化卫生体育领域专家代表座谈会上的讲话 [EB/OL]. [2020-09-22]. http：//www.xinhuanet.com/politics/leaders/2020-09/22/c_1126527570.htm.

［280］习近平会见全国体育先进单位和先进个人代表等时强调发展体育运动增强人民体质促进群众体育和竞技体育全面发展［N］. 人民日报，2013-09-01（1）.
［281］习近平在会见全国体育先进单位和先进个人代表等时强调开创我国体育事业发展新局面加快把我国建设成为体育强国［N］. 人民日报，2017-08-28（1）.
［282］向华丽. 环境污染对健康人力资本的影响研究［M］. 北京：中国社会科学出版社，2019.
［283］肖林鹏. 论全民健身服务体系的概念及其结构［J］. 西安体育学院学报，2008，25（4）：6-11.
［284］熊斗寅. 谈谈全民健身的产业化问题［J］. 体育与科学，1995（3）：6-8.
［285］徐开娟，曾鑫峰，黄海燕. 青少年体育消费特征及影响因素的实证分析——基于上海市青少年体育消费的调查研究［J］. 体育学研究，2019，2（4）：37-43.
［286］徐开娟，黄海燕，廉涛，等. 我国体育产业高质量发展的路径与关键问题［J］. 上海体育学院学报，2019，43（4）：29-37.
［287］于永慧. 健康中国：全民健身工作的评价指标体系研究［J］. 体育与学，2016，37（4）：71-76.
［288］张涵. 波德里亚关于“消费社会”与“符号社会”的理论［J］. 山东社会科学，2009（1）：118-124.
［289］张辉. 健康对中国经济增长的影响研究［D］. 首都经济贸易大学博士学位论文，2018.
［290］张金桥，南秀玲. 全面深化改革背景下公共体育服务体制机制的改革创新［J］. 体育成人教育学刊，2017，33（6）：6-10；19.
［291］张蕾. 从“共享共建，全民健康”的战略主题看国民的健康需求［J］. 人口与发展，2018（5）：6-8.
［292］张林，黄海燕，王岩. 改革开放30年我国体育产业发展回顾［J］. 上海体育学院学报，2008（4）：1-5.
［293］张瑞林，王会宗. 体育经济学概论［M］. 北京：高等教育出版社，2016.
［294］张若. 体育需求与消费的经济学模型及实证检验［J］. 体育科学，2014，34（8）：13-21.

［295］张晓丽，雷鸣，黄谦. 体育锻炼能提升社会资本吗——基于2014 JSNET调查数据的实证分析［J］. 上海体育学院学报，2019，43（3）：76-84.

［296］张晓丽，阎晋虎. 人力资本和社会资本对中国退役运动员收入影响比较［J］. 上海体育学院学报，2020，44（4）：31-40.

［297］张岩. 略论体育消费［J］. 成都体育学院学报，1993，19（4）：19-24.

［298］赵剑波，史丹，邓洲. 高质量发展的内涵研究［J］. 经济与管理研究，2019，40（11）：15-31.

［299］浙江省体育局. 2019年浙江省全民健身发展状况调查公报发布［EB/OL］.［2020-04-08］. http：//tyj.zj.gov.cn/art/2020/4/8/art_1347253_42510949.html.

［300］郑娟，郑志强. 公共体育服务协同供给：基于演化博弈的分析框架［J］. 中国体育科技，2017，53（2）：100-106.

［301］郑家鲲. "十四五"时期构建更高水平全民健身公共服务体系：机遇、挑战、任务与对策［J］. 体育科学，2021，41（7）：3-12.

［302］郑元男. 体育锻炼对老年人的主观幸福感有影响吗？——关于中国老年休闲体育参与者的实证研究［J］. 中国体育科技，2019，55（10）：32-40.

［303］人民日报. 中国近3亿人确诊慢性病六成与不良生活方式有关［EB/OL］.［2016-08-10］. http：//www.xinhuanet.com/politics/2016-08/10/c_ 129217707.htm.

［304］中央经济工作会议在北京举行习近平李克强作重要讲话张高丽栗战书汪洋王沪宁赵乐际韩正出席会议［N］. 人民日报，2017-12-21（1）.

［305］钟秉枢. 全民健身国家战略的提出与体育休闲健身产业的发展［J］. 体育科学，2015，35（11）：19-23.

［306］钟华梅. 体育场地投资结构、运营模式的特征及影响因素［J］. 体育成人教育学刊，2017，33（2）：37-42.

［307］钟天朗，徐琳. 体育消费研究［M］. 上海：复旦大学出版社，2013.

［308］钟天朗. 我国体育消费发展趋势研究［J］. 成都体育学院学报，1990，26（4）：15-18.

［309］周结友. 全民健身服务公平内涵、特征及遵循原则研究［J］. 西安体育学院学报，2013，30（2）：163-167.

[310] 周丽霞. 全民健身组织活动读本 [M]. 奎屯：伊犁人民出版社，2015：8.
[311] 周振华. 经济高质量发展的新型结构 [J]. 上海经济研究，2018（9）：31-34.
[312] 朱菊芳，季雯婷，朗以波. 新时期下城市居民体育消费需求影响因素与发展路径研究——以江苏省为例 [J]. 南京体育学院学报，2017，31（4）：55-59；71.
[313] 朱启贵. 建立推动高质量发展的指标体系 [N]. 文汇报，2018-02-06（12）.
[314] 祝莉，王正珍，朱为模. 健康中国视域中的运动处方库构建 [J]. 体育科学，2020，40（1）：4-15.

附录

附录1

参加全民健身影响因素研究相关变量的调查题项（CLDS2016）

变量名称	题项	来源
体育锻炼	I9.16 您最近一个月进行过有规律的锻炼吗？ 1.是 2.否	CLDS2016个体问卷
体育锻炼时间	I9.16.2平均每周锻炼次数为____次 I9.16.3平均每次锻炼时间为____分钟	CLDS2016个体问卷
性别	被访者性别	CLDS2016个体问卷
年龄	被访者出生年	CLDS2016个体问卷
村居类型	被访者村居类型：1=农村，2=城市	CLDS2016个体问卷
教育程度	I2.1您的最高学历是：1.未上过学 2.小学/私塾 3.初中 4.普通高中 5.职业高中 6.技校 7.中专 8.大专 9.本科 10.硕士 11.博士 99999.不清楚	CLDS2016个体问卷
健康水平	I9.4.1您认为自己现在的健康状况如何？ 1.非常健康 2.健康 3.一般 4.比较不健康 5.非常不健康	CLDS2016个体问卷
个体收入	I3a.6您2015年各类收入总计是（包括农业收入，工资收入，经营收入等，自给自足的农业生产需按市场价值折算成收入）：____元	CLDS2016个体问卷
工作时间	I3a.1 您目前或最近一份工作一般一周工作几小时？____小时	CLDS2016个体问卷
家务劳动时间	I3.4.w16上周你是否做过家务（如做饭、洗碗、洗衣服、打扫房间、带小孩等）？1.是 2.否 I3.4.1.w16家务劳动平均每天花费您多长时间？____分钟	CLDS2016个体问卷
婚姻	被访者婚姻状况：1.未婚 2.初婚 3.再婚 4.离异 5.丧偶 6.同居	CLDS2016个体问卷

（续表）

变量名称	题项	来源
家庭规模	C1除了您之外，您家还有多少人？	CLDS2016家庭问卷
家庭收入	F4.1 2015年全年，您家的总收入大概是多少元？	CLDS2016家庭问卷
行政区体育设施	R62行政区划范围内有运动场所或健身场所吗？1.没有 2.有	CLDS2016村居问卷
人均GDP	样本所在地区/城市的2016年度人均GDP	各省、自治区、直辖市2017年统计年鉴
人均体育财政投入	样本所在地区/城市的2016年人均文化、体育与传媒投入	各省、自治区、直辖市2017年统计年鉴
AQI	空气污染指数（AQI）	https：//www.aqistudy.cn/
$PM_{2.5}$	细颗粒物指数	https：//www.aqistudy.cn/
区域	省份编码	CLDS2016个体问卷

附录2

全民健身个体经济价值研究相关变量的调查题项（CLDS2014/CLDS2016）

变量名	题项	来源
月收入	I3a.6您2015年各类收入总计是（包括农业收入，工资收入，经营收入等，自给自足的农业生产需按市场价值折算成收入）：____元	CLDS2016个体问卷 CLDS2014个体问卷
体育锻炼	I9.16 您最近一个月进行过有规律的锻炼吗？ 1.是 2.否	CLDS2016个体问卷 CLDS2014个体问卷
体育锻炼时间	I9.16.2平均每周锻炼次数为____次 I9.16.3平均每次锻炼时间为____分钟	CLDS2016个体问卷 CLDS2014个体问卷
经常参加体育锻炼	I9.16.2平均每周锻炼次数为____次 I9.16.3平均每次锻炼时间为____分钟	CLDS2016个体问卷 CLDS2014个体问卷
性别	被访者性别	CLDS2016个体问卷 CLDS2014个体问卷
婚姻	被访者出生年	CLDS2016个体问卷 CLDS2014个体问卷
村居类型	被访者村居类型：1=农村，2=城市	CLDS2016个体问卷 CLDS2014个体问卷
政治面貌	I1.6 您的政治面貌是：1.中共党员，入党时间：____年 2.民主党派，入党时间：____年 3.群众	CLDS2016个体问卷 CLDS2014个体问卷
教育年限	I2.1您的最高学历是：1.未上过学 2.小学/私塾 3.初中 4.普通高中 5.职业高中 6.技校 7.中专 8.大专 9.本科 10.硕士 11.博士 99999.不清楚	CLDS2016个体问卷 CLDS2014个体问卷
每周工作时间	I3a.1 您目前或最近一份工作一般一周工作几小时？____小时	CLDS2016个体问卷 CLDS2014个体问卷
工作经验	年龄-教育年限-6	CLDS2016个体问卷 CLDS2014个体问卷
人均GDP	样本所在地区/城市的2016年度/2014年度人均GDP	各省、自治区、直辖市2015/2017年统计年鉴

（续表）

变量名	题项	来源
年份虚拟变量	CLDS2014=1，CLDS2016=2	
区域虚拟变量	省份编码	CLDS2016个体问卷 CLDS2014个体问卷
健康水平	I9.4.1您认为自己现在的健康状况如何？ 1.非常健康 2.健康 3.一般 4.比较不健康 5.非常不健康	CLDS2016个体问卷 CLDS2014个体问卷
生活幸福感	I7.6.1 总的来说，您认为您的生活过得是否幸福？ 非常不幸福1—2—3—4—5非常幸福	CLDS2016个体问卷 CLDS2014个体问卷
社会阶层	I7.10.1 您认为您自己目前在哪个等级上？ 记录：［____|____］分 底层1—10顶层	CLDS2016个体问卷 CLDS2014个体问卷
社会信任	I7.11 总的来说，您是否同意大多数人是可以信任的这种看法？1.非常不同意 2.不同意 3.同意 4.非常同意	CLDS2016个体问卷 CLDS2014个体问卷
社会网络支持	I6.1 在本地，您有多少关系密切，可以得到他们支持和帮助的朋友/熟人？ ______个	CLDS2016个体问卷 CLDS2014个体问卷
行政区体育设施	R62行政区划范围内有运动场所或健身场所吗？1.没有 2.有	CLDS2016村居问卷 CLDS2014村居问卷
人均体育财政投入	样本所在地区/城市的2014年/2016年人均文化、体育与传媒投入	各省、自治区、直辖市2015年/2017年统计年鉴

全民健身个体经济价值研究相关变量的调查题项（CGSS）

变量名	题项	来源
月收入	A8a. 您个人去年（2016年）全年的总收入是多少？	CGSS2017居民问卷
体育锻炼	A15a. 在过去的 12个月里，您在通常情况下，进行时间达到 30分钟，且会让您出汗的体育锻炼活动每周有几次？记录：［____|____］次	CGSS2017居民问卷

（续表）

变量名	题项	来源
经常参加体育锻炼	A15a. 在过去的 12个月里，您在通常情况下，进行时间达到 30分钟，且会让您出汗的体育锻炼活动每周有几次？记录：［____|____］次	CGSS2017居民问卷
性别	A2. 性别：1.男 2.女	CGSS2017居民问卷
婚姻	A69. 您目前的婚姻状况是：1.未婚 2.同居 3.初婚有配偶 4.再婚有配偶 5.分居未离婚 6.离婚 7.丧偶	CGSS2017居民问卷
村居类型	被访者村居类型（城乡）：1=农村，2=城市	CGSS2017居民问卷
政治面貌	A10. 目前的政治面貌是：1.群众 2.共青团员 3.民主党派 4.共产党员	CGSS2017居民问卷
教育年限	A7a. 您目前的最高教育程度是：1.没有受过任何教育 2.私塾、扫盲班 3.小学 4.初中 5.职业高中 6.普通高中 7.中专 8.技校 9.大学专科（成人高等教育） 10.大学专科（正规高等教育） 11.大学本科（成人高等教育） 12.大学本科（正规高等教育） 13.研究生及以上	CGSS2017居民问卷
每周工作时间	A53a. 在您有工作的时候，通常情况下，您一周的工作时间大概有多少个小时，包括加班时间？记录：［____|____|____］小时	CGSS2017居民问卷
工作经验	年龄-教育年限-6	CGSS2017居民问卷
人均GDP	样本所在省份的2016年度人均GDP	《中国统计年鉴2017》
区域虚拟变量	采访地点-省份编码	CGSS2017居民问卷

附录3

全民健身市场经济价值研究相关变量的调查题项（CFPS2014/CFPS2018）

变量名	题项	来源
体育消费支出	P512. 过去12个月，您家保健（包括健身锻炼及购买相关产品器械、保健品等）费用支出是多少？____元/年	CFPS2014家庭经济问卷 CFPS2018家庭经济问卷
家庭体育消费支出比重	EXP 过去12个月，包括衣食住行等日常开销、教育、医疗、文化休闲、出人情礼等，您家各项支出加在一起共有多少元？____元/年	CFPS2014家庭经济问卷 CFPS2018家庭经济问卷
体育消费决策	P512. 过去12个月，您家保健（包括健身锻炼及购买相关产品器械、保健品等）费用支出是多少？____元/年	CFPS2014家庭经济问卷 CFPS2018家庭经济问卷
体育锻炼	P701 过去一周，您锻炼了几次？	CFPS2014个人问卷 CFPS2018个人问卷
经常参加体育锻炼	P701 过去一周，您锻炼了几次？ P702 过去一周，您总共锻炼了多长时间？	CFPS2014个人问卷 CFPS2018个人问卷
体育锻炼时间	P701 过去一周，您锻炼了几次？ P702 过去一周，您总共锻炼了多长时间？	CFPS2014个人问卷 CFPS2018个人问卷
性别	受访者性别	CFPS2014个人问卷 CFPS2018个人问卷
年龄	受访者年龄	CFPS2014个人问卷 CFPS2018个人问卷
村居类型	基于国家统计局的城乡分类	CFPS2014个人问卷 CFPS2018个人问卷
政治面貌	N4001 您是否是中国共产党党员？1.是 2.否	CFPS2014个人问卷 CFPS2018个人问卷
教育程度	受访者已完成的最高学历：1.文盲/半文盲 2.小学 3.初中 4.高中/中专/技校/职高 5.大专 6.大学本科 7.硕士 8.博士	CFPS2014个人问卷 CFPS2018个人问卷

（续表）

变量名	题项	来源
健康水平	P201 您认为自己的健康状况如何？1.非常健康 2.很健康 3. 比较健康4.一般 5. 不健康	CFPS2014个人问卷 CFPS2018个人问卷
生活幸福感	M2016 您觉得自己有多幸福？1～10分	CFPS2014个人问卷 CFPS2018个人问卷
社会地位	N8012您给自己在本地的社会地位打几分？很低1—5很高	CFPS2014个人问卷 CFPS2018个人问卷
个体收入	所有工作总收入，____元	CFPS2014个人问卷 CFPS2018个人问卷
婚姻	EA0 请问您当前的婚姻状态是：1.未婚 2. 有配偶（在婚）3. 同居 4. 离婚 5. 丧偶	CFPS2014个人问卷 CFPS2018个人问卷
家庭规模	家庭人口规模	CFPS2014家庭经济问卷 CFPS2018家庭经济问卷
家庭收入	家庭人均纯收入（元）	CFPS2014家庭经济问卷 CFPS2018家庭经济问卷
人均GDP	各省、自治区、直辖市2014年/2018年人均GDP	各省、自治区、直辖市 2015年/2019年统计年鉴
人均消费支出	各省、自治区、直辖市2014年/2018年	各省、自治区、直辖市 2015年/2019年统计年鉴
区域虚拟变量	省际国际代码	CFPS2014个人问卷 CFPS2018个人问卷
年度虚拟变量	2014年=1，2018年=2	CFPS2014个人问卷 CFPS2018个人问卷

攻读博士学位期间的学术成果

期刊论文：

［1］长三角区域体育产业分工与合作研究［J］. 中国体育科技，2021，57（3）：80-86. 第一作者，CSSCI.

［2］我国区域体育产业竞合关系及影响因素研究［J］. 地域研究与开发，2021，40（1）：29-33. 第一作者，CSCD.

［3］区域体育产业的专业化与同构化对区域体育产业发展的影响：基于中国18个省份的实证研究［J］. 首都体育学院学报，2021，33（4）：438-446. 第一作者，CSSCI扩展版.

［4］参加体育锻炼能提升社会经济地位吗——基于CGSS2015调查数据的实证研究［J］. 武汉体育学院学报，2020，54（1）：38-46. 第一作者，CSSCI.

［5］媒介使用能促使居民去现场观赛吗——基于CGSS2015的微观证据［J］. 西安体育学院学报，2020，37（6）：676-687. 第一作者，CSSCI.

［6］我国体育产业政策目标制定的影响因素研究［J］. 体育与科学，2019，40（4）：93-99；120. 第二作者（导师第一作者），CSSCI.

［7］人口红利、劳动力成本与体育用品出口贸易竞争力关系的实证研究［J］. 武汉体育学院学报，2018，52（6）：50-55. 第一作者，CSSCI.

会议论文：

［1］体育产业结构与国民经济结构互动关系的实证研究［C］//中国体育科学学会. 第十一届全国体育科学大会论文摘要汇编. 2019：3.

［2］雄安新区体育产业发展研究［C］//中国体育科学学会体育产业分会. 第十一届全国体育产业学术会议论文集. 2018. 优秀论文二等奖.

参编著作：

［1］体育经济学［M］. 北京：电子工业出版社，2020.副主编.

［2］体育服务综合体典型案例汇编［M］. 北京：电子工业出版社，2021. 参编.

[3] 中国体育产业发展报告（2019）[M]. 北京：社会科学文献出版社，2019. 参编.
[4] 国家体育产业基地发展报告（2017—2018）[M]. 北京：社会科学文献出版社，2018. 参编.